JN438365

조성남 신문칼럼집

고향에서 푸대접받는 단재

오늘의문학사

고향에서
푸대접받는 단재

• 머리글

쉽지 않은 결정이었다. 신문에 썼던 칼럼을 책으로 펴낸다는 일이. 여러 번 망설이다가 용기를 냈다.

여기 실린 글들은 주로 중도일보 논설실에 근무하면서 썼던 기명(記名)칼럼으로 비교적 근자의 것들이며 90년대의 글도 함께 실었다. 이에따라 글의 성격에 따라 4부로 나누어 보았다.

필자는 대전에서 태어나 지금까지 대전을 벗어나지 못하고 있다. 대학을 졸업 하면서 신문사에 들어가 올해로 33년간 신문이란 창을 통해 세상과 소통하고 있다. 대전과 신문이란 큰 틀 속을 왔다 갔다 하는 삶을 살고 있다고 해도 과언이 아니다.

우리가 추앙하는 성인들도 자기가 태어난 고향에서는 대접을 받지 못한다는 말이 있다. 그러나 여우도 죽을 때 자기가 태어난 곳을 향해 몸을 돌리는 것처럼 사람은 제가 태어난 고향을 잊지 못한다. 대전은 필자에게 이같은 이중적 면모를 지닌 곳이다. 한편으로 마뜩지 않으면서도 이곳에서 살아갈 수 밖에 없는 곳, 그래서 필자는 늘 대전의 오늘과 내일을 생각하며 살고 있다.

이 책에 실린 칼럼에도 대전에 대한 생각들을 담아보았는데 필자 또한 '大田學'이 하루빨리 정립되기를 바란다. 대전이 세계적인 도시가 되기 위해서는 大田學者가 많이 나와야 한다. 대전은 어떤 면에서 다인종이 모인 미국과 같은 방식으로 성장해야 하는 도시인지도 모른다. 아울러 문화도시로서의 품격을 키워나가야 대전의 미래가 더 밝아질 수 있다고 생각한다.

글재주도 변변치 못한 필자가 30여 년이 넘도록 글을 쓸 수 있음에 감사한다. 그리고 이 책을 낼 수 있도록 격려해 주고 도움을 주신 모든 분들에게 진정으로 고마운 말씀을 드린다.

2010년 9월

조 성 남

고향에서 푸대접 받는 단재

제 2 부 - 지방의 위기, 지방의 도전

고향에서 푸대접 받는 단재

제 3 부 – 이종수와 박동규

제 4 부 – 인간얼굴을 한 자본주의

1 부

상식과 순리가 통하는 사회를

시대가 주목하는 리더십

지난주 오바마 미대통령취임식을 지켜보면서 리더십을 생각해 보게 된다. 리더십이 '영향력을 행사하는 힘 또는 그 과정'이라고 볼 때 동·서양을 막론하고 리더십은 시대를 초월해 지도층의 관심영역일 수 밖에 없었다. 중국역사서의 바이블로 통하는 사마천의 사기(史記)는 본기(本紀) 12권을 비롯해 130권으로 구성돼 있는 방대한 분량의 역사서다.

이러한 사기는 대부분이 사람에 관한 기록으로 구성돼 있다고 하는데 이는 사마천의 한나라의 홍망성쇠는 인재가 결정한다는 철학에서 기인한 것이다(김영수지음, '난세에 답하다'). 사람을 어떻게 활용하느냐가 리더십의 출발이며 리더십이란 결국 '사람 보는 눈'이라는 게 사기가 전하는 메시지라고 할 수 있다. 리더십은 대부분 정치지도자가 어떻게 국민들을, 국가를 이끌어 나가느냐로 재단되기도 하는데 이런 관점에서는 우리의 조선시대 세종대왕의 리더십이 최근 국민들의 눈길을 모으고 있다고 볼 수 있다.

이율곡 선생은 세종을 '동방의 성주(聖主)'로 추앙한 바 있지만,

사실 그의 리더십은 한글창제, 육진개척, 측우기발명 등 단편적인 지식으로 제한된 범위에서 알려져 있었다. 그러했던 세종의 리더십이 집중조명을 받게 된 것은 세종의 일생을 다룬 TV드라마가 방영되면서부터이며 이후 세종에 관한 많은 연구서들이 출간되기 시작했다. 세종이 시련과 고난을 통해 리더가 되고 리더십을 확립해 나간 과정은 정치리더십연구에 두고두고 하나의 전범(典範)으로 남는다.

세종대왕은 우선 시대가 자신에게 요구하는 것이 무엇인지부터 면밀히 탐색했으며 백성에게 보다 나은 삶을 열어 주어야 한다는 국정철학을 시종일관 잃지 않았다. 아울러 이러한 그의 위민정책은 인재를 통해서만 가능하다는 점을 깨닫고 인재발굴에 주력하는 리더십의 소유자였다. 세종의 리더십은 인재발탁과 함께 인재들간의 경쟁심과 긴장감을 유발시키는, 인재경영의 리더십에 기인했다는 게 후세인들의 분석이다.

지난 20세기 세계 최강국의 미국이 금융위기의 쓰나미 앞에 맥없이 주저앉는 허약한 모습 속에 태어난 대통령이 바로 오바마다. 이를테면 오바마는 옛 중국의 춘추전국시대의 혼란한 시대상황에서 등극한 제왕과 비슷한 처지일 수 있다고 볼 수 있다. 어떤 리더십을 발휘하느냐에 따라 위기의 미국을 기회의 나라로 뒤바꿀 수도, 또는 그렇지 않을 수도 있다는 점에서 그의 취임식을 열렬히 지켜보는 미국인들의 마음을 헤아리게 되는 것이다.

오바마는 취임연설에서 무엇보다 미국의 통합을 역설했다. 그의 리더십은 바로 이 통합을 통해 국민들에게 전달되었다. 취임전날 대선경쟁자였던 매케인과 만찬을 가진 것은 물론 그의 최대 정적이었던 힐러리를 국무장관에 발탁하는 그의 포용력과 통합능력은 벌써부터 미국인들의 눈길을 모았다. '우리는 하나'(We are One)

로 이어지는 그의 탁월한 통합능력이 과연 미국의 위기를 어떻게 뛰어넘을지 주목된다고 하겠다.

오바마에게 또 하나 주목되는 부분은 부시행정부의 일방적인 외교정책과 대조되는 유연한 외교정책과 자원봉사활동이다. 오바마는 취임전날인 19일 새로운 미국건설을 위해 전 국민이 자원봉사라는 소명(召命)에 동참할 것을 호소했는데 이는 서번트 리더십에 비견할 수 있다. 과거 군주들이 권력의 원천이 폭력과 강제력에서 기인한다고 생각하는 것과는 대조적으로 국민들에게 봉사함으로써 리더십이 형성된다고 보는 관점과 상통한다. 오바마가 유연하고도 국민에게 봉사하는 리더십으로 국민들의 호응을 이끌어낸다면 그의 리더십은 21세기 새로운 정치리더십의 전형이 될 수 있다는 생각을 해보게 된다.

리더십은 결국 난국을 돌파하는 힘이 될 수 있으며 리더십발휘 여부에 따라 구성원들에게 희망을 불어넣어 목표하는 바를 달성하는 원동력으로 작용한다. 이러한 관점에서 오바마 미대통령의 리더십은 시험대에 섰다고 볼 수 있으며 출발선상에서는 미국민들로부터 높은 점수를 받고 있다고 평가된다. 미국뿐만 아니라 세계 각국은 그 어느 때보다 지도자의 뛰어난 리더십에 목말라하고 있다. 우리 역시 경제위기 속에 그 어느 때보다 정치지도자의 뛰어난 리더십이 필요한 시점이 아닐 수 없다.

〈2009-01-28〉

18대 총선 조감도

17대 총선에 이어 18대 총선에서도 대전·충남 유권자들의 표심은 쏠림현상으로 민의를 표출했다. 이른바 선거는 바람이라는 것을 새삼 실감케 한 결과였다. 바람 앞에 그 무엇도 맥을 못추게 된 이곳 지역민의 숨은 속뜻을 간파할 수만 있다면 다음 선거에 나서려는 후보들로서는 더없는 자료가 되고도 남을 것이다.

무엇보다 선진당으로의 쏠림현상은 이른바 지역주의의 한 형태로 해석할 수 있을 것이다. 거대여당이 한나라당이고 엊그제까지 집권세력이었던 통합민주당이 각각 영·호남에 기반을 둔 정당이라는 점에서 이곳 지역민들은 오랫동안 정치적 소외의식을 느껴왔다는 점을 부인할 수 없다. 망국적 지역감정이라고도 하고 지역주의는 청산돼야 할 유산이라고 하지만, 실제 돌아가는 정치판은 결국 끼리끼리로 이루어진다고 보는 게 지역민들의 사고였다는 것이 이번 총선에서도 확인된 것이다.

이러한 지역주의는 지난 90년대 자민련의 정치실험이 실패로 끝났음에도 또다시 재연되었다는 점에서 지역민들의 대변세력이 필요하다는 숨은 마음이 여지없이 드러난 결과라 하겠다. 지난 17대총선 역시 같은 맥락에서 볼 수 있다. 열린 우리당을 통해 행정수도를 우리 고장에 건설해야 한다는 지역주의가 표출된 것으로 볼 수 있는 것이다. 이런 점에서 이제 지역민들의 정치의식은 신지역주의 또는 지역우선주의가 뿌리내리고 있다고 해도 과언이 아닐 것이다.

쏠림현상과 함께 이번 총선의 선택은 인물과 지역연고를 특징으로 하고 있음을 꼽을 수 있다. 한나라당의 경우 몇몇 후보를 제외하고는 지역과는 일정거리가 있던 인물들이 많았다. 이른바 명망가들이 주류를 이루었다. 결과는 대부분 낙선으로 이어졌다.

아울러 지역에서 나름대로 인정을 받거나 당선·낙선을 거듭하면서 지역민과 동고동락해온 후보들은 유권자들의 마음을 얻는데 성공했다. 이는 무엇을 말해주는 것인가. 지역민의 의사와 동떨어진 공천으로는 유권자의 마음을 얻을 수 없으며 아울러 지역대표로서의 능력과 자질을 갖추지 않고는 비록 힘있는 정당의 공천을 받더라도 선택되기 힘들다는 것을 이번 선거결과가 보여주었다.

주사위는 던져졌지만, 새로 선출된 당선자들이 넘어야 할 관문이 결코 만만치 않다는 데 지역민들의 걱정이 가로놓여 있다. 무엇보다 정치적 소수인 선진당이 여하히 집권세력과 전통야당 사이에서 정치적 공간을 확보해 내느냐다.

과거 DJ정권하에서 JP의 몰락을 지켜본 지역민들이기에 이같은 걱정이 앞서는지도 모른다. 당장 교섭단체구성부터 녹록지 않은 과제이며 설혹 교섭단체가 만들어진다해도 거대여당과 전통야당 사이에서 여하히 정치력을 발휘해나갈 것인지 자못 긴장되는 대목이 아닐 수 없다. 이러한 걱정은 지금 행정중심복합도시를 비롯한 국제과학비즈니스벨트조성에 이르기까지 많은 지역현안이 놓여 있다는 점에서도 확인된다. 동시에 새로운 정치세력으로서의 정치력 또한 시험대에 서 있음도 주목되는 대목이기도 하다.

지금 대전·충남은 정치적으로 위기일 수도, 또는 기회일 수도 있다. 지역을 발전시켜 달라는 지역민의 요구에 어떻게 부응해 나가느냐에 따라 여러 정치세력들이 기회가 될 수도, 위기가 될 수도 있을 것이다.

지금 분명한 것은 정치적 입장은 달라도 지역을 살려달라는 지역민의 민의는 그 어느 때보다 분명해졌다는 점이다. 민의를 제대로 받들지 못한다면 다음 심판이 기다리고 있다는 것을 지역 정치권은 새겨야 할 것이다.

〈2008-04-16〉

올해 트렌드와 개인의 행복

인터넷이 보편화되면서 영어단어가 익숙하게 사용되는 요즘 많이 쓰이는 용어중 '트렌드'라는 단어가 있다. 트렌드(trend)의 사전적 의미는 '방향, 경향, 동향 또는 추세'로 '시대의 조류' 또는 '시대의 어떤 뚜렷한 흐름'을 뜻한다고 볼 수 있다.

시대마다의 트렌드를 잘 파악할 때 생존에 유리할 수 있다는 의미로 요즘 주요 키워드로 자주 쓰이고 있다. 트렌드는 변화의 기운으로 이같은 트렌드를 잘 알아야 각각의 자기분야에서 성공할 수 있다는 의미로 이해되며 그래서 트렌드를 잘 알아야 한다는 의식이 널리 퍼지게 되었을 것이다.

이 트렌드라는 말과는 상관없이 우리 한국인들 역시 시류(時流)에 밝아야 굴곡없는 인생을 살 수 있음을 강조했다. 시류 또한 그 시대의 흐름이나 유행을 뜻하는 것으로 시류를 외면하거나 거슬러서는 생존에 어렵다는 생각을 우리 조상들도 오래전부터 해 왔던 것이다.

새삼 트렌드를 떠올린 것은 한해가 시작되는 연초를 맞았기 때문이며 또 올해의 트렌드가 무엇일까를 생각해보면서 한해를 설계할 때 훨씬 유리한 삶을 영위할 수 있을 것이란 기대 때문이기도 하다. 올해의 트렌드를 짐작하기 전에 지난 10년간 우리 사회의 변화를 되돌아보는 것은 나름대로 의미가 있을 것이다.

지난 대선에서 한나라당이 '잃어버린 10년'이란 표현을 썼지만 사실 지난 10년은 한국인에게는 전쟁 이상의 큰 시련기간이라 해도 과언이 아니다. IMF 외환위기 직후 숱한 기업이 도산했으며 샐러리맨들에게는 정년이 사라지는 공포가 내습했다. 신용불량자가 급증하고 중산층이 무너졌으며 청년실업이란 전에 없던 기현상이 벌어졌다.

이런 쇼크 속에서 또 다른 한편에서는 IMF 전에는 상상하기 힘든 이익을 내는 기업이 속출하고 이른바 '신의 직장'으로 불리는 공기업과 금융기관 등의 보수는 서민들에게 다가가기 힘들만큼 뛰어올랐다. 이른바 양극화가 본격화된 것이다.

이 양극화현상은 우리 사회에 갖가지 새로운 양상을 표출시켰다. 한편에서는 복지예산을 늘리는가 하면 또다른 한편에서는 웰빙붐이 일게 됐다. 정보화가 급진전되면서 정보사회의 빛과 그림자가 동시에 나타났다. 일의 효율이 증대되고 지식과 정보는 넘쳐나게 됐지만, 개인의 삶이 파괴되고 지혜가 빛을 보지 못하는 부작용이 확산되는 현상을 보게 된 것이다.

지난 10년동안 우리 국민들은 또 정치이념의 갈등도 신물나게 경험했다. 민주화만이 살길이라는 믿음속에 민주화세력에 표를 던졌지만, 삶의 현장에서의 고된 여정은 별다른 진전이 일어나지 않았다. 어떤 이념도 개인의 삶을 책임져주지 않는다는 냉엄한 현실을 체험한 10년이었다.

이같은 지난 10년간 우리 사회의 변화된 모습속에 올 한해의 트렌드가 깃들어 있다는 게 필자의 생각이다. 이제 새롭게 준비하는 10년을 맞아야 한다. 큰 틀에서의 변화는 이미 지난해 대선을 통해 제시됐다고도 할 수 있다. 그러나 국가적 변모 못지않게 중요한 변화는 개개인으로부터 나온다는 것을 잊어서는 안된다. 큰 흐름의 트렌드에 유념하되 개인 한사람 한사람의 가치관이나 바람 또는 이루고자 하는 소망이 어떤 의미에서 훨씬 더 큰 미래를 만들어 나간다고 할 수 있다.

그런 의미에서 개인의 행복은 어느 시대를 막론하고 사람들이 추구하는 보편적 가치였다. 올 한해는 우리 국민 개개인이 더 행복한 삶이 영위되는 해가 되기를 소망해본다. 태안에 몰려드는 자원봉사자의 물결 속에서 우리 국민이 올해 행복해질 수 있는 가능성을 점쳐보는 연초를 맞고 있다.

〈2008-01-09〉

아이러니한 미국인의 성공관成功觀

지난 1994년 우리나라에 소개된 '스티븐 코비'의 '성공하는 사람들의 7가지 습관'은 36개국어로 번역돼 10년 넘게 미국 전역에서 베스트셀러를 기록하고 있는 책이다. 2002년에는 '포브스'잡지가 선정한 20세기 가장 영향력있는 경제경영도서톱(TOP) 10중 하나로 천거되기도 했다. 그런데 코비박사가 꼽은 성공하는 사람들의 7가지 습관은 우리의 눈길을 끌만한 대단한 경영지식이나 이론이 아닌, 보통사람이면 누구나 알 수 있는 지극히 평범한 내용으로 구성돼 있다.

코비박사는 무엇보다 "성공에 있어 외적 성격 위주의 사고보다 내적 성품 위주의 사고가 훨씬 효과적"이라고 강조하고 어떤 기법에만 치중하는 것은 벼락치기로 공부하는 것과 같다고 설파한다. 따라서 깊은 성실성과 내적 성품의 근본적인 강인함이 없으면 장기적인 대안관계에서 실패로 끝날 수밖에 없다는 점을 강조하고 있다.

'감성지능'이란 책을 통해 인간의 감성능력을 강조한 바 있는 미국의 심리학자 '다니엘 골먼'은 지난해 '사회지능'이란 책을 써 다시한번 세계인의 눈길을 모았다. 골먼은 이 책에서 성공하는 인간의 지능이 IQ에서 EQ를 넘어 SQ(사회지능)로 진화하고 있다고 말한다. 여기서 사회지능은 상대방의 감정과 의도를 읽고 타인과 잘 어울리는 능력을 지칭한다.

개인의 다양성과 창의력을 요구하는 21세기에는 과거 카리스마가 넘치고 물불 가리지 않고 밀어붙이는 유형의 리더십은 더 이상 통용되기 힘들다는 메시지를 전하고 있다. 더 나아가 골먼은 부유한 것과 행복한 것은 다르다고 말하고 가치있는 인간관계를 풍성하게 맺는 것이야말로 웰빙으로 이끄는 지름길이라고 강조하고 있다.

전세계에서 가장 물질이 풍요롭고 냉혹한 자본의 논리가 지배하는 나라 미국에서 성공의 비결을 다룬 이 두 권의 책이 설파하고 있는 성공의 비결은 다소 의외가 아닐 수 없다. 내가 살기 위해서는 남을 무자비하게 이겨야 한다든지 또는 성공하기 위해 수단방법을 가리지 말아야 한다는 식의 냉엄한 현실주의와는 거리가 멀어도 한참 먼 내용으로 돼 있기 때문이다. 오히려 정반대의 내용이 이 두 권의 책이 전하고 있는 메시지다.

코비박사는 선한 품성을 바탕으로 상대방과 내가 함께 공생하는 습관을 강조하고 있고 골먼 역시 효율성보다 이타주의와 타인에 대한 관심과 공감하는 능력이 21세기에 성공할 수 있는 지름길이라고 말하고 있다. 이 두 사람이 사용하는 용어는 조금씩 다르나 그 뜻은 결국 일맥상통한다는 점에서도 흥미를 끌고 있으며 아울러 우리 선조들이 즐겨 썼던 '수신제가치국평천하(修身齊家治國平天下)'와도 같은 맥락이라는 점에서 사람의 생각은 양의 동서가 엇비슷하다는 점에 주목하게 된다.

요즘 성공학이 눈길을 모으고 있는 것은 갈수록 단기승부에 집착하는 세태가 확산되고 있기 때문이며 또 모든 가치를 물질로만 계산하는 흐름이 갈수록 거세지고 있기 때문이기도 하다. 10년 전 IMF라는 경제태풍 이후 벌어진 빈부격차는 효율성과 경쟁력만을 강조하는 사회분위기를 만들어냈고 확산되는 정보화는 골먼의 표현대로 '마음의 맹인'을 양산하고 있다.

미래에 대한 희망이 별로 없는 서민들에게 대권을 눈앞에 둔 정치인들은 오로지 경제적 가치만을 강조하는 듯한 미사여구를 늘어놓고 있는 일상속에서 삶의 진지함과는 사뭇 동떨어진 가치관만이 나뒹굴고 있다. 그러나 생각해보자. 진정한 성공은 무엇이고 어떻게 살아야 성공한 삶인가.

한 해의 반이 지나가는 시점에 모두가 한 번쯤 짚어야 할 대목이 아닐 수 없다.

〈2007-06-20〉

아데나워의 리더십

독일은 여러모로 우리가 참고해야 할 부분이 많은 나라 중 하나다. 2차대전의 패전국으로 강대국에 의해 나라가 분단됐다가 통일을 이루었지만, 그 후유증으로 경제가 어려움에 빠져 있고 동·서독 국민들 간에 의식의 차이 또한 손쉽게 좁혀지지 않고 있다는 것은 분단국인 우리에게 적지 않은 교훈을 주는 일이라 하겠다.

이와 함께 우리는 최근의 독도문제는 물론 검정 교과서에서부터 약탈 문화재 반환 및 위안부 보상에 이르기까지 전쟁피해국가가 요구해 온 사안에 대해 조금도 진전을 보이지 않고 있는, 오히려 한국과 중국 등 인접국의 감정만 더욱 악화시키는 발언을 일삼는 일본과 달리 독일은 과거 제2차대전을 일으킨 전범(戰犯)으로서의 잘못을 철저히 반성하고 이를 주변국에 적극적으로 알리는 외교적 노력을 기울이고 있는 점 또한 우리의 눈길을 모으는 대목이기도 하다.

그러나 이보다 더 우리의 관심을 끄는 것은 2차대전의 패전국으로 승전국 미국과 소련에 의해 경제·사회 시스템이 마비되고 나라 전체가 피폐해진 최악의 상황에서 'Made in Germany'로 일컬어지는 품질제일주의를 바탕으로 '라인강의 기적'을 일구어 유럽 최대의 경제대국으로 도약할 수 있었던 비결이라고 해야 할 것이다. 과거 우리에게 광산과 병원의 나라로 더 알려졌던 독일의 부흥을 가져온 노하우는 무엇이었을까.

그 비결은 역시 사람, 즉 지도자였음을 알 수 있었다. 경제 기적의 아버지로 경제정책을 주도한 '루드비히 에르하르트', 독일 건국의 아버지로 정치의 틀을 구축하고 자유민주주의를 정착시킨 '콘라드 아데나워', 초대 대통령으로 안정을 추구했던 '데오도르 호이스' 3인이 바로 그들이며, 이들은 서독의 기초를 닦은 인물로 오늘날까지 서독 국민들의 존경을 받고 있다.

아데나워 前총리는 1933년 히틀러에 의해 쾰른시장의 직위가 해제된 지 16년만인 1949년 독일 제1대 총리에 오른 후 1963년까지 14년간 총리직을 수행하는 노익장을 과시했다. 73세의 노령에 총리에 취임해 국내적으로는 패전 이후 극심하던 사회갈등을 해소하고 국력을 집중시키는 탁월한 정치적 능력을 발휘함으로써 패전국 독일을 재건시킨 아데나워 총리의 정치스타일은 어떠했을까.

그는 경제문제는 에르하르트 경제장관에 일임하는 한편, 원칙과 전통을 중시하고 '실험은 없다'는 슬로건 아래 반공주의, 경제 기적에 대한 국민적 열정을 고취하고 공동체의식을 강화했다. 아울러 나치의 과거로부터 깨끗하다는 점이 국민적 신뢰를 이끌어내는 바탕이 되었고, 노령임에도 불구하고 열정과 믿음, 정확한 판단력과 결단력을 발휘함으로써 대내외적인 성과를 얻을 수 있었다고 평가된다.

이같은 독일의 과거를 살펴보는 것은 지금 우리 역시 지도자의 필요성을 절실히 느끼고 있기 때문일 것이다. 재·보선이 끝난 후 지역정가는 그 어느 때보다 많은 논의들이 회자되고 있다. 그런데 이러한 논의의 핵심은 무엇일까. 누구누구가 어느 정당으로 가고 어떤 정당의 지지도가 어떻고 하는 정치적 담론의 한 가운데에는 결국 어떤 사람이 지역의 주도권을 행사하는 위치를 차지하는가로 모아진다. 이는 누가 우리 지역을 이끌어나갈 역량과 자격을 갖춘 인물인지를 선별해내는 안목에 달려있음을 말해주는 것으로 결국 지도자의 중요성으로 귀결된다.

그 어느 때보다 지역발전의 전기가 좌우될 시기에 처해 있는 대전·충남 지역민들의 입장에서 어떤 자질과 품성·능력을 지닌 인물을 지도자로 내세워야 하는지 고민의 대장정은 벌써 시작되었다.

〈2005-5-4〉

카터가 돋보이는 까닭

'지미 카터' 전 미국대통령이 올해 노벨평화상 수상자로 선정됨으로써 전세계의 이목은 또다시 지미 카터에게 쏠리고 있다. '대통령을 그만두고 나서의 삶으로 더 빛나고 유명해진 사람', '가장 훌륭한 전직 대통령' 등의 수식어가 따라 다니던 그에게 노벨평화상은 자연스럽고 당연하게 받아들여진다는 게 외신의 반응이고 보면 카터 전 대통령은 그의 진가를 또 한번 공인받은 셈이다.

재임시에는 무능한 대통령을 낙인찍힌 채 공화당 대통령후보인 로널드 레이건에게 패해 재선에 실패한 후 미국 역사상 가장 인기없는 대통령으로 미국민들로부터 눈총을 받던 그가 80을 바라보는 나이임에도 왕성한 활동으로 인류 최고의 상인 노벨상의 영예를 차지할 수 있었던 비결은 무엇일까.

필자의 생각으로 그는 무엇보다 권력에 연연하지 않았던 데서 지금의 영광이 비롯됐다고 보여진다. 2번의 상원의원과 1번의 대통령을 지낸 정치인이었지만 카터는 대통령직에서 물러난 뒤 조지아주에 있는 고향마을 교회주일학교 교사로 돌아감으로써 백악관이 인생의 최종목표가 아니었음을 보여주었다. 그 후 82년 비영리 재단인 카터센터를 설립하고 그는 다른 전직대통령과 달리 골프장이나 고액 강연여행 대신 분쟁현장을 찾아다니며 평화를 중재하고 가난하고 병든 사람들을 찾아 나섰다. 즉 권력에 연연해하는 대신 그의 인권철학을 바탕으로 한 봉사의 길을 찾아나섬으로써 스스로 제2의 인생을 개척한 것이다.

세계 최대강국이면서도 힘을 과시함으로써 비난을 받는 미국의 최고권력가였던 사람이 자신의 나라의 정책이 잘못됐음을 과감히 비판하고 스스로 평화를 전도하는 낮은 모습을 보임으로써 카터는 대통령 못지 않은 '가장 훌륭한 전직 대통령'으로 우뚝 설 수가 있었다.

우리가 또 다시 지미 카터를 주목하게 되는 것은 그의 이런 행보가 우리에게 주는 메시지가 너무도 강렬하기 때문이다. 우리 역시 지난해 김대중 대통령이 노벨평화상을 수상해 모든 국민이 감격해 했지만 최근 정가는 이 노벨상 수상을 둘러싼 잡음을 연출, 국민들은 내심 불쾌한 속내를 참고 있다. 정치판 싸움 메뉴에 노벨상까지 등장하는 모습을 보면서 국민들은 또 한번 정치적 허무주의에 빠져들고 있는 것이다.

그러나 지미 카터 전 대통령으로부터 받는 가장 큰 메시지는 권력의 정상에 있었던 정치인이면서도 권력에 연연하지 않고 부인 로젤린 여사와 함께 빛나는 제2의 인생을 보내고 있다는 사실이라 하겠다. 만일 그가 권력에만 매달려 정치적 행보만을 계속했다면 그에게 지금과 같은 찬사는 돌아가지 않았을 것이 틀림없다. 대통령선거에 패배한 후 깨끗이 물러나 비영리재단을 세우고 스스로 봉사의 삶을 찾아 나섬으로써 자신은 물론 미국 대통령에 대한 이미지까지 개선시킬 수 있었던 것이다.

이처럼 그가 더욱 돋보이는 것은 무엇보다 우리에게는 그에 필적할만한 전직이 없기 때문일 것이다. 우리의 역대 전직 대통령의 퇴임 후 삶은 참으로 불행한 모습이 주류를 이루고 있다. 대통령뿐만 아니라 전직 국회의원과 전직 고위공무원을 비롯한 사회지도층의 퇴임후의 모습이 아름다운 경우는 그렇게 많지 않다는 게 우리의 불행이라고 해야 할 것이다.

현직에 있을 때 힘들여 일하고 퇴임 후에 여유있게 인생을 관조하는 전직의 모습에서 자신의 미래를 그려볼 수 있는 사회가 선진사회가 아닐까. 혹자는 그렇게 말할지도 모른다. 우리 사회는 미국처럼 그렇게 여유있는 사회가 아니기 때문에 현직에 있기 위해서 집착할 수 밖에 없는 것이라고.

필자 역시 그런 측면이 있음을 모르는 바 아니다. 그렇지만 이제 우리도 내세울 만한 전직을 가질 만큼 여러 면에서 성숙한 사회가 되었다는 게 국민들의 생각이다. 특히 정치분야에서 만큼은 카터와 같은 전직이 나올 수 있기를 기대하는 마음 간절하다.

〈2002-10-16〉

거듭되는 지구촌의 환경재앙

'마실 물이 없고 전염병 창궐까지 우려되는 지역', '전기 · 전화 · 수도 · 가스도 되지 않는 곳….' 얼핏 보면 세계 어느 오지를 표현한 듯한 이 미개의 땅은 바로 우리 대한민국의 자랑스런 지역 중 하나였다.

태풍 '루사'가 덮치기 전까지만 해도 평화스럽고 활기차던 강원도 강릉 · 동해 · 속초 · 삼척지역과 경북 김천지역은 단 하룻밤의 태풍이 몰고 온 폭우로 쑥대밭이 된 것은 물론 기본적인 위생시설도 갖추어지지 않은 미개지역으로 전락한 것이다. 남부지방에 내린 폭우의 여진이 채 가라앉기도 전에 이번엔 태풍으로 인한 재해가 전국을 덮쳐 피해지역민들을 망연자실하게 만들었다.

올해 지구촌은 유독 홍수피해가 극심했다. 이미 보도된 대로 지난 8월 체코 · 오스트리아 · 독일 · 루마니아 등 유럽 중부지역에 내린 100년만의 폭우로 인명피해는 물론 수십만 명의 이재민이 발생했으며 1000년 중세역사를 간직한 문화유적들이 물에 잠겨 대거 유실될 위기에 처했다. 오스트리아는 수도 빈이 다뉴브강의 수위가 상승하는 등 국토 절반 이상이 물에 잠기기도 했다. 유럽을 휩쓴 폭우는 아시아도 예외가 아니어서 지난달 14일 현재 인도·네팔·방글라데시·필리핀·이란 등에서 모두 1000명 이상이 숨진 것으로 집계됐으며 중국의 경우 양쯔(楊子)강 인근의 홍수로 중동부 지역에서만 1300여 명이 숨지는 재난이 발생했다.

노아의 홍수를 연상케 하는 이같은 지구촌의 물난리를 보면서 우리는 다시 한번 기상이변에 눈을 돌리게 되고 자연의 놀라운 힘 앞에 주눅들게 된다. 도대체 지구촌을 휩쓰는 폭우와 홍수, 태풍으로 인한 기록적인 강수량의 원인은 무엇이며 이를 막아낼 방법은 없는 것인가.

이에 대한 명확한 답변은 아니겠지만 때마침 요하네스버그에서 열리고 있는 지구환경회의에서 날아온 소식은 나름대로 참고 자료가 될 것 같다. 이번 회의에 최대 규모의 대표단을 파견한 중국의 자연환경에 대한 환경전문가들의 의견이 그것으로 전문가들은 중국의 토지 및 수질, 대기오염이 심각한 상황이라고 경고했다. 중국 국토의 4분의 1이 이미 사막으로 변모했는데 한 환경운동가는 "홍수가 거대한 삼림벌채 및 농부들의 막대한 개간과 직접 관련이 있다"고 경고하고 나섬으로써 자연재해가 인재(人災)일 가능성을 지적하고 있는 것이다.

지난 1992년 브라질에서 지구정상회의를 열고 환경보전을 위한 여러 안들을 내놓았지만, 지구촌 환경은 나아지기는 커녕 점점 더 훼손되고 있음을 각종 보고서에서 알 수 있다.

우선 전세계 인구의 40%가 물부족에 시달리고 있으며 대기와 물의 오염으로 매년 각각 300만명 이상과 220만명이 숨지고 있다. 어린이들의 경우는 더 심각해서 세계보건기구 사무총장은 "환경과 관련한 질병으로 세계적으로 45분마다 점보제트기 승객수 만큼의 어린이가 사망하는 심각한 상황이 벌어지고 있다"며 이를 막는 것이 앞으로 10년간 사회·정치적으로 가장 우선시해야 할 사안 중 하나라고 경고하고 있다. 이밖에도 일일이 열거하기 힘들 정도의 지구촌 환경악화 사례는 이제 환경이 인류의 생존을 위협하는 가장 중요한 요인임을 확인시켜 주고 있다.

우리나라와 아시아, 그리고 유럽에 몰아닥친 일련의 기상이변이 환경오염에 따른 인재(人災)일 가능성이 벌써부터 제기되고 있음에도 미국과 같은 강대국들이 '지속가능한 발전'에 소극적인 현실과 우리 역시 그 대열에서 크게 예외가 아니라는 점에서 많은 반성과 각성을 불러일으키게 된다. 지구환경은 이미 돌이킬 수 없는 상황으로 치닫고 있다는 비관론이 제기되고 있기도 하지만, 자연과 인간이 함께 공존할 수 있는 노력을 포기해서는 안될 것이다.

계속되는 자연재앙을 더 이상 확대시키지 않기 위해서라도 지구 살리기를 향한 인류 모두의 실천이 시급하다는 생각이다.

〈2002-9-4〉

환경 월드컵에 더 많은 관심을

목포와 신안 간 주요 섬들을 다리로 연결하는 정부의 국도건설 사업의 타당성을 놓고 뜨거운 논쟁이 벌어지고 있다. 건교부 관계자는 노선 지정만 했을 뿐 구체적인 사업계획은 세워지지 않았다고 밝히고 있다. 그렇지만 이 도로계획을 보면 김대중 대통령의 생가인 하의도를 거치게 돼 특혜 논란이 빚어지고 있으며 야당측은 즉각 백지화를 제기하고 나섰다.

이 소식을 접하면서 필자는 정치적 봐주기란 공방을 떠나 보다 원론적으로 유수의 자연환경 경관을 지니고 있는 곳에 도로와 교량의 설치가 꼭 필요한 것인지의 발상부터가 선뜻 이해하기 힘들다. 신안군 섬들을 다리로 연결하면 1년에 300만명 이상의 관광객을 유치할 수 있다고 이곳 출신 지역구의원인 민주당 한화갑 대표가 말한 것으로 보도되었는데, 필자는 이같은 생각에도 역시 동의할 수 없다. 남해안 도서지역의 아름다움 그 자체가 관광자원인데 만일 2조원이 넘는 돈이 투자돼 도로와 다리가 건설될 경우 이 남해안 섬들의 빼어난 경관이 곳곳에서 훼손될 것이 불 보듯

뻔한 일이기 때문이다. 도로와 교량 대신 이 수려한 남해안의 섬들을 있는 그대로 더 잘 보존할 수 있는 방법을 강구하고 차라리 배나 헬기 등으로 관광객을 유치하는 방안을 모색하는 것이 더 낫지 않을까 생각해 보게 된다.

물론 우리나라는 개발을 지상명제로 알고 그저 앞만 보며 국토개발과 경제성장을 추진한 결과 전세계적으로 드문 성장국가로 도약할 수 있었다. 그렇게 40여년을 살아오면서 아직도 우리는 개발의 논리에 심취해 있으며, 이런 개발지상주의 앞에 과감하게 그 잘잘못을 들이대지 못하고 있는 현실에 놓여 있다. 환경주의자들이 목소리를 높이고 정부와 지자체마다 환경마인드를 내걸고 있으나 아직 현실은 환경보다 개발에 우선권을 두고 있다.

그 대표적인 사례로 백두대간(白頭大幹)의 극심한 훼손을 꼽을 수 있다. 길게 설명할 나위 없이 백두대간은 한반도의 생활 환경과 문화를 결정해 온 우리 삶의 터전이건만 별다른 고민없이 백두대간을 군데군데 자르고 허물어 뜨렸으며 지금도 이런 상황은 쉴새없이 진행형이다. 그 옛날 중국의 사신들이 우리나라에 올 때마다 백두대간을 보면서 쉽사리 침범할 수 없는 지기(地氣)를 느꼈다거나 지난날 일제가 어떻게 해서든 그 지맥을 끊으려 했다는 전례들을 이제는 우리 손으로 자행하고 있는 형국이니 참으로 우울하기 그지 없는 일이 아닐 수 없다.

이러한 개발지상주의가 빚은 결과는 비단 백두대간에 그치지 않는다. 도시마다 차량이 홍수를 이루고 있으며 그래서 승용차 위주의 도로정책을 울며 겨자먹기로 펴지 않을 수 없다. 바다는 또 어떠한가. 부끄럽게도 "엔간한 바당(바다)밑은 온통 쓰레기장"이란 70대 해녀의 목소리가 해양오염 상황을 너무나 적절하게 대변해 주고 있다. 지난 2월 세계경제포럼(WEF)은 '환경지속지수 보고서'

에서 한국의 환경지속지수가 세계 142개 국가 중 최하위권인 136위를 기록했다고 보고함으로써 우리의 환경이 세계에서 최악 수준인 것을 입증해 주었다.

이제 보름정도 지나면 월드컵개막식과 함께 세계가 우리나라를 주목하고 곳곳을 찾아올 것이다. 월드컵이 손꼽아 기다려지면서도 필자는 왠지 한가닥 불안감을 감추기 힘들다. 앞서와 같은 우리의 현실이 세계인들 앞에 노출되면 어쩌나 해서다. 손님접대도 잘해야 하고 각종 행사를 잘 치러야 하며 우리의 16강 진출도 꼭 해내야 할 것이다.

그러나 이에 못지 않게 우리의 국토와 환경수준을 소리없이 지켜보는 세계인의 눈길 또한 잊어서는 안될 것이다. 최소한 과거의 '금수강산'이란 찬사를 다시들을 수 있도록 노력하는 모습이라도 보여야 한다는 생각 간절하다. 환경 월드컵으로 평가를 받겠다는 의지가 그 어느 때보다 절실히 요구되는 시점이 아닐 수 없다.

〈2002-5-15〉

영국 선거개혁의 교훈

지난해 까지 무슨 무슨 게이트사건으로 신물이 난 국민들에게 이번에는 대통령 아들들의 비리의혹과 몇몇 자치단체장들의 비리연루 소식까지 전해지고 있어 허탈감을 더하고 있다. 정부에서는 공직자의 부패행위를 근절하겠다고 부패방지위원회까지 만들었으나, 전해지는 소식들은 온통 비리에 관련된 의혹들이니 국민들로서는 답답한 마음 금할 수 없다.

더구나 올해는 대선을 앞두고 여야가 전국을 돌며 경선을 치르고 있고 오는 6월 4대 지방선거와 연말에는 대선이라는 빅 이벤트를 앞두고 있어 그 어느 때보다 부정과 금품시비가 난무할 것으로 전망된다. 부패가 구약시대로부터 시작된 인류의 가장 오래된 역사란 지적과 선거를 통한 민주주의 정착 과정에서 세계 그 어느 나라도 부정과 금품시비로 얼룩진 과거로부터 예외가 아님을 우리는 역사를 통해 보아왔다.

지난 50년대 한국에서 민주주의가 실현되기를 기대하기보다 쓰레기통에서 장미가 피기를 바라는 것이 더 낫다며 우리나라의 정치 후진성을 꼬집은 영국도 지금으로부터 100여 년 전만 해도 금권정치, 타락선거의 악순환이 반복되는 어두운 과거를 지닌 나라였다. 그 당시 영국은 빅토리아 여왕이 통치하던 영광의 시대로 '24시간 해가 지지 않는' 풍요와 번영을 구가하고 있었다. 그러나 이같은 풍요가 매수·향응이 난무하는 타락선거, 금권정치를 만들어 냈던 것이다.

영국의 대정치가 글래드스턴이 정치의 전면에 나선 것도 이 무렵으로 그는 1880년 당시 부패추방을 선거공약으로 내걸고 선거를 치러 야당이었던 자유당을 승리로 이끌어 수상에 취임했다. 글래드스턴은 수상이 된 후 즉시 1880년 총선거의 부패실태를 조사하기 위해 왕립조사위원회를 설치하고 특히 부패가 심했다고 전해지는 8개 선거구를 조사했는데 그 내용은 가히 충격적이다. 옥스퍼드 선거구에서는 총선거 직후의 재선거가 조사대상이었는데 그곳 선거구 내에는 9개의 투표소 밖에 없었음에도 자유당은 24채의 선술집(Pub)을 위원회실이라는 이름으로 빌려서 389명의 운동원을 두었고, 보수당 또한 이에 질세라 26채의 선술집을 빌려 355명의 운동원을 두었다. 이들 운동원들의 진짜 일은 5실링을 가지고 가난한 유권자를 매수하는 것으로 드러났으며 다른 선거구에서도 상상을 초월하는 선거부패행위가 자행된 것으로 보고서는 전하고 있다.

이같은 부패의 실상에 충격을 받은 글래드스턴 수상은 헨리 제임스 법무장관에게 선거부패방지법안을 의뢰하고 3년에 걸친 찬반격론 끝에 법률로 성립시킬 수 있었으며 이후 1885년 총선거부터 선거비용이 격감되었다. 1883년 부패 및 위법행위방지법이 통과된 지 20년 뒤 선거법위반은 영국에서 그 모습을 감추었고 오늘날 영국은 민주주의의 대명사가 된 것이다.(중앙선관위, 영국 공명선거 정착의 발자취) 이같은 영국의 역사가 우리에게 시사하는 교훈은 무엇인가.

우선은 인간의 속성은 어디고 비슷하다는 점을 꼽을 수 있다. 공명선거의 대명사처럼 인식됐던 영국 역시 앞서 본 것처럼 매수·향응이 판을 치는 선거풍토 속에서 선거부패의 악순환을 되풀이 했던 것이다. 그러나 몇몇 뜻있는 정치가들의 노력과 확고한 신념으로 선거에서 부패행위를 할 경우 당선무효는 물론 후보자격을 박탈하는 강력한 법안을 성립시킴으로써 제도적으로 부패방지를 못 박아 놓을 수 있었던 것이다.

우리는 비단 이 같은 사례뿐만 아니라 역사의 여러 사례를 통해서 처음에 어떻게 물꼬를 트느냐가 한 나라와 사회의 백년대계를 좌우했는지를 보게 된다. 부패문제는 이제 국가신인도에 연계돼 있어 한 개인의 문제로 그치지 않는 공공의 영역에 속해 있다. 개인의 윤리만으로 부패추방을 기대하기가 얼마나 어려운 것인지를 현정부 들어 싫증이 날 만큼 보아온 국민들로서는 어떠한 제도적 장치로 부패를 막을 수 있을지에 다시 한번 지혜를 모아야 한다는 생각이 간절하다.

〈2002-4-17〉

역설의 행복론

새해를 맞는 기쁨과 감회가 아직 새로운데 벌써 보름이 지났다. 새해를 맞게 되면 으레 사람들은 한 해의 소망을 비는 의식을 갖게 마련인데 올해 역시 예외는 아니다. 올해는 양대선거와 월드컵 등 국내에서만도 많은 행사를 치르게 돼 있어 올 한 해의 행운을 기원하는 사람 또한 유독 더 많을 것이 틀림없다. 그러나 비단 무슨 일에 관련이 없다 하더라도 살아있는 모든 사람은 제각각의 꿈과 소망을 빌어 보는 게 새해벽두의 풍경이 아닐 수 없다.

많은 사람들이 바라는 소망을 한마디로 압축해 보면 '부귀영화를 누리며 무병장수하는' 삶이 아닌가 여겨진다. 그 비싼 강남의 아파트로 이사가려는 것도, 많은 돈과 시간을 투자하며 고액과외를 받으려는 것도 결국은 자신들의 아이들이 부귀영화를 누리게 해 주고 싶어서라고 할 수 있다.

사람들이 바라는 부귀영화는 돈을 많이 벌 수 있는 직업에 있거나 또는 그런 기회에 접할 수 있는 지위에 올라 큰 고생을 하지 않고 삶을 영위하는 것이라고도 할 수 있다. 따라서 많은 사람들이 바라는 행복한 삶을 영위하기 위해서 이땅의 숱한 부모들이 새벽부터 밤까지 일하고 있으며, 아이들 또한 이른 아침부터 밤늦게까지 공부에 매진하고 있다고 해야 할 것이다.

문제는 부귀영화가 많은 사람들이 바라는 삶의 목표임에는 분명하나 누구나 그렇게 될 수는 없으며 또 그 과정이 정당하지 못할 때 더 큰 불행이 찾아온다는 사실이라 하겠다. 우리는 지난해 내내 우리 사회를 괴롭혔던 여러 게이트사건을 보면서 많은 사람들이 원하던 돈과 지위가 정반대의 결과를 가져올 수도 있음을 지겹도록 보았다. 여기서 우리는 부귀영화가 필요한 것임에는 틀림없지만 반드시 행복을 가져다주는 요술지팡이가 아니라는 것을 깨닫게 되었다.

삶은 누구에게나 축복이며 사는 동안 기쁘고 행복해야 하는 게 인간의 의무이기도 하다. 그러나 누구나 그런 삶을 살 수 있게 되기는 쉬운 일이 아니다. 그렇게 되는 가장 큰 이유는 대부분 인간의 욕심에서 기인된다고 보는게 선현들의 가르침이다. 그래서 많은 선현들은 자신의 욕심을 줄이고 자족하는 삶에서 기쁨을 얻을 수 있기를 당부하고 있다.

염세주의자로 알려진 19세기의 독일철학자 쇼펜하우어는 참으로 역설적인 인생을 살았다. 염세주의자이면서도 72세까지 살았고 인생의 좌절과 실망, 불행과 싸워 이길 수 있는 지혜를 담은 저서를 남겼다. 그가 말하는 행복은 다소 소극적인 것으로 쾌락과 기쁨을 추구하기보다 고통이 없기를 바라는 삶의 태도를 유지하라는 것이다.

그같은 논리의 근거는 쾌락과 행복은 아지랑이같이 먼데서만 보이고 가까이 다가가면 그림자처럼 없어지는데 반해 고뇌와 고통은 가장 확실히 나타나는 실재이기 때문이라는게 이 염세주의 철학자의 분석이다. 불교에서 말하는 인생관과도 흡사하지만 한편 큰 불행을 막음으로써 소박한 행복을 추구하자는 논리는 설득력을 지닐 수 있다는 생각을 해보게 된다.

올 한해는 정말 많은 사람들이 많은 것들을 얻으려 할 것이고, 또 실제로 잘해야 할 일들이 많은 한 해가 아닐 수 없다. 그러나 반면 상처받고 불행하다고 느낄 수 있는 소지가 많은 한 해이기도 한다. 따라서 그 어느 해보다 자신을 조절하고 때로는 자신을 비우는 능력이 절실히 요구되는 해라고 할 것이다.

그 누가 말했던가. 한국인으로 태어나면 불행해질 자격이 없다고…. 모두가 행복한 한 해이기를 소망해 보는 정초에 서 있다.

〈2002-1-16〉

테러전쟁과 상생相生정신

미국 세계무역센터에 대한 비행기테러공격을 목격해야 했던 지난 주 대부분의 지구인들은 쇼크에서 한동안 헤어나지 못했다. CNN을 통해 보았던 그 광경은 비단 미국인들만의 비극이 아니라는 공분(公憤)으로 세계인들 대부분이 테러에 대한 증오와 3차대전설까지 들먹이는 충격에 몸을 가누기 힘들었다.

그러나 시간이 지나면서 이 사건을 둘러싼 갖가지 의문은 물론 이번 사태로 인한 향후 세계 각국에 미칠 파장에 대한 분석이 가해지면서 미국의 대응태도 역시 지난주보다는 다소 변화된 듯한 느낌을 주고 있다.

이번 테러사건을 보면서 누구든 떠올리게 되는 첫번째 물음은 '무엇 때문에 광기의 자살'이란 극한적 방법을 향해 돌진하도록 했을까 하는 것이라 할 수 있다. 굳이 중국 전국시대의 극단적인 위아주의자 양주(楊朱)를 들먹이지 않더라도 내가 죽고 없어져 버리고 나서 아무리 좋은 세상이 와도 소용없다는 게 대부분의 필부들의 평범한 생각이다. 필부의 평범함을 접고 신념에 사로잡혀 목

숨을 초개같이 내던질 수 있는 테러리스트들의 정체는 누구이며 그들이 원하는 것은 무엇이었던가.

이에 대한 해답 역시 어느 정도는 나왔고 이에 따른 미국의 행동이 가시화되고 있음을 보고 있다. 그러나 문제는 이번 사태가 단순 도식화되기 어려울 뿐 아니라, 이 사건을 해석하는 관점 또한 다양하다는데 미국의 고민이 가로놓여 있다고 할 수 있다.

"…우리는 정당화되지 않는 전쟁에서라도 자신을 희생하는 사람까지 존경한다. 용기와 무모함, 헌신과 광신주의는 종이 한 장의 차이다…." 제3의 길로 유명한 영국의 사회학자 앤서니 기든스는 국내 한 신문과의 e-메일 회견에서 미국테러사건을 보는 견해를 이같이 밝히고 이번 사건에서 기대되는 최선의 결과는 미국 부시 행정부가 고립주의 정책을 포기하고 대외정책수행에 오만한 자세를 청산하는 계기가 될 수도 있을 것이라고 말했다.

강력한 응징을 부르짖고 있는 미국의 입장에서 보면 거리감이 느껴지는 분석이 아닐 수 없다. 아울러 아랍권 국가들이 어떤 반응을 일으키고 있는지에 대해서는 긴 설명이 필요없다. 이번 사태를 환호하는 팔레스타인 사람들의 모습에서 미국의 대 중동정책의 부당성을 외치는 아랍권의 생각을 충분히 감지할 수 있기 때문이다.

한편 동물학자인 최재천 서울대 교수는 자연계를 통틀어 동반자살을 할 줄 아는 동물은 개미나 벌같은 사회성 곤충들과 인간뿐이라고 지적하고 잔인함과 엄청난 파괴성도 엄연한 인간의 본성이며 장사진을 이룬 헌혈 행렬의 아름다운 나눔도 우리 본성의 일부라고 분석, 나눔만이 자멸을 막을 수 있다고 역설하고 있다.

각설하고 이번 대미국 테러사건은 두고 두고 인간을 탐구의 대상으로 하고 있는 모든 학문영역에 또 하나의 계기를 마련해 준

일대 사건이며 그런 의미에서 이 사태에 대한 고찰은 지금부터 시작이라고 할 수 있다. 이런 맥락에서 이 사건이 가져다 준 쇼크 중 하나는 인류 스스로에 의해 인류가 공멸할 수도 있다는 사실의 확인이라 하겠다.

인류가 쌓아온 부(富)도, 첨단기술도, 또 그런 것들의 복합체인 영화(榮華)도 어느 한 순간 스스로에 의해 사라질 수 있음을 목격하는 비운을 맛보았던 게 이번 사태의 최대 충격이라 하겠다. 또한 인류의 공멸만큼은 막아야 하며 그런 차원에서 미국의 대테러 전쟁이 펼쳐져야 한다는 생각에 이르게 된다.

〈2001-9-19〉

잘 나가는 사람들의 변신

요즘 신문의 사회면이나 동정란을 보노라면 소위 잘 나간다고 보이는 사람들의 변신 스토리가 자주 등장해 독자의 이목을 끌고 있다.

대부분의 이러한 변신의 주인공들은 이미 일반인에 비해 많은 것을 성취하고 있음에도 기존의 성과물을 뒤로 한 채 새로운 가치를 향한 또다른 세계로의 항해를 시도하고 있다.

이들 변신의 주인공들을 통해 시대의 패러다임이 바뀌고 있음을 실감하면서 동시에 우리 사회가 당면한 문제가 무엇인지를 생각해 보는 기회를 가져보게 되었다.

가장 먼저 눈에 띈 변신 스토리는 소위 출세가 보장됐다는 유능한 경제관료들의 공직사퇴다. 최근들어 경제기획원 출신 이○○ 청와대 경제비서관과 백○○ 산자부국장에 이어 경제관료 출신인 청와대 국정상황실의 김탄일 국장이 사표를 낸 것으로 보도됐다. 김국장은 24년간의 관료생활을 청산하는 이유에 대해 "미래를 위한 새로운 준비에 들어가기 위해"라고 말했으나, 김국장이 조만간 설립될 한 벤처 펀드회사의 사장직을 맡게 될 것이라고 신문기사는 전하고 있다.

적어도 한국 사회에서 일신의 출세와 가문의 영예가 보장된 고급관료의 길을 버리고 가고자 하는 새로운 미래의 세계는 무엇이며, 무엇이 이들로 하여금 이런 선택을 하게 만들었을까 하는 의문이 생기게 된다.

우리나라 최고의 명문대학 교수 자리를 박차고 한국과학기술원으로 이직한 30대 교수 2명도 역시 눈길을 끄는 변신이라고 할 수 있다. 그러나 이들 역시 새로운 가능성을 추구하고 있다는 점에서 앞서의 경제관료들과 맥을 함께하고 있다. 두 교수의 이직 사유는 솔직하며서도 우리 대학이 안고 있는 문제점을 그대로 반영하고 있는게 조금 다를 뿐이다. 이들은 전직 사유로 '턱없이 낮은 보수'와 '부족한 연구시간'을 꼽고 있는데, 우리나라 최고의 명문대학도 이들을 떠나게 할 수 밖에 없다는 서글픈 현실을 엿보게 하는 동시에 정년 보장이란 안정된 길을 버린 이들의 선택을 보면서 과거와는 다른 시대적 변화를 감지하게 된다.

잘 나가던 여사장에서 5만명 시각장애인의 심부름꾼 노릇을 하고 있는 무지개전화의 간사 오화선씨(39)는 앞서의 케이스와는 또 다른 변신이란 점에서 잔잔한 충격마저 주고 있다. 교통사고로 다리를 절단할지도 모를 상황을 겪으면서 누구나 장애인이 될 수 있다는 깨달음을 얻은 오씨는 그 후 성공하겠다는 야심을 버리고 어둠 속에 사는 이들의 지팡이 노릇에서 삶의 행복을 찾는 변신을 하게 된다.

이상과 같은 몇몇 사람들의 이야기가 우리에게 주는 메시지는 지금 이 시대가 무언가 달라지는 시기이며, 동시에 이런 변화의 와중에서 자신의 삶을 지탱하기 위해 새로운 모색을 해야 하는 시대라는 것을 암묵적으로 시사해주고 있다는 사실이다. 변하지 않고 살 수 있는 삶이 어쩌면 축복된 삶일 수도 있다. 무엇보다 변화는 기존의 가치와 상치되는 고통이 뒤따르며 안정된 기반을 뒤로 해야 하는 위험이 도사리고 있기 때문이다. 그러나 지금 시대는 유감스럽게도 세기가 바뀌는 전환기일 뿐 아니라, IMF란 외부적 요인으로 인해 우리가 몇십년 쌓아온 구질서가 무너지는, '앤드류 그로브' 인텔사 회장의 표현을 빌면 '전략적 변곡점'에 서 있는 것이다.

변화는 이제 피할 수 없는 시대적 흐름이며, 필연적으로 새로운 질서를 예고하는 가운데 어떤 선택을 유발하기 마련이다. 여기서 새로운 미래와 질서의 성격을 간파하고 이에 대처하는 사람에겐 기회가 찾아오고 그렇지 못한 사람에게는 위기가 찾아온다는 냉엄한 논리가 성립된다.

국가도, 기업도, 개인도 이러한 변화의 물결 앞에 자유로울 수 없음을 앞서의 변신의 주인공들에게서 느껴보며 우리 모두는 21세기 어떤 선택을 할 것인지 진지하게 탐색해야 한다는 생각이다.

〈1999-9-15〉

상식과 순리가 통하는 사회를

시랜드수련원 참사로 어린 아들을 잃은 필드하키 국가대표출신의 한 어머니가 현역시절 받은 훈장과 표창을 모두 반납했다는 소식은 여러모로 우리를 착잡하게 해주고 있다.

어머니가 되기 전 각종 국제대회에서 금·은 메달을 따면서 조국의 명예를 드높였고 그 공로로 나라로부터 훈장을 받을 때까지만 해도 이 대한민국 여성의 눈에는 조국이 자랑스럽고 고마웠을 것이다. 그러나 눈에 넣어도 아프지 않을 어린 아들을 화재참사로 잃는 순간 이 어머니의 모정은 조국에 대한 배신감과 분노로 들끓었음을 상상하기가 어렵지 않다. 이 어머니는 한 신문과의 인터뷰에서 "전직 대통령의 아들은 중죄를 저질러도 온갖 배려를 해주면서 채 피기도 전에 비참하게 숨진 아이들에게 정부가 해준게 무엇이냐"고 절규하고 "둘째나마 제대로 된 세상에서 살도록 이민갈 계획"이라고 말해 보는 이들의 가슴을 아프게 하고 있다.

아들을 잃은 이 어머니의 분노와 회한에 사무치는 듯한 절규를 보면서 많은 사람들은 우리 사회의 자화상을 다시 뒤돌아 보고 무엇이 문제인지를 되짚어 보지 않을 수 없을 것이다.

'우리가 과연 선진국이 될 수 있는가', '경제기적을 이루었다는 우리 사회는 정말 풍요로움을 누리고 있는가', '정치와 국가지도자는 국민에게 어떤 존재이고 이민을 떠나겠다고 나서는 국민들에게 무슨 말을 해 줄 수 있을까….' 의문과 물음은 꼬리에 꼬리를 물고 계속된다. 되풀이되는 대형사고와 수재, 그리고 이런 일들의 원인으로 어김없이 등장하는 감독부실과 검은 돈의 그림자, 그리고 시간이 지나면 언제 그런 일이 있었느냐는 듯 잊어버리는 우리 국민들의 놀라운 기억력—. 이 모두가 마치 옛 영화의 필름 돌아가듯 반복되고 있는게 우리 사회의 자화상이란 한탄을 불러일으키게 만들고 있다.

정치인의 화려한 말잔치와 새 밀레니엄을 외치는 사회 곳곳의 숱한 구호에도 불구하고 우리 사회의 현실은 여전히 어둡고 음습한 구석이 도사리고 있음을 솔직히 인정할 때에만 새 시대를 맞을 수 있음을 잊어서는 안된다. 그 숱한 우리 사회의 어두운 이면에는 상식과 순리가 통하지 않는 그레셤의 법칙이 사라지지 않고 있다는 점을 지적하지 않을 수 없다.

부실기업에 천문학적인 대출이 나가고, 멀쩡한 다리가 끊어지며 숱한 어린 생명이 잠자는 수련원에 불의의 사고가 나는 일이 어떻게 상식적으로 가능한 일인가. 연달아 수재가 난 지역에 또 수재가 나고 사정의 시퍼런 칼날이 번뜩이고 있는 속에서도 공무원 비리가 계속되는 이 암담한 현실은 상식과 순리가 지켜지는 사회와는 너무도 거리가 멀다.

정부가 해준 게 무엇이냐고 반문하고 있는 하키대표출신 어머니의 외침이야말로 상식과 순리가 지켜지지 않는 우리 국가와 사회에 대한 말없는 국민들의 분노라 해야 할 것이다.

새 세기를 앞둔 시점에서 우리의 지도자와 오피니언 리더들이 해야 할 가장 시급한 과제는 자신을 비우는 일과 우리 사회에서 상식이 통하도록 만드는 일이라고 생각한다. 한치 앞을 내다보기 힘든 지금의 시대 흐름 속에서 지식과 능력이 출중한 지도자와 지식인은 매우 필요한 존재다.

그러나 이런 류의 계층이 우리 사회를 오늘의 모습으로 이끌어 왔음을 부인하기 힘들다. 차라리 능력은 조금 처져도 국민들이 상식을 지니고 살 수 있는 사회를 만들어 나가는 그런 지도자를 절실히 요하고 있는게 요즘 세태란 생각 간절하다.

이 땅의 정치지도자와 공직자들은 아들 하나 지켜내지 못했는데 훈장이 무슨 소용이냐며 조국을 등지는 국민이 더 이상 생겨나지 않도록 해주기 바란다. 차라리 없이 살아도 사랑하는 가족과 이웃끼리 오순도순 살아갈 수 있는, 날벼락이 생기지 않고 상식과 순리가 냇물처럼 흐르는 그런 사회를 만들어 주기를 국민들은 바라고 있다.

〈1999-8-18〉

NGO가 여는 세상

21세기를 앞두고 지구상의 많은 나라들이 밀레니엄 행사를 준비하거나 새 세기에 이루어질 변화를 예측하느라 여념이 없다는 소식이 하루가 멀다하고 언론에 소개되고 있다. 과학기술과 정보통신의 비약적인 발달로 21세기 인류는 20세기에 비할 수 없는 삶의 진전을 가져올 것이라는 낙관론이 대두되는가 하면 이에 못지 않게 재앙의 위험성을 경고하는 비관론도 만만치 않음을 보게 된다.

비관론자들의 주된 근거는 인구폭발로 인해 초래되는 환경파괴와 식량난, 물부족 등 인류의 생존과 직결된 위기의식이다. 유엔은 오는 10월 12일에 지구촌 인구가 60억명을 돌파할 것이라고 예고하고 있으며 최근 열린 유엔인구억제 특별총회에서는 지금과 같은 인구증가 추세가 계속되면 오는 2050년에는 세계인구가 120억명에 이르를 것이라는 전망을 내놓았다. 이에따라 식량이란 가장 기본적인 생존조건부터 인류를 위협하는 최대 요인이 될 것이라는 예측이 제기되고 있다. 지금 현재도 굶주림에 시달리는 세계

인구는 8억명이 넘고 있으며 97년 이후 세계의 연간 곡물생산량은 감소추세에 있어 불안감을 더하고 있다.

인구증가에 따른 걱정은 식량난에 그치지 않는다. 물부족 또한 21세기 인류가 맞게 될 재앙으로 꼽히고 있다. 현재 물부족으로 고통을 겪고 있는 인구만도 5억명에 이르고 있는데 오는 2025년에는 34개국이 수자원 고갈에 시달릴 것이란 전망을 내놓고 있다. 물부족과 더불어 자연파괴로 인한 재앙은 더 큰 위기감을 불러일으키고 있음은 주지의 사실이다. 결국 인구문제와 식량난, 물부족, 환경파괴가 맞물려 악순환이 멈추지 않을 경우 지구환경이 인류에게 앙갚음을 할 것이란 경고가 지구촌 곳곳에서 넘쳐나고 있는 것이다.

21세기를 향한 이같은 우울한 전망을 보면서 지금 시대를 살고 있는 기성세대의 책무가 더 한층 무겁다는 상념에 잠기는 한편 보다 나은 삶의 조건을 만들어 나가는 노력이 절실하다는 생각이다. 이런 차원에서 필자는 비정부단체(NGO)의 활약상에 주목하고자 한다. 유엔에 의해 활동의 폭을 넓히기 시작한 NGO는 전세계의 100만개가 넘을 만큼 그 활약상이 갈수록 증대되고 있다. 관료적 절차를 거치지 않아 의사결정과 행동이 용이한 NGO들은 인권과 환경분야는 물론 여성, 복지, 노동, 정치, 경제 등 인류사회의 전분야에 걸쳐 인류가 처한 문제에 대한 처방을 제시, 새 바람을 일으키고 있다.

인류가 안고 있는 문제를 정부차원에서 해결해 줄 수 있는 선을 넘어섰다는 인식이 이 NGO단체들의 발전을 가속화시키는 요인으로 작용하고 있다는 점에서 우리도 예외는 아니다.

이미 시민단체 1만개 시대를 예고할 만큼 국내 NGO운동은 괄목할 만한 성장을 거듭하고 있으며 최근 정부차원의 지원을 법으로 제정할 움직임을 보이고 있는 등 국내 NGO의 성장은 거스를 수 없는 흐름의 물결을 타고 있다. 따라서 우리의 NGO 단체들은 더 막중한 사명감을 지녀야 하는 것은 물론 시민들 역시 내 손으로 사회를 변화시키고 더 나아가 인류의 미래를 가꾸어 나간다는 생각으로 NGO 활동에 대한 참여의식을 가꾸어 나가야 할 것이다. 특히 민선시대 이후 지방자치의 성과를 둘러싼 찬·반 양론을 보면서 지방에서 지역주민들이 주축이 된 NGO단체의 활동이 더 절실히 요청된다는 생각을 해보게 된다.

민선자치시대 이후 위민행정분야에 많은 제도개선이 이루어진 점을 인정하지만 주요정책을 결정하는 과정에 주민의사가 제대로 반영되고 있는 지는 아직 의문이란 지적이 이를 말해주고 있다. 신엘리트그룹이 형성돼 지방자치를 좌지우지한다는 비판적인 논의마저 제기되고 있음을 보면서 주민들의 폭넓은 의사를 정책에 반영시킬 수 있는 지역시민단체의 활동을 절감해 보는 것이다.

올바른 지방자치를 펼치기 위해서 뿐만 아니라 21세기에 닥칠지 모를 재앙을 막기 위해서 인류가 기댈 수 있는 최후의 보루가 NGO라는 믿음이 확산되기를 바라는 마음 간절하다.

〈1999-7-14〉

가정의 미래

IMF 경제난으로 우리 사회에는 많은 변화가 초래됐는데 이 가운데 하나가 가정의 변화다. 즉 가장의 실직으로 부인이나 아이들이 구직대열에 나서는가 하면 가족이 해체되거나 파탄에 이르는 경우도 늘고 있다. 이러한 가족 해체현상이 IMF이후 두드러진 변화로 나타나고 있는 가운데 또 그 반대의 현상 역시 IMF이후 우리 가정에 일고 있다.

가족간의 유대가 전보다 더 강화되고 있는 현상이 그것이다. 가장의 소중함이 다시 부각되었고 그래도 믿을 구석은 가정이라는 인식이 확산되었다는 점이 IMF가 가져다 준 우리 가정의 변화된 모습이라 하겠다.

IMF이후 변화를 겪고 있는 우리 사회의 가정을 보면서 가정의 달 5월을 맞았다. IMF가 아니라하더라도 우리의 가정과 가족제도는 최근 몇십 년간 엄청난 변화의 와중에 들어서 있다. 과거 유교이념에 바탕을 둔 전통가족제도는 점점 자취를 감추고 그대신 개인중심의 핵가족제도가 자리하고 있으며 이혼율의 증가 등 가족형태의 숱한 외형적 변화는 물론 이에 따른 의식의 변화도 급속하게 번지고 있다. TV드라마는 이같은 가족제도의 변화와 이에 따른 가족간 갈등을 소재로 한 이야기를 매일같이 내보내는가 하면 이땅의 최고 지성인이라고 자부하는 대학교수들까지 자녀교육의 어려움을 고백한 책(그래, 너희 뜻대로 해라)까지 펴내고 있음을 보면서 우리 사회의 가족문제를 실감해 보기도 한다.

가족의 변화 또는 가족문제가 떠안고 있는 사회적 영향력은 얼핏 보기엔 대수롭지 않을 수 있다. 우리는 또 전통적으로 남의 집안일에는 끼여들지 않으려 하는 문화적 풍토로 인해 그동안 가족문제가 크게 이슈화되는 성향도 억제돼 왔다고도 하겠다.

그러나 IMF로 촉발된 우리 가정의 변화는 더 이상 한 가정이나 가족의 문제에 그치지 않고 사회문제 또는 국가의 정책적 대상으로 확대되는 추세라는 관점에서 가정과 가족을 둘러싼 논의가 더욱 활발해져야 한다는 생각에 이르게 된다.

우리의 가정과 가족제도가 급격히 변화하고 있으며 가족해체현상에 따른 갖가지 사회적 부작용을 걱정하면서도 일차적으로 부딪치는 한계가 가족문제는 다분히 사적인 영역이 일정 부분을 차지하고 있다는 것이다. 좀더 쉽게 말하면 타인 또는 공권력이 개입할 수 있는 한계가 설정돼 있다는 점을 간과하기 힘들다. 높은 이혼율과 이에따른 아이들 문제, 또는 가족해체현상에 따른 소년소녀가장의 증가와 이에 사회가 부담해야할 사회보장제도의 확대를 논할 수는 있으나 이혼율을 낮춘다는 식의 접근은 불가능하다는데 가정문제의 어려움이 있기 때문이다.

결국 가정의 변화와 가족문제에서 파생되는 이런저런 어려움들을 풀어나가려면 일정부분 개개인이 부딪쳐 합리적인 해결책을 모색하는 동시에 국가는 국가대로 가족법개정을 비롯한 가족정책의 보완을 통해 대처해 나가야 한다는 생각에 이르게 된다. 동시에 가족과 가족구성원의 모임인 가정의 의미 또한 끊임없이 재조명하는 작업도 확산돼야 할 것이다.

지난 94년 UN이 '세계 가정의 해'를 선포하게 된 배경도 따지고 보면 이런 인식 아래서 나오게 된 것이다. 오랜 세월 가정은 인류사회를 지탱해 온 힘의 원천이 됐으며 이같은 가정의 변화로 초래되는 문제에 각국 나름의 가족정책을 촉구하는 동시에 가족에서 먼저 민주주의가 실현돼야 한다는 취지에서 '세계 가정의 해' 까지 선포하게 됐음을 우리는 기억하고 있다.

가정의 변화를 피하기는 힘들다. 오히려 가정의 변화가 개인을 불행하게 만드는 결과를 빚는 대신 행복한 삶으로 이끄는 그런 발상이 더욱 요청되는 시대에 우리는 살고 있다. 가정의 달 5월내내 가족과 가정의 참다운 의미를 모색하는 진지함이 함께 하기를 기원해본다.

〈1999-5-5〉

법조비리 이후의 과제

마치 한편의 추리극이 막을 내린 듯 '이종기 변호사 수임비리 사건'의 전모가 발표됐지만 세간의 여론은 개운치 않다는 표정이 역력하다.

검찰총수의 눈물섞인 대국민사과와 비장한 각오피력에도 불구하고 국민들의 심경은 별다른 감흥을 느끼지 못한다는 언론보도가 이를 뒷받침해주고 있다. 한바탕 폭풍뒤에 맑게 개인 하늘을 보는 그런 느낌보다 오히려 폭풍으로 부서진 잔해가 더 크게 시야에 들어오는 그런 느낌이라고나 할까.

이번 사건이 남긴 잔해와 앙금의 백미(白眉)는 '누가 누구를' 단죄하느냐고 항변한 심재륜 고검장과 이번 사건으로 사직한 2명의 검사장이 퇴임하며 남긴 말이라 할 수 있다. 심 고검장은 지난주 발표한 성명서에서 그동안 국민들이 어렴풋이 알고 있었던 두가지 사실을 고백하고 이를 부끄럽게 생각한다고 토로했다. 그중 하나는 판·검사가 변호사로부터 어떠한 명목으로라도 금품을 받아 온 관행을 국민 앞에 반성해야 한다고 한 대목이며 다른 하나는 검찰총수 및 수뇌부의 정치권력시녀론이라는 지적이 그것이다.

심 고검장의 성명서가 자기반성 내지는 검찰지휘부에 대한 직격탄 성격의 발언인데 반해 사직한 두 검사장의 퇴임의 변은 보는 이로 하여금 처절함까지 길어 올리고 있다. '백주의 난장에서 뭇 돌매를 맞아 송장이 되고 거적에 덮여 새끼줄에 매여 끌려나가고 있다.'는 최병국 전주지검장의 퇴임사와 '벚꽃처럼 사라지겠다'는 윤동민 법무부 보호국장의 퇴임 심경이야말로 이번 법란의 당사자가 겪은 참담한 귀거래사가 아닐 수 없다.

이같은 검찰내부의 비통함 속에 사건전모가 발표됐음에도 석연치 않아하는 여론을 보면서 필자는 이번 사건이 남긴 상처와 앙금이 우리 사회를 보다 한발자국 앞으로 나가게 하는 동인(動因)으로 작용됐으면 하는 바람 간절하다.

국민들은 이번 법조비리사건을 지켜보면서 우리 사회구성원 그 누구도 심고검장이 지적한대로 '어떠한 명목이든 금품을 주고 받은 관행' 으로부터 자유롭지 못하다는 점을 확인했다. 동시에 이번에 단죄대상에 오른 법조인은 물론 우리 국민 모두가 이 관행으로부터 벗어나려 뼈아픈 반성을 해야한다는 교훈을 얻었다는 생각이다.

부패척결과 오랜 관행 사이에서 방황해온 우리 사회는 이번 사태를 계기로 관행이란 이름의 멍에에서 벗어나야 할 것이며 관행으로부터의 탈출은 구조조정 이상의 고통이 뒤따른다는 점을 새삼 확인할 수 있었다. 동시에 IMF 체제하에 고통을 겪고 있는 우리 사회현실 속에서 관행으로부터의 자유와 공동체 사회의 미덕이 어떻게 양립할 수 있느냐의 문제 역시 우리 모두가 풀어내야할 과제란 생각도 해보게 된다.

이번 법조비리사건이 남긴 또다른 앙금은 '법이란 무엇이고 국가권력은 어떻게 행사돼야 정당한가' 라는 원초적인 물음이라 할 수 있다. 국가권력의 핵인 검찰내부에서 정치권력의 시녀론이 터져나오고 마녀사냥식 수사란 비판이 제기되는 모습을 보면서 국민들은 다시한번 법과 권력의 정당한 행사란 무엇이고 정치는 과연 어떠해야 하는가란 근원적인 물음 앞에 마주서게 되었다. 동시에 민주주의가 얼마나 어려운 정치과정인지를 다시 실감하는 그런 법조비리사건이기도 했다.

상처와 앙금이 채 가라앉지 않았음에도 많은 국민들은 이번 사태를 교훈 삼아 우리의 검찰과 법조계가 국민을 보호하고 국민의 시시비비를 가려주는 믿고 의지하고 싶은 보루로 다시 자리하기를 고대하고 있다.

법앞에 만인이 평등하다는 평범한 진리를 올곧게 펼쳐보이는 검찰과 법조계의 보이지 않는 노력이 드러난 법조비리보다 몇 배, 몇십 배 더 크게 차지하고 있다고 믿고 싶어하는 국민들이 있음을 우리 법조인들은 헤아려 주기 바란다.

〈1999-2-3〉

신 인물대망론新 人物待望論

미국의 명물에서 지금은 세계적인 시사주간지로 성가를 높인 '타임'지가 이달초 창간 75주년을 맞았다.

이 잡지의 9일자는 타임의 어제와 오늘을 조명한 특집을 실었는데 필자의 눈길을 끄는 대목은 60년대까지 이 시사주간지 커버스토리의 99%가 인물이었다는 점이다. 60년대 이후부터는 이런 흐름에 변화가 일어나기는 했지만, 20년대부터 60년대까지 커버스토리에 인물을 다룬 이유는 창립자 루스가 살아있는 인간에 열정적 관심을 가졌기 때문이었다고 한다.

영국의 비평가이자 역사학자였던 칼라일의 '위대한 인물이 위대한 사건을 만든다'는 말에 공감했던 창립자의 생각이 인물을 뉴스의 초점에 맞추게 된 배경이었다고 타임지는 소개하고 있다.

21세기를 얼마 남겨놓지 않은 지금 사람들의 사람들에 관한 관심은 갈수록 적어지고 있다는 느낌이다. '인간소외' 같은 용어를 들먹이지 않더라도 지금의 생활양식과 사회구조가 사람들에게 사람에 대한 관심을 점점 상실하게 만들고 있음을 보게 된다. 경우에 따라서는 사람을 대체할 수 있는 기계와 컴퓨터에 의한 시스템이 더 사람의 관심의 대상이 되고 있는게 지금은 물론 앞으로의 세상일 것이란 추측이다.

유럽의 중세기때 신의 절대적 권위가 르네상스기에 들어서는 인간의 존엄성으로 대치되었듯 21세기 또한 인간의 권위가 다른 어떤 것으로 뒤바뀔지 알 수 없는 일이다. 그러나 90년대 들어 사람들을 사로잡았던 거대담론이 침몰하고 경제전쟁이 세계를 휩쓸면서 '위대한 인물이 위대한 사건을 만든다'는 식의 인물론은 점차 빛을 바래가고 있다는 느낌을 지우기 힘들다.

시대적 흐름이 인물론을 퇴색시키고 있는 점은 분명하다. 그래도 필자는 인물의 존재가치를 부인하지 않는다. 이런 생각은 또 오랜 우리 전통사상이 역설해 온 가치관이기도 했다. '人乃天(인내천)' 즉 사람이 곧 하늘(한울)이라는 동학사상이 사람의 가치를 존중하는 우리 전통사상의 대표적인 예라 할 수 있다.

새 정부가 들어서면서 국민들은 또다시 수많은 자리에 앉아있던 관료가 바뀌는 '자리의 대이동'을 보았다. 어제의 여당이 오늘은 야당으로, 어제까지 한직에 머물러 있던 사람이 일약 요직에 앉는 판의 변화를 지켜보면서 국민들은 무엇이 어떻게 달라졌는지를 곰곰이 뜯어보기도 한다. 판의 변화로 전혀 예기치 않은 일이 일어나고, 과거 으레 볼 수 있었던 정치권의 힘겨루기와 같은 구태가 그대로 되풀이 된다. 모두가 개혁을 외치고 있으나 국민들이 바라는 개혁이 이루어질 것인지는 아직 미지수다. 아울러 자리에 앉은 사람이 바뀌기는 했으나 달라진 모습을 아직은 실감하기 힘들다는 게 국민들의 생각임도 읽게 된다.

지금 국민들은 엄청난 고통을 감내하며 하루하루의 삶을 견디고 있다. IMF하의 이 고통이 얼마후에 끝날지 모른다는 불안이 국민들의 삶을 더욱 힘들게 하고 있기까지 하다. 이런 고통의 연속선 상에서 그래도 희망과 기대를 걸 수 있는 곳은 다름아닌 사람과 사람들이다. 위정자와 기업가가, 과학자와 작가, 교사와 아이들 가운데 지금의 난국을 헤쳐나갈 위대한 인물이 튀어나올때 국민들은 한줄기 희망을 걸 수 있다. 이런 인물들의 열정과 노력이 빛을 발할 때만이 IMF를 뛰어넘는 우리의 도약도 가능할 것이다.

불황기에 문화르네상스가 찾아온다는 한 연구소의 전망처럼 실의에 빠진 국민들을 일으켜 줄 큰 인물들이 마치 새봄의 순처럼 움터 나오기를 소망해 본다.

〈1998-3-25〉

밀실과 광장

연말 대선을 앞두고 벌써부터 국민들은 정치의 광장으로 들어섰으나 광장에서 흔히 느껴지는 군중의 열기도, 환호도 좀처럼 찾아보기 힘든 게 11월 중반을 치닫는 아직까지의 풍경이다. 광장에서 으레 볼 수 있는 축제의 기분이 일지 않는 지금의 정치현실이 과거와 같은 군중집회대신 안방TV토론회 탓일까 자문해 보지만 선뜻 대답은 나오지 않는다.

대선이란 국민축제에서 느낄 수 있는 열기가 사그라진 국민들의 등 뒤에서 우리 현실정치에 비애를 느끼는 동시에 14번을 걸친 지난 대선의 경험에도 불구하고 여전히 우리 정치가 밀실에서 벗어나지 못하고 있다는 답답함의 실체는 어디에 연유하고 있는 것일까.

사람은 누구나 광장과 밀실을 오가며 삶을 영위해 나간다. 밀실의 역사로부터 인류의 삶이 시작되었지만, 지금과 같은 시민사회는 광장의 역사에서 비롯되었다고 할 수 있다. 서양의 광장은 멀리 고대그리스 도시와 로마로까지 거슬러 올라간다. 고대그리스

도시에서 '아크로폴리스'는 도시의 정신적인 중심이자 시민생활의 핵이었다고 평가된다. 이렇게 시작된 서구의 광장은 그 이후 11~13세기 도시가 형성되면서 도시의 핵을 이루게 된다. 지금도 서양의 광장은 인류의 문화유산으로 남아있다.

우리에게도 광장은 있었다. 서양에서와 같은 도시의 광장대신 마을의 동네어귀에는 오래전 나무그늘 아래 자연스럽게 마련된 주민의 공간이 있었고, 아낙네들의 빨래터도 나름의 광장이기도 했다. 우리에게도 본격적인 도시가 건설되면서 여의도광장과 같은 서양식의 광장이 자리하게 되었다.

지금 우리의 도시에는 곳곳에 광장이 펼쳐져 있다. 그러나 이런 우리의 광장이 시민의 진정한 토론과 만남이 이루어지는 그런 광장이라는 느낌이 선뜻 느껴지지 않는다. 밀실에서 나와 광장에서 논의돼야 할 일들이 아직껏 밀실에서 이루어지고 있는 이땅의 현실이 이런 느낌을 더해주고 있는 것이다.

물론 밀실은 있어야 한다. 예컨대 닫힌 공간을 요하는 창작작업은 광장에서는 좀처럼 하기 힘든 일이다. 이러한 밀실의 필요성에도 불구하고 지금의 시대는 사람들을 광장으로 내몰고 있음을 보게 된다. 시장의 중요성이 그것이고 정보화의 물결 역시 이런 징후가 아닐 수 없다.

그럼에도 우리에겐 정작 광장으로 나와야 할 많은 논의들이 밀실에 갇혀 있는 이 땅의 현실에서 건강하지 못한 사회의 단면들과 마주하게 되며 작가 최인훈의 60년대 작품 '광장'을 떠올리게 된다. 작품 '광장'에 등장하는 이명준은 개인의 밀실도 시민의 광장도 찾지 못한 채 끝내는 자살하고 만다. 밀실도 광장도 찾지 못한 소설 속의 인물이나 현상들이 아직까지 이 땅을 배회하고 있다면 지나친 상상일까.

그러나 지금의 대선정국은 광장으로 뛰어들지도 못하면서 밀실에서도 미완의 모습으로 국민들을 남아있게 만들고 있다는 탄식을 자아내고 있다.

밀실과 광장은 이제 우리들에게 확연히 구별되는 공간이 되야 한다. 밀실과 광장의 기능이 제대로 살아날 때만이 우리 사회의 진보가 가능할 것이다.

광장이 아닌 밀실로 들어가야 할 사람들이 광장으로 나가는 현실도 불행하지만, 광장에서 공개적으로 논의돼야 할 일들이 밀실에서 진행되는 현실 역시 우리사회가 타개해 나가야 할 과제가 아닐 수 없다. 3류 수준에서 맴도는 우리 정치수준을 높이기 위해서 더 나아가 건강한 사회를 만들어가기 위해서 좀 더 많은 논의들이 광장으로 나와야 할 것이다.

〈1997-11-13〉

교육개혁이란 화두

최근의 비교내신제 파문을 지켜보면서 재삼 교육정책의 어려움을 절감케 된다. 교육개혁이란 대의(大義)도 막상 대학진학이란 현실 앞에 맥을 못추는 느낌을 지울 수 없다.

변화와 개혁이 지금 우리 시대의 화두가 된 지 오래이건만 여전히 대학입시를 둘러싼 과열현상의 기존구도가 변하지 않고 있음을 이번 사태는 보여주고 있다. 지금의 우리 교육내용과 질이 달라져야 한다는데는 공감하면서도 정작 입시란 제도 앞에서는 한치도 양보하려 들지 않는 교육풍토는 좀처럼 바뀌지 않고 있다는데 우리 교육정책의 어려움이 가로놓여 있다는 생각이다.

얼마 전에 교육부장관을 지냈던 인사가 지역에 내려와 가진 특강에서 교육개혁의 당위성과 고충을 언급하면서 우리나라에서 교육부장관 하기가 얼마나 힘든가를 털어놓은 적이 있다. 그는 교육개혁은 지금 전세계 거의 대부분의 나라가 역점을 두고 추진하고 있는 시대적 흐름이라고 전제하고 21세기는 교육개혁의 성패에 의해 좌우될 것이라고 밝혔다. 아울러 우리나라 역시 120개 과제로 나누어 교육개혁작업이 추진되고 있으며, 어느 부분에서는 성과가 엿보이고 있다고도 했다.

그러나 우리의 교육풍토가 바뀌기 위해서는 유치원과 초등학교에서의 변화와 대학, 그 중에서도 서울대학교의 개혁이 이루어져야 하는데 전자는 그 가능성이 엿보이는 데 반해 후자는 변화가능성이 기대에 미치지 못한다고 털어놓았다. 그는 또 사석에서 만나는 사람마다 교육에 관련된 얘기를 들려주다가 막판에는 교육부를 질타하는 식으로 말을 끝내야 하는 고역을 감내해야 했다고 토로했다.

이 체험담을 들으면서 필자는 다시한번 지금 우리에게 '교육이 다른 무엇보다 앞서는 전부' 임을 실감하게 된다. 우리 민족은 오랫동안 교육을 중시하는 전통과 역사를 지녀왔다. 이런 전통과 역사가 시대에 따라 그 내용은 바뀌어왔을지언정 교육을 우선시하는 경향은 그대로 이어져 내려왔다.

해방 이후 우리의 교육제도가 수없이 뒤바뀐 저변에는 바로 이같은 우리 민족의 교육열이 작용했다는 분석이 가능하다. 우리 사회의 수많은 문제와 모순의 배후에는 이같은 우리의 과잉교육열이 개입돼 있다. 또 그 반대로 해방 이후 6 · 25를 겪는 험난함 속에서도 경제기적을 만들어낸 것도 바로 교육열에 기인했다고 할 수 있다. 최근의 비교내신제 파동도 교육열이 빚은 현상에 다름아니며 교육정책의 문제는 곁가지에 지나지 않는다는 생각이다.

지금 우리가 지향해야 하는 교육개혁은 하나의 이상이 아니라, 생존이 걸려있는 구체적인 현실이다. 대선을 앞둔 정치판의 격돌이나 경제위기도 그 연원을 따지고들면 이 땅의 왜곡된 교육의 산물임을 부인하기 힘들다. 조금은 더디게 느껴지는 교육의 힘에 의존하지 않고는 우리 사회의 앞날이 밝을 수 없다는데 국민적 공감대가 형성된 지도 오래다.

그러므로 답은 이미 나와 있다. 교육에 새바람을 일으킬 수 있는 지도자가 속출해야 하며 교육에서 국가미래를 찾는 교육대통령이 나와야 된다는 것이다. 우리 국민의 과잉교육열을 교육정책의 원동력으로 활용하는 예지를 갖춘 정당과 정치인이 필요한 시점에 와 있는 것이다.

우리 사회의 오랜 화두인 변화와 개혁은 교육으로부터 시작해 교육으로 귀결돼야 한다는 절박함을 느끼게 해주는 입시의 계절이 성큼 다가오고 있다.

〈1997-10-16〉

산 자와 죽은 자

이번 대한항공기 추락사고는 지난 95년의 삼풍백화점 붕괴 때 보았던 많은 사연 못지않은 가슴아픈 사연들이 전해져 국민들의 마음을 찌르고 있다. 흔히 대형참사 때 일어날 수 있는 비극적인 가능성이 괌에서의 대한항공기 추락사고에서도 예외없이 발생했음을 보여주고 있다.

때마침 여름휴가철을 맞아 가족 및 친지가 함께 비행기를 탔다가 한꺼번에 참변을 당한 경우가 많았다. 맞벌이 부부가 양가부모를 모시고 효도관광에 나섰다가 변을 당했는가 하면, 아내와 아들을 모두 잃고도 사고수습에 나서야만 했던 대한항공 괌지점장의 사연 또한 가슴을 저리게 하기에 충분했다. 경찰생활 20년 만에 첫 해외나들이 길에 나선 성실한 경찰관부부의 참변소식 또한 우리를 울리기는 매한가지이며, 결혼을 앞둔 예비신혼부부 두쌍이 날벼락을 맞은 얘기에 이르기까지 애끓는 사연들이 이어져 산 자들을 침통하게 하고 있다.

그런가 하면 이번 참사현장에서 극적으로 살아남은 생존자들과 추락한 비행기 예약을 해놓고도 탑승하지 않아 봉변을 면한 경우도 있어 그야말로 생사의 기로를 헤맨 극한상황을 체험한 사람들도 있었다. 삶과 죽음이 불과 한치 차이에 지나지 않는다는 것을 실감케 한 대한항공 참사사고가 아닐 수 없다.

사람의 일생이 한낱 풀잎에 맺히는 아침이슬에 불과하며, 산자의 피할 수 없는 숙명이 죽음임을 이번 괌에서의 참사가 거듭 일깨워준다. 이런 감정의 격앙됨은 삶의 풍요를 마음껏 즐기는 휴가철에 날라든 비보였기에 더한층 사람들에게 충격으로 다가서고 있는 것이다. 그러나 이번 참사소식은 산자들이 평소 무심하게 여겼던 죽음과 맞닥뜨리게 만들었으며, 살아있는 삶을 고맙게 여기는 기쁨을 선사하기도 했다. 그러면서도 산자들이 언젠가는 맞아야 할 죽음을 앞두고 어떻게 살아야 하는가란 근원적인 물음을 이번 KAL기 참사가 던져주고 있다는 생각이다.

지금의 우리 현실은 너나 할 것 없이 모두가 힘들다. 경제는 휘청거리고 대선정국을 앞둔 정치판은 오리무중 그 자체이며, 민생은 명퇴와 실업자 증가로 힘겨운 나날을 이어가고 있다. 모두가 위기상황이라고 입을 모은다. 산 자의 기쁨을 논하기에는 거리가 먼 작금의 우리 현실이기도 하다. 그러면서도 산 이들은 살아있는 동안 크든, 작든 삶의 희열을 맛보며 또다른 희망에 생에 대한 투지를 불태우기가 일쑤다. 죽음을 염두에 두지 않고 언제까지나 살아있을 것 같은 환영 속에 살고 있는 게 산 자들의 모습인 것이다. 그러나 산 자들의 곁에는 늘 죽음의 그림자가 드리워져 있다. 이런 상념에 빠져들면서 우리는 이번 대한항공 참사가 죽음의 철학을 가르치고 있다고 생각해 본다. 즉, 산 자들은 언제 닥칠지 모르는 죽음에 대비해야 하며, 이 죽음을 대비하는 자세로부터 삶에 대한 경건함이 우러나올 수 있다고.

무엇보다 죽음은 소유를 허용하지 않는다. 삶의 기쁨도, 온갖 명예와 영화와 재산도 죽음 앞에선 한낱 신기루에 지나지 않는다. 아무리 많은 재력가일지라도 그것은 이승에서의 관리자에 지나지 않는다. 세상을 호령하던 권력가도, 낙양(洛陽)의 지가(紙價)를 올리던 문장가도 죽음 뒤에는 그저 티끌로 돌아간다는 평범한 사실만 존재할 따름이다.

그러나 이런 모두에게 평등한 죽음이 존재함으로써 삶이 보다 윤택할 수 있다는 역설이 가능하다. 아울러 죽음은 후회없는 삶이 되기 위해 삶을 낭비하지 않고 값지게 살아야 할 이유가 된다고도 할 수 있다.

대한항공 참사로 숨진 이들의 넋을 위해서라도 이제 산 자들은 삶의 매무새를 바로 해야 할 것이다. 악귀처럼 남을 해하는 죄악의 수렁에서 벗어나야 하며, 많은 것을 지니고도 또 남의 것을 탐내는 욕심을 벗어던져야 한다. 시기와 질투도 내버려야 할 것이다.

그러나 무엇보다 지금의 우리에게 필요한 삶의 자세는 각자 있는 위치에서 자기 자리를 확고히 지키는 삶의 태도가 아닐 수 없다. 더 이상 사고공화국이란 오명을 되풀이하지 않도록 우리 사회 구성원들이 각자 맡은 자기일에 최선을 다하는 노력이 요구되는 그런 시기란 생각이 간절하다.

우리는 이번 사고때도 지난 삼풍참사에서처럼 구조활동에 나섰던 많은 자원봉사자들을 보면서 산자들이 아직은 삶에 대한 희망을 지닐 수 있음도 확인해 본다.

〈1997-8-14〉

가정은 있다

가정의 달 5월도 이제 하순을 향해가고 있다. 5월은 가장들에게는 경제적 부담을 안겨주는 조금은 잔인한 달이기도 하다. 어린이날을 필두로 어버이 날과 스승의 날, 그리고 성인의 날에 직장에서의 각종 행사에 이르기까지 다른 달에 비해 기념일과 행사가 많아 주머니에 여유가 없는 달이다.

가정의 지출을 늘리는 5월이지만, 5월은 이런 점을 빼놓고는 축복의 나날이라 할 수 있다. 계절의 여왕이란 호칭이 말해주듯 5월의 산하는 신록과 꽃내음으로 가득하며 앞서의 기념일에 주인공이 되는 어린이, 노인, 스승 및 청소년들은 마냥 기쁘고 축복을 받는 하루하루를 기대할 수 있기 때문이다. 이런 면으로 해서 5월처럼 사람사는 재미를 느끼게 해주는 달도 드문 듯 싶다.

이처럼 우리 사회 구성원 대부분이 주인공이 되는 5월이지만, 역설적으로 보면 5월처럼 서글픈 달도 없다는 생각이 든다. 어린이가 없는 부모가 그렇고 자식에게 버림받은 부모가 그러하며 소년소녀 가장들도 이런 감정을 느끼리라는 추측이 어렵지 않다. 5

월의 이런 역설은 여기서 그치지 않는다. 가정에 대한, 또 우리 가정의 당면한 갖가지 문제를 둘러싼 여러 형태의 물음들이 그것이다. 우선 21세기에도 가정이란 인류의 유산이 계속 이어질 것인가하는 근원적인 물음이 일각에서 제기되고 있다. 예측불가능한 과학의 발달이 가정을 존속시킬 것인지 아니면 어떤 다른 형태로 변형시킬 것인지 지금으로서는 명확한 결론을 내리기 어렵다. 이 같은 가정의 미래에 대한 불안함도 있지만, 지금 당장 우리 사회가 안고 있는 가정의 부재(不在) 현상은 발등에 떨어진 불과도 같은 현상이 아닐 수 없다.

우리 사회는 부부를 단초로 하는 가정에서부터 세상이치의 기본이 시작된다는 전통을 물려받았다. 그래서 가부장제의 유산이 깊게 남아 있으며 부자유친과 같은 혈통위주의 가치관을 암묵적으로 유지하고 있었다. 그러나 산업화로의 급격한 변화는 맞벌이부부를 양산하고 있고, 서구의 개인주의사조가 파급됨에 따라 가정내에서의 구성원들의 의식에도 변화가 생기게 되었다. 여기에 학교교육이란 이름의 입시교육이 결정적인 치명타를 가하면서 가정의 변화에 가속도를 붙게 했다. 과거 가정에서의 인성발달교육은 입시교육에 밀려나게 되고 청소년들이 그들만의 가치관을 형성하게 되면서 과거 부모의 역할을 상실하게 만들었다. 지금 이 땅의 많은 가정이 가정이라기보다 하숙집에 더 가깝다고 하면 지나친 말일는지.

이런 이즈음의 우리 가정의 단면과 함께 올 5월은 대통령의 아들이 구속되는 역사적 사건을 겪는 수모까지 맛보아야 했다. 대통령도 아들 앞에서는 아버지로 서게 되는데 대통령의 아들이 법의 심판대에 서야 하는 이 땅의 정치 현실이 국민들을 착잡함 이상의 감정에 사로잡히게 한 5월 가정의 달이었다.

가정의 달에 새삼 펼쳐든 소설이 작가 최인호의 '사랑의 기쁨'이다. 소설제목이 얼핏 남녀 간의 사랑이야기로 비쳐질 수 있으나, 어머니의 사랑이 남녀 간의 사랑을 뛰어넘는다는 것을 감동적으로 그려내고 있다. 모녀지간의 갈등과 때로는 대립, 그러나 결국은 어머니의 끝없는 사랑이 딸을 한 인간으로 성장시키게 된다는 이 소설의 줄거리는 사랑이 얼마나 소중한 가치를 발휘하는지를 리얼하게 보여주고 있다.

지금 우리 사회의 가정이 겪고 있는 이런저런 갈등을 해결해 줄 수 있는 열쇠가 바로 이 사랑이란 생각을 해보게 된다. 남편과 아내 사이, 자식과 부모 사이의 갈등은 물론 사제지간의 관계에 이르기까지 또는 그 이외의 여러 인간간의 불화 역시 사랑의 힘으로 풀어나가야 한다는 제안아닌 제안을 던져 본다. 혹자는 이런 제안에 의문을 제기할 것이다.

갈수록 복잡한 세상살이가 사랑을 메마르게 하고 있다고, 그렇지만 필자는 믿고 싶다. 사람을 움직이는 것은 이성의 차가움보다 감정의 따스함이며 인간의 사랑만큼은 컴퓨터로 대체할 수 없다는 사실을. 이런 점으로 인해 가정의 존재이유는 결국 사랑에 있다는 사실만은 21세기가 와도 변할 수 없다고 믿는다.

인류에게 아직 가정은 존재하고 있다. 그리고 지금 이 시간에도 지구 어디서인가 '즐거운 나의 집'을 노래부르는 가정에 행복이 깃들어 있음을 일깨워주는 5월 가정의 달이 아닐 수 없다.

〈1997-5-22〉

新동방의 등불論

오래 전 인도의 위대한 시인이 우리나라를 동방의 등불이란 미사여구로 칭찬한 적이 있었다. 또 얼마전까지만 해도 국제사회에서 우리를 아시아의 무서운 용 가운데 하나라고 치켜세우기도 했다. 이런 찬사와 칭찬이 채 끝나기도 전에 이제는 샴페인을 너무 일찍 터뜨렸다는 비아냥은 물론, 최근 연이어 터지는 악재로 자칫 다른 나라에 피해를 주는 국가로 전락되지나 않을까 하는 눈총까지 받는 신세가 됐다. 국제화 · 정보화시대란 이런 점에서도 실감하게 되는 시대정신이 아닐 수 없다. 그래서 요즘 우리 국민들은 하루하루를 힘겹게 보내고 있으며, 어디서 희망을 구해야 하는지에 골몰해 있다고 해도 과언이 아니다.

내우외환(內憂外患)이란 요즘 우리의 처지를 두고 한 표현인 듯 싶다. 자고나면 쉽사리 풀기 어려운, 아니 풀리지 않는 매듭과도 같은 일의 연속으로 하루 해가 저문다. 국력을 모아 경쟁력을 길러도 시원하지 않을 판국에 어떤 점에서 국력을 소모하는 듯한데 열중하는 작금의 우리 모습은 정말 추락할 것만 같은 위기감을 불러일으키게 하고 있다. 어디서부터 시작해 이 매듭을 풀어나가야 하는지 목청을 높이다가도 제풀에 지치는 요즘 우리 국민들의 모습을 볼라치면 처량함이 한꺼번에 밀려온다. 그러나 곰곰이 따져보면 이런 근간의 우리 처지는 바로 우리가 결국 감내해 내지 않으면 안될 역사적 산물이라는 담담한 결론을 내리게 된다.

과거 백제나 고구려가 아닌 신라가 삼국통일을 하고, 조선조 5백 년이란 장구한 세월 끝에 우리가 멸시하던 일본에 나라를 빼앗겼듯이 1997년 이 땅에 한보사태와 북한의 황장엽 비서 망명이란 경천동지할 사건이 일어난 것은 결코 우연이 아니란 해석이 그것이다. 조금 확대해석하면 한보사태와 황비서 망명은 실타래처럼 얽힌 우리의 근·현대사가 빚어낸 필연적 결과일 수 있다는 추론을 이끌어내게 한다. 부정부패, 정경유착은 우리의 대표적 근대화의 산물이며, 황비서 망명 역시 우리 민족이 분단 이후 부딪혀 온 냉전의 한꺼풀이란 해석을 해보게 된다.

해방 이후 우리 국민들은 나라와 국민을 위한다는 많은 정치인과 기업인들이 뒤돌아 서서는 부정과 부패로 한 통속이 돼 철창신세를 지는 모습을 목격해왔고, 개혁의 기치가 또다른 지배이데올로기에 지나지 않는다는 것도 보아왔다. 또 통일은 한낱 구호에 그칠 뿐 빛바랜 이념에 집착하거나 테러로 일관하려는 또다른 동족의 모습에 실망해 왔던 게 우리의 지난 날이었다.

혹자는 말한다. 과거와 단절된 현재는 없다고. 필자는 이 말을 또 이렇게 말하고 싶다. 현재와 단절된 미래는 없다라고. 어제가 없는 오늘은 없으며 오늘이 없는 내일은 있을 수 없다는 건 역사의 철칙이라 할 수 있다. 문제는 어제보다 나은 오늘, 오늘보다 더 나은 내일을 만들기 위해 부단히 노력하는데서 해법이 나올 수 있다는 점이라 하겠다. 아울러 보다 나은 내일을 위해 무언가를 하는 노력 못지않게 과거와 현재에 왜 이런 문제에 봉착하게 되었는가를 파악하려는 태도 또한 중요한 일이 아닐 수 없다. 지금 전국을 들끓게 하는 한보사태와 황비서 망명에 뒤따른 국민적 논의가 어쩌면 예방주사를 맞아 앓고 있는 사람의 떨림과도 흡사하다면 이는 다행스런 일로 치부될 수 있다. 그러나 만일 예방주사의 병균을 이기지 못하는 앞서와 반대의 상황이 되지나 않을까 하는 우려 또한 불식하기 힘든게 지금의 현실이다.

위기가 기회라는 말은 참으로 역설적인 진리다. 요즘의 우리 처지가 이 진리의 실천을 절실히 요청하고 있다고나 할까. 비록 내우외환의 힘든 일들이 밀려오고 있지만 그럴수록 그것은 세계인류문명에 새로운 가능성을 제시할 수 있는 기회로 활용하는 역량을 발휘할 것을 요구하는지 모른다.

21세기로 넘어가는 길목에서 우리 민족은 과거 동방의 등불이란 찬사를 다시 받을 수 있는 명예를 회복해야 한다는 사명감을 느껴야만 할 것이다. 정보화의 지구촌시대인 지금, 세계는 한국을 예의주시하고 있다. 어려운 처지에 빠져 추락하기를 내심 바랄 것이다. 그러나 그런 기대와는 달리 21세기 세계의 모델이 될 수 있는 새로운 질서의 모색과 창출로 스포트라이트를 받는 그런 모습을 연출해야 할 과업이 올해의 우리 국민들에게 주어져 있다. 또 오늘의 우리 국민들에게 가장 필요한 지도자는 힘든 현실 속에서도 국민들의 역량을 이끌어내고 이를 국력으로 결집시킬 수 있는 인물이라는 생각이다. 우리의 과거와 현재에서 미래의 해법을 찾는 혜안이 그 어느때보다 요청되는 시절이 아닐 수 없다.

〈1997-2-20〉

변화와 개혁

'**눈을** 들어 다음 세기에 우리를 기다리고 있는 도전들을 보자. 새로운 1천 년의 시작 앞에 우리가 놓여 있다는 것은 행운이다…. 국민 여러분께 묻고자 한다. 20세기의 성취를 답습하지 않고 그것을 뛰어넘을 것인가…. 신념과 용기, 인내와 감사의 마음으로 오늘 우리 희망의 날을 숭고한 역사의 한 章으로 만들자.' 22일 자 일간신문에는 앞서 인용한 클린턴 미대통령의 취임사 요지와 함께 취임식이 끝난 후 열린 무도회에서 환한 표정으로 춤추는 미대통령 부부의 사진이 실렸다. 그러나 정작 클린턴의 취임연설에 대한 미국의 언론과 정치평론가들의 반응은 한결같이 냉랭했다는 게 미국 현지의 보도다.

이런 태평양 건너편의 소식에 접하면서 어쨌든 21세기의 새벽을 열 강대국의 새 지도체제가 출범했구나 하는 감회가 드는 것은 어쩔 수 없다는 느낌이다. 클린턴의 말대로 새로운 도전이 우리를 기다리고 있는 것이다.

우리도 올 연말에 다음 세기를 준비할 새로운 지도자를 뽑아야 할 결단의 순간을 앞두고 있다. 오늘날과 같은 다원화한 사회에서 정치지도자에 의해 모든 국가적 과업이 결정 되는 것은 아니지만, 아직은 정치지도자의 영향력이 막강하다는데 이의를 제기하기 힘들다. 우리 국민들은 이런 측면에서 올연말의 선택에 신중하고도 올바른 판단을 해야만 된다는 소명의식을 발휘해야 할 것이며, 이런 판단의 자료로 최근 삼성경제연구소에서 발표한 한 자료를 소개해 본다.

'개혁의 성공과 실패조건' 이란 이 리포트는 역사적 사례를 통해 개혁의 함정과 성공조건을 제시하면서 전문가 집단을 잘 활용해야 한다는 점을 지적하고 있다. 이 보고서는 개혁에는 필연적으로 저항이 따르며 개혁의 성패는 TOP이 어느 정도의 열정을 갖고 어떠한 비전을 제시하면서 얼마나 전문가 집단을 잘 활용하느냐에 달려 있다고 강조한다. 이어 인류역사의 수많은 개혁사 중 성공사례로 일본 에도막부 8대 장군인 요시무네가 주도한 교호개혁과 미국의 32대 대통령 루스벨트의 3R개혁을, 실패사례로는 北宋시대 王安石의 新法개혁, 조선시대 趙光祖가 펼쳤던 士林개혁을 들고 있다. 이런 개혁사의 성공과 실패사례를 통해 개혁의 함정으로 다음과 같은 6가지를 제시한다.

①비전은 불필요하다 ②TOP의 지지만 얻으라 ③의식개혁에 치중하라 ④단기성과를 무시하라 ⑤반대자를 무시하라 ⑥밀어붙이면 통한다. 이와 반대로 또 6가지 개혁의 성공조건은 ①TOP의 리더십 ②전문가 집단의 조직화 ③마스터플랜에 의한 전략적 추진 ④인재확보와 고른 등용 ⑤관료주의 타파 ⑥반대의견에 대한 유연한 대응. 그러나 이상과 같은 조건 역시 필요조건일 뿐 충분조건은 아니며 개혁내용에 따른 다양한 접근이 필요하다고 이 보고서는 결론짓고 있다.

지난해 말 노동법 등의 기습통과로 새해 초부터 시국이 소란하고 시중의 부도소식 역시 그치지 않아 국민들은 불안한 심정을 감출 길 없다. 화가 치밀어 세상을 원망해 보기도 하지만, 우울한 날은 내일 또 계속된다. 결국 이런 악순환 속에서는 새로운 도전도, 미래에의 꿈도 가질 수 없다. 뇌내혁명의 저자 말대로 우리 스스로 마이너스발상에서 벗어나 플러스발상을 통해 개인의 체질은 물론 국가의 체질을 선순환으로 전환하는 변화와 개혁이 있어야 한다는 생각이다. 21세기의 빛나는 시작을 위해서라도 지난 4년간 문민정부개혁의 공과로를 국민들은 냉철히 분석해야 할 것이다.

이제는 지난 4년의 어떤 개혁이 성공했고 어떤 개혁이 실패했으며 그 원인은 무엇인지 또 문민정부출범 때 국민들이 품었던 기대가 지금에 와서는 어떻게 되었는지에 대해, 국민들은 앞서의 개혁사례를 거울삼아 판단을 내려야 할 시점이란 생각이다. 이런 판단을 토대로 우리가 새로운 시대를 차질없이 이끌어갈 지도자를 선출할 때만이 변화와 개혁이란 시대적 과제를 무난히 해결할 수 있다고 믿는다.

다가올 시대의 화두는 결국 변화와 개혁이라는데 이견을 제기하기 힘들다. 개인도, 회사도, 국가도 그 누구도 이 도도한 시대적 흐름을 벗어나기는 불가능하다. 그러나 잠꼬대처럼 되뇌이는 이 변화와 개혁은 그렇게 만만한 대상이 아니다. 말로는 변화와 개혁을 외치나 대부분의 사람들은 그것이 가져다 줄 결과에 관계없이 반사적으로 저항한다. 문제는 누가 어떻게 현실적인 개혁을 선순환선상의 변화로 이끌어가느냐가 아닐 수 없다. 우리 사회 각 분야에 이런 뛰어난 개혁과 변화의 조련사들이 그어느 때보다 필요하다는 생각 간절하다.

〈1997-1-23〉

변화라는 화두話頭

'…*2000년* 2월 22일 광동성, 해남성, 홍콩, 마카오 독립선포. 2000년 3월 1일 상해, 강소성, 절강성, 안휘성 독립선포. 2000년 4월 3일 중국 내전발발.… 2001년 5월 1일 복건성, 대만과 합방선포, 2001년 6월 11일 한국정부 오(吳:상해), 월(越:심천), 민(민:복주)의 독립 공식승인.'

작가 이인화의 가상현실 소설 '태양의 도시'의 첫 대목은 이렇게 시작된다. 이 가상소설 '태양의 도시'는 2001년의 지구촌을 무대로 등소평 사후 중국대륙에 천하대란이 일어난다는 가상 아래 한반도와 동북아시아에서 전개되는 드라마를 필자 특유의 박진감 넘치는 스토리로 펼쳐내고 있다. 작가는 이 소설에서 전쟁은 언제나 있는 일이며 평화란 전쟁과 전쟁 사이에 슬며시 찾아드는 미약한 변수에 불과하다고 말하기도 하고, 세상은 체면이나 인정따위는 도외시하고 오직 자기 욕망만을 관철시키는 악당들의 강인하고 거친 혼을 사랑한다는 독설을 내뱉기도 한다.

95년 1월에 발표됐던 이 가상현실 소설이 생각난 것은 해가 바

꿔면서 2000년이 바짝바짝 다가서고 있다는 강박감에서 연유한 것 같다. 새해가 시작되면 사람들은 늘 새로운 출발을 다짐하고 새로운 결심과 새로운 목표를 세운다. 언제나 이렇게 새해가 시작되었듯이 97년 새해도 또 이렇게 시작되었다. 그러나 올해의 시작은 그 어느 해보다 어수선하고 한 해의 전망 또한 어두운 소식들이 차지할 것만 같은 느낌을 지우기 힘들다. 신년연휴가 끝나기가 무섭게 노동계의 파업소식이 날아들었고, 지난 해에 이어 샐러리맨들에겐 더욱 잔인한 한 해가 될 것이란 예보가 나와 있다.

대통령의 연두회견에서도 국정의 최우선과제를 경제회복에 두겠다고 밝힌 것으로 보아 올해의 경제 역시 어려울 것이란 전망을 쉽사리 짐작케 한다. 2000년은 바짝 다가오고 있고, 그런 21세기를 대비해 해야 할 일들은 산적해 있는데 나라안의 어디에서고 밝은 면보다 어두운 면들이 더 눈에 띄고 있으니 작가 이인화의 소설이 더욱 머리를 어지럽게만 한다. 우리가 익히 보고 들어온 대로 21세기의 시대에는 많은 변화가 예고돼 있다.

그런데 문제는 여러 미래학자들의 지적처럼 그 변화의 내용을 점치기가 힘들다는 데 있다. 다가올 미래를 대비해야 하는 것은 분명한데 그 미래의 내용을 짐작하기 힘드니 어떻게 대응해야 하는지 난감한 일이 아닐 수 없다. 여행을 떠나면서 가는 곳의 위치도, 그 곳의 물정도 알 길이 없는 나그네의 심정과 같다고나 할까. 21세기판 노스트라다무스의 예언이라도 나와주었으면 궁금증이 덜하련만 아직 그런 예언이 나왔다는 소식은 들리지 않는다. 그래서 학자들은 이런 21세기를 대비하기 위해서는 어떤 변화에도 대응할 수 있는 능력을 길러야 한다고 역설하고, 그런 대응능력을 갖추지 못한 나라나 개인은 철저히 몰락할 것이란 예고를 내놓고 있다. 결국 지금까지 인류가 쌓아온 지식과 문명이 역사의 저편으로 물러나고 새로운 관념과 생활양식이 펼쳐지는 무서운 변화가 21세기에 찾아올 것이란 해석이다.

이런 다소 소름끼치는 21세기가 이제 불과 4년 앞으로 닥쳐온 것이다. 이같은 미래를 어떻게 준비하고 어떻게 대응해야만 할 것인지에 우리 모두는 골머리를 앓아야만 할 것이다. 올해는 이런 한 해가 돼야 한다는 강박감이 자리하고 있건만 왠지 지금의 현실은 모두에서 얘기한 것처럼 밝아 보이지 않는다. 나그네의 갈 길은 먼데, 해는 벌써 저물고 있는 것과도 같은 심정이라고나 할까.

그러나 필자는 우리의 미래를 비관하지 않는다. 그것은 수천 년의 역사를 살아온 우리 민족의 저력을 믿기 때문이다. 강대국의 수많은 침탈이 있었지만, 우리 민족은 결코 굴복하지 않고 생명력을 지켜온 강인한 정신력을 유산으로 물려받았다.

그리고 초토화한 국토를 딛고 일어선 수 많은 경험을 축적해 왔다. 어떤 변화가 온다고 해도 이에 맞서 대응할 수 있는 저력을 갖고 있다고 확신하면서 새해를 보내고 싶은 심정 간절하다.

우리는 새해가 되면 서로 덕담을 나누는 미덕을 지니고 있다. 아무리 현실이 각박해도 서로가 서로에게 덕담을 나누는 여유있는 자세로, 그리고 새로운 포부와 새로운 꿈을 잃지 않는 마음가짐으로 올 한 해를 보내고 다가올 21세기를 맞이하기를 재차 기원해 본다.

〈1997-1-9〉

요람에서 무덤까지

세밑으로 치달아가는 12월의 을씨년스런 잿빛하늘을 보노라면 어느새 희미한 옛사랑의 그림자와도 같은 일말의 감상에 젖게 되는게 도시민들의 이맘 때 정서이기도 하다. 그러나 요즘 도시의 샐러리맨들에겐 이런 감상이 자리할 틈 조차 없는 삭막함만이 앙상한 가로수처럼 자리하고 있다. 모두 잘 알고 있는 것처럼 올해에 이어 내년에도 화이트칼라의 수난이 예고돼 있음에 기인한다. 감정이 메말라 있기는 우리의 10대도 매한가지다. 입시의 계절이 이달부터 본격적으로 시작되면서 한바탕 전쟁이 시작됐기 때문이다. 수능시험이 끝나면서 고3 생들의 자살소식이 들려오는가 하면 특차에 수석합격한 의지의 주인공들이 신문지상을 차지하는 등 입시전쟁의 포문이 열리는 마당에 무슨 감상이 남아있을 리 만무하다.

또 시작된 대학입시의 계절을 맞으면서 날씨 탓만은 아닌 어두운 심정이 자리하는 것은 비단 필자만은 아닐 줄 안다. 소위 명문대부터 그렇치 못한 대학을 한 줄로 세워놓는 언론보도의 재연에서부터 대학에 들어가고자 하는 수험생과 학부모들의 눈물겨운 모습들 역시 보는 사람들을 안타깝게 한다. 이들과 함께 보는 이를 더욱 우울하게 만드는 것은 소위 '대포반'이라 불리는 학생들이다. 대학진학을 포기한 이들 대포반 학생들이 이 계절에 한층 심한 방황과 좌절을 맛보게 되리라는 것을 미루어 짐작케 된다. 사회가 온통 대입시의 홍역을 치르는 동안 이들 대포반학생들은 진학의 사각지대에 머문 채 밤거리를 헤매는 불행한 모습을 연출함으로써 보는 이들을 안타깝게 만들고 있다.

이런 세밀의 우울한 모습들을 보면서 우리는 다가올 새해와 또 21세기를 불과 3년 남짓 앞둔 지금의 시점에서 시급한 일들이 무엇이고 이런 논의들을 논의로만 그치게 하지 말아야겠다는 다급함에 사로잡히게 된다. 올해에 쏟아져나온 수많은 화두가운데 가장 눈길을 끄는 대목은 세상이 엄청나게 변하고 있다는 사실과 더불어 이런 변화를 예측하기 힘든 시대가 앞으로의 미래란 사실이라 하겠다. 많은 학자들은 21세기의 특징으로 변화의 흐름이 예측되지 않는다는 점을 강조하고 있다. 이런 전망은 과거의 시대와는 질적으로 다른 변화가 올 것이란 얘기에 다름아니다. 관습의 틀이 깨지는 것은 물론 인접과학의 결합이 가져오는 불가측의 결과가 인류에게 초래할 내용에 대해 그 누구도 알지 못하는 속에서 우리가 해야 할 일은 무엇인가란 매우 심각한 의문을 갖게 된다.

이런 물음에 쉽사리 답할 수 없겠지만 그래도 대안으로 제시할 수 있는 것이 바로 교육이라는 게 학자들의 의견이다. 대응능력을 길러줄 수 있는 바탕을 길러주자는 얘기가 그것이다. 미래의 상황은 알 수가 없다. 그러나 그 알 수 없는 상황에 유연하게 대처할 수 있는 능력을 길러주는 교육을 시킴으로써 새로운 시대를 대비해야 한다는 게 지금의 기성세대가 시급히 착수해야 할 과업이라는 결론아닌 결론을 얻게 된다.

이런 측면에서 우리의 교육개혁은 요람에서 무덤까지 이루어져야 하며, 지금과 같은 입시열병을 치유하지 않고는 근본적인 교육개혁은 이루기 어렵다고 해야 할 것이다. 직업에 대한 고정관념이 사라지고 직종의 부침이 무성해지는 세상에서, 또 무한경쟁의 비정함 속에서도 인간됨을 유지하면서 살아나가는 지혜를 갖도록 해주기 위해서는 말 그대로 창조적인 능력을 길러주는 교육을 하지 않으면 안된다는 사실에 공감하지 않을 수 없다. 이렇다할 자원도 없는 우리에게 유일한 자산은 사람이며 이 많은 사람들을 귀중한 자산으로 만들어나갈 수 있는 방법은 결국 교육에 달려있다는 점을 이 계절에 다시 한 번 절실하게 생각해 보게 된다.

수험생들과 함께 도시의 많은 샐러리맨들 역시 불황의 여파속에서 본격적인 수난시대를 맞게 될 것으로 예고돼 있어 불안함을 느끼기는 마찬가지다. 고도기술 산업환경 속에서 설 자리를 잃게 될 화이트칼라들에게도 역시 앞서의 논리가 적용된다고 할 수 있다. 불황에 따라 기업이 자구책을 마련하듯이 이제 샐러리맨들도 스스로 예측하기 힘든 미래에 생존해 나갈 수 있는 능력을 길러나가야 하며, 이런 능력은 자신 스스로를 개발해 나가는 교육에서밖에 얻어질 수 없다고 해야 할 것이다.

우리는 자신의 청춘을 한탄하는 젊은이와 샐러리맨들의 비애를 더 이상 확산시키지 않기 위해서라도 교육의 인프라를 새로 구축해야 한다는 사실을 해가 가기 전에 명심해야 한다는 생각 간절하다.

〈1996-12-19〉

환생還生 신드롬

아침기온이 떨어지면서 점점 가을이 깊어져 가고 있다. 우리의 가을은 그 어느 계절보다 축복을 느끼게 해주며 아울러 한국적인 서정에 젖게 해주는 계절이다. 파란 하늘위로 빨갛게 물든 감나무가 자리한 우리의 농촌풍경은 이 계절이 주는 선물이라해도 지나치지 않는다. 이런 우리의 가을은 그래서 시적 전통이 강한 우리 문인들로 하여금 가을을 소재로 한 많은 시를 남기게 했다. 그러나 시인이 아니라해도 이 계절 가을은 사람들로 하여금 詩的 서정을 불러일으키게 하고 아울러 자신을 침잠케 하는 마력을 발휘하기도 한다. 아스팔트 위를 뒹구는 낙엽은 계절을 잊은 도시인들에게도 문득 추억과 향수(鄕愁)와 같은 단어들을 떠올리게 하는 계절이 가을이기도 하다.

이렇듯 우리에게 많은 축복을 선사해주는 이 가을에 우리 사회 한구석에서는 이른바 '환생신드롬'이 번지고 있다고 해서 논란이 일고 있다. 이 환생신드롬은 몇년 전 국내에 상영돼 많은 관객을 모았던 데미 무어 주연의 '사랑과 영혼'으로 그 기미가 일기 시작돼 지난해 소설가 양귀자씨가 펴낸 '천년의 사랑'과 올해 초 이 소설을 각색한 영화 '은행나무 침대'가 인기를 끌면서 TV드라마, 대중가요는 물론 이에 편승한 서적들까지 나오면서 환생신드롬을 부채질하고 있다는 것이다. 또 일부 청소년들 사이에서는 전생을 보게 한다는 자기최면 유도테이프가 유행하는가 하면 투시를 통해 전생을 들여다 볼 수 있다는 구슬까지 등장했다고 하니 이 환생신드롬 현상이 몇년 전 지구종말론과 같은 열기로 번지지나 않을까 우려하는 지적이 만만치 않다.

따지고보면 이 환생(還生), 전생(前生)에 관한 얘기들은 우리가 어릴 적부터 익숙한 것들이기도 하다. 우리의 할머니나 어머니들은 어릴적 밥상머리에서 누워서 밥을 먹으면 죽어서 소가 된다거나 남에게 나쁜 일을 많이 하면 죽어서 사람으로 태어나지 못한다는 식의 얘기를 통해 우리의 할머니, 어머니들은 오히려 환생개념을 통해 아이들에게 현실에서의 바른 생활태도를 가르쳤던 지혜를 발휘했다. 이땅에 불교가 들어온 이후 초자연적인 사건이나 신비현상을 역사화하려 했던 대표적인 인물이 '삼국유사(三國遺事)'를 지은 一然이라고도 할 수 있다. 이 삼국유사 속에서도 환생이 묘사되고 있다. 그 권5에는 '大城孝二世父母神文代' 라는 傳承이 있다.

이 전승은 가난한 집에서 태어난 대성(大城)이란 아이가 승려에게 논밭을 보시한 후 죽어서 재상의 아들로 다시 태어나 그의 옛 어머니를 모셔다 한 집안에서 살게 되었다는 얘기로 전형적인 불교신화로 해석해 볼 수 있다.

앞에서 얘기한대로 삼국유사에서의 인용이 아니라 하더라도 우리에겐 오래 전부터 현세에서의 착한 삶을 위한 환생얘기들이 얼마든지 있음을 볼 수 있다. 이런 많은 환생얘기들은 어떤 면에서 죽음이란 인간의 한계상황을 극복해보려는 우리 선조들의 현명함에서 기인했다는 추측을 낳게 하기도 한다.

우리 선조들의 이런 환생스토리와 요즘의 환생신드롬 사이에는 무슨 차이가 있을 것인가 하는 의문이 제기된다. 이런 물음에 유사한 답변이 될 수 있을지도 모른다는 생각에서 '황금가지'를 소개해 본다. 황금가지는 영국의 실증주의가 막바지에 이를 때의 산물로 1890년과 1900년, 그리고 1907년과 1915년 사이에 간행된 원시적 생활의 백과사전적 집성이다.

金烈圭교수는 이 황금가지가 J.S 밀의 합리주의, T.H 헉슬리의 과학적 진화론, M 아놀드의 역사적 실증정신에 둘러싸여져 있다고 지적하고 한 시대가 합리적 실증주의에 다다랐을 때 초합리적 세계의 집대성이 이루어졌다는 것은 문화가 지닌 조화의 원리에 의한 것이라고 들려주고 있다. 즉 황금가지의 초합리적인 세계는 당대의 합리주의가 스스로 요구한 것이란 해석이다.

우리는 지금 정보와 경쟁력이 중시되는 시대에 와 있다. 그러나 이런 사회에 속해있기는 하나 태초때부터 지녀온 인간의 한계상황이나 신화적인 세계로부터 자유롭지는 못하다.

이런 인간의 내면에 잠재된 의식이 최근 환생신드롬을 불러일으켰을 지도 모른다는 생각을 해보며 이 환생신드롬이 세기말의 부작용으로만 치닫지 않고 과학문명에 지친 우리들에게 삶의 내면을 들여다보게 해주는 계기로 작용했으면 하는 바람 간절하다.

이 가을에 모두가 한층 성숙해지는 몸짓을 기대해본다.

〈1996-10-17〉

지식인의 자화상

많은 미래학자들이 앞으로의 시대는 과거 그 어느 때보다 지식과 정보의 중요성이 갈수록 증대될 것을 예견하고 있음은 주지의 사실이다. 지식인의 또다른 운명이 예고되는 그런 미래를 앞두고 있는 셈이다. 개인으로서의 지식인이 아닌 한 사회 속의 지식인상을 둘러싼 논의는 어느 시대 어느 나라에서도 꾸준히 전개돼왔다.

이런 맥락에서 지식과 정보의 홍수시대를 살아야 하는 지식인상이 어떤 모습이어야 하는가는 흥미있고도 일면 풀어야 할 지식인들의 과제가 아닐 수 없다는 생각이다.

지식인 스스로의 지식인에 대한 논의는 차치하고라도 일반의 지식인에 대한 시각은 시대와 사회적 상황에 따라 차이는 있겠지만, 우리의 근·현대사에서 만큼은 썩 긍정적인 것만은 아니었다고 해야할 것이다. 다소 과장되게 말한다면 지식인들의 뛰어난 업적에도 불구하고 오히려 지식인들의 굴절된 모습이 일반의 시각에 깊숙이 각인돼 있음을 부인하기 힘들다. 그것은 사회지도계층으로서의 지식인의 역할에 대한 일반민중의 기대가 어긋난 데서 기인했다고 분석된다. 우리의 근·현대사에서 지식인의 대열 가운데 시대적 소명과는 달리 행동한 케이스를 찾는 일은 그리 어려운 일이 아니다. 국권이 상실된 속에서 많은 지식인들이 친일대열에 나섰고, 해방이 되면서 이들 친일지식인들은 또다시 독재정권의 하수인으로 군림하는 악순환이 이어졌다. 4·19혁명의 숭고한 정신으로 시작된 우리의 60년대 이후의 지식인들은 또 어떤 모습이었을까. 많은 지식인들이 민주화에의 투쟁에 나서고 조국근대화의 기수로 땀을 흘려 오늘의 경제부흥과 문민정부를 탄생시킨 노력을 과소평가할 수는 없다. 그러나 다른 한편 자신들이 주창했던 민주의 논리를 억압하는데 앞장섰던 주역들이 바로 지식인 스스로였다는 사실 또한 외면할 수 없는 역사의 단면이기도 했다. 어떤 면에서 현실참여와 그 반대의 저항의 논리로 맞선 지식인간의 치열한 대립의 과정이 우리의 지난 60년대 이후 30년 간의 세월이라고도 할 수 있다.

우리의 지식인들이 지난 세월 사회의 지도층으로의 역할이행에 적용됐던 기준이 앞으로의 시대에도 적용된다고 생각하는 사람들은 매우 드물다. 그것은 한마디로 시대가 달라지고 사람들이 추구하는 가치가 바뀌는데 따라 지식인의 기능과 역할도 달라지기 때문이다.

마치 전쟁이 끝난 후 군인의 용도가 달라지듯 시대의 변화는 지식인 들에게도 똑같은 변신을 요구한다. 우리는 오늘날 경영자로서의 자세가 강조되는 대학총장의 모습에서 이런 지식인들의 변모된 자화상을 실감케 된다. 과거 상아탑의 수장인 대학총장은 학문의 태두로 일반의 범접이 쉽지않은 권위의 상징이었다. 그야말로 최고지성의 대표이며 만인의 師表와 같은 존재가 대학총장이 지닌 이미지였다. 그러나 요즘 우리 사회의 대학총장들에게는 학문의 권위 못지않게 유능한 매니저로서의 능력을 요구하고 있음을 보게된다. 대학의 재정을 살찌우고 교수와 학생들에게 학문의 여건을 넓혀줄 수 있는 한마디로 '세일즈에 능통한' 그런 총장상을 시대가 요구하고 있다. 이러한 변화된 대학총장상에서 우리는 지식인에 대한 사회의 끝없는 변모욕구를 읽을 수 있다고 할 것이다.

오늘날 일반인들에게 지식과 정보는 주체할 수 없는 대상으로 등장한지 오래다. 산더미처럼 늘어나는 인쇄매체의 각종정보는 물론 영상매체의 다양한 출현으로 인해 지식과 정보는 폭발적으로 양산되고 있다. 지식과 정보의 공급이 수요를 능가하는 속에서 일상의 삶이 이루어지고 있는 것이다. 지식인의 또다른 변신과 역할이 요구되는 대전제가 다름아닌 지식과 정보의 팽창이라는 사실은 어떤 면에서 하나의 아이러니일 수 있다. 그러나 과거 우리의 지식인들이 일반의 요구와는 달리 기능적 역할에 그치는 우를 앞으로의 시대에서만큼은 되풀이하지 말아야 한다는 생각이다. 다른 표현으로 지식과 정보의 수동자가 돼서는 안된다는 얘기이기도 하다.

때마침 4월은 과학의 달이며, 21일은 과학의 날이기도 하다. 인간의 양식이 밑바탕에 깔리지 않은 과학이 얼마나 위험한 것인지를 지난 역사는 보여주고 있다. 과학의 진보가 인간에게 비전을 줄수 있는 것은 인간 스스로를 파괴하지 않는다는 전제위에서 일뿐이다. 지식과 정보시대에 지식인이 감당해야할 몫을 다하지 못할 때 야기되는 비난을 피하기 위해서라도 지식인의 부단한 자화상확립이 요구되는 또 다른 미래가 다가오고 있다.

〈1995-4-20〉

아버지와 아들

'결코 돈문제 때문만은 아니다… 아버지는 나의 진실을 인정하려 하지 않았다. 서로가 진실을 보는 눈이 달랐다.'

금융학원 이사장 피살사건의 범인 金成福은 경찰서 보호실에서 아버지 살해후의 심경을 이렇게 털어놓고 있었다. 범인은 또 아버지는 현실주의자였고 자신은 이상주의자였으며 부자 사이의 벽을 극복하는데 40년이 걸렸지만, 결국 자신이 지고 말았다는 고차원적인 변도 들려주고 있다.

아버지를 살해한 지식인 아들의 이같은 변명을 지켜본 많은 사람들의 심정은 매우 착잡했을 것이란 생각이다. 금융학원 이사장 피살사건의 범인이 바로 친아들이며 그것도 미국유학까지 마친 40대의 현직 대학교수란 사실이 밝혀진 이번 주 월요일 시민들이 받은 충격은 가히 메가톤급 이상의 강도를 지닌 채 그 누구도 벌린 입을 다물지 못하게 만들었다.

그 어떤 이유라도 설명할 길이 없는 이 사태 앞에 사람들은 그저 망연자실할 뿐이었다.

그러나 시간이 지나면서 자신이 운영하던 회사가 자금압박을 받게되자 아버지를 살해해 유산을 받으려 했다는 보도가 나오자 많은 사람들은 결국 돈 때문에 아버지 살해까지 이르게 된 이 땅의 세태를 한탄하고 도덕성 함양이 시급하다는 등의 분석이 밀물같이 쏟아져 나오기 시작했다. 만연된 황금만능풍조, 핵가족현상에 따른 가정윤리의 부재, 학교교육에서의 인성교육 소홀 등 이번 사건에 뒤따른 각계의 진단은 너무도 당연하면서 그 누구도 거역할 수 없는 오늘의 우리 사회의 어두운 단면들이란 점에서 모두의 반성을 촉구하기에 충분했다.

그러나 이러한 오늘의 빗나간 세태에 대한 총체적 반성이 제기되는 것과 함께 범인 스스로의 고백처럼 무슨 일이 있어도 그렇게 해서는 안되는 그들 父子관계의 비극적 종말에 대해서도 생각을 하게 한다. 우리에게는 전통적으로 五倫의 '父子有親' 이란 덕목이 전해져 내려왔다. 즉 아버지와 아들 사이의 관계는 서로 아껴주는 친애의 관계여야 한다는 것으로 자식의 입장에서 보면 孝의 또다른 이름으로 수용돼야 할 그런 성질의 덕목이었다.

아무리 사회적으로 용서할 수 없는 아버지라도 자식의 입장에서는 감싸안아야 할 천부(天賦)의 대상이 바로 우리들의 아버지 모습이었다. 또 반대로 아들이 그렇다하더라도 역시 아버지는 아들을 용서하고 껴안아야할 그런 관계가 우리의 父子관계여야 했던 것이다. 혈연사회란 우리의 전통적 관습이 父子有親의 가치관을 더욱 단단하게 유지시켜 왔는지도 모른다.

그러나 서두에서 본 것처럼 범인은 아버지와 심한 정신적 갈등을 겪으면서 父子有親의 길에서 멀어지기 시작했고 부자간의 벽을 무너뜨리지 못한 채 아버지 살해란 파멸의 비극을 자초하게 되었다. 범인의 고백처럼 아버지와 아들이 서로의 진실을 인정하려 들지 않았던 정신적 대치상황이 급기야 패륜이란 돌이킬 수 없는 범죄로까지 확대됐다는 점에서 다른 가정에도 경종을 울려주고 있다고 해야할 것이다.

'아버지는 현실주의자였고, 나는 이상주의자였다'는 무슨 연극대사의 한 토막같은 범인의 辯은 어쩌면 이 시대의 많은 父子관계를 암시하는 대목일 수도 있다는 점에서 개개가정의 성찰이 뒤따라야 한다는 생각이 그것이다. 60대 이후의 이 땅의 아버지세대와 이 세대의 후손들 사이에는 삶을 살아온 방식과 이에따른 가치관의 차이로 인해 크고 작은 차이는 있을망정 갈등구조가 존재한다는 사실을 부인할 사람은 드물다.

그러나 대부분의 경우 이러한 父子사이의 갈등은 父子有親의 전통적 덕목에 의해 스스로 소멸되거나 밖으로까지 표출되지는 않았다고 해야 할 것이다. 따라서 이번 금융학원 이사장 피살사건은 어떤 측면에서 전통적인 父子관념의 파괴란 한계상황이었다는 점에서 우리가 받은 충격의 도가 그만큼 컸다는 생각이다.

차츰 시간이 흐르면서 많은 사람들이 지적하듯이 문제는 이 사건에 대한 진단과 함께 과연 또다른 패륜범죄를 막기 위한 처방이 무엇인가 라는 점일 것이다. 여러 처방이 있을 수 있겠으나 필자 개인의 사견으로는 父子간 더 나아가서는 가족간의 공동의 문화를 가지는 것이 한 방법이 될 수 있다는 생각을 해본다.

이 문화의 처방은 필자 뿐 아니라 이미 많은 문화예술인들이 권유해온 처방이기도 하다. 문화예술은 기본적으로 사람의 정서를 풍요롭게 해줄 뿐만아니라 억압된 욕구를 발산시켜주는 효과를 지니고 있다. 그러면서 궁극적으로는 인간의 가치를 일깨워 삶을 승화시키는 그런 속성을 발휘하게 된다. 아버지와 아들이 다른 가족들과 함께 음악을 듣거나 휴일에 함께 문화공간을 찾아 대화를 나눌 때 父子간의 관계가 소원해지는 경우는 훨씬 줄어들 것이다. 세대간의 격차도 문화예술이란 매개를 통해 좁혀나갈 수 있으며 더 나아가 父子간에 공유할 수 있는 문화가 형성될 수 있다면 이는 더없이 바람직한 일이기도 할 것이다.

이제 이 땅의 아버지와 아들들은 새로운 父子有親의 관계를 정립하는데 혼신의 노력을 다해야 할 것이다. 세계화도, 지방화도, 경제력 강화도 다 중요하지만 이보다 더 소중한 것이 父子有親이란 교훈을 이번 금융학원 이사장사건은 말해주고 있다고 해야 할 것이다.

〈1995-3-23〉

권위가 서는 사회

얼마전의 일이다. 휴일에 함께 근교산행에 나섰던 40대 친구들끼리 이런저런 얘기를 나누던 끝에 한 친구가 문득 일행에 질문을 던졌다.

우리 가운데 가장 성공한 친구가 누구겠느냐는 다소 어린아이같은 물음이었다. 일행의 누구도 선뜻 나서는 사람이 없자 질문을 던진 그 친구가 자문자답의 답변에 나섰다. 우리 친구 가운데 가장 성공한 사람은 출세하고 재산많은, 세칭 성공했다고 하는 그룹이 아니라 자신의 처자들로부터 아직까지 권위를 잃지않고 있는 가장들이라는 주장이었다. 처음엔 무슨 객쩍은 소리냐고 하던 일행들은 차츰 이 친구의 주장에 공감을 표시하게 되었다. 얼핏 생각하면 우스갯소리로 흘릴 수도 있는 이날의 주제는 세속적인 성공과 한 인간으로서의 평가는 상반될 수 있다는 평범한 교훈과 더불어 권위는 어디에서 오는 것인가라는 또다른 질문을 던지고 있었다.

십수 해를 함께 지내는 가족들로부터 존경받는 가장이 될 수 있는 저변에는 인간적인 매력을 잃지 않아야 한다는 상정이 가능하다. 아무리 바깥 세상에서 날고 기어도 집에 돌아와 가족에게 바깥에서와 똑같은 권위를 강요한다고 해서 가장의 권위가 세워질 수는 없는 노릇이다. 가족들 스스로 가장에 대한 신뢰와 사랑을 이끌어낼 때만이 자연스럽게 권위가 설 수 있게 된다. 가장 자신이 권위를 강요한다 해서 오늘의 민주가정에 먹혀들리 만무하다.

한마디로 가장의 권위는 가족들로부터 나오는 것이라 할 수 있다. 우리는 종종 주변에서 권위가 서지 않는다는 말을 듣는다. 권위가 서지 않는다는 말은 질서가 제대로 유지되지 않는다는 말과 같은 맥락이라고 할 수 있다. 질서가 흐트러질때 그 사회의 기강이 제대로 잡힐 리 없으며, 사회전반이 제각각 겉도는 아노미상태까지 초래할 위험성마저 제기된다. 또 강요된 권위 역시 설득력을 지닐 수 없다는 점에서 권위로서의 타당성을 유지하지 못하게 된다고 하겠다.

개혁을 기치로 신한국창조를 주창해온 문민정부가 출범 두 돌을 맞는 시점에서 시급히 해야할 일 중 하나가 바로 이같은 권위의 회복이란 생각이다. 깨끗한 정부를 표방해온 문민정권에서의 2년 동안 국민들은 기존의 수많은 권위들이 허구라는 사실을 목격해 왔다. 군장성은 물론이요 정계의 유수한 인물과 고위공직자, 심지어는 존경의 대상이었던 학계인사들까지 부정과 사회의 지탄의 대상이란 숨겨진 이면을 목도하게 되었다.

국민들이 오랜 세월 가치를 부여해왔던 계층에 대한 권위는 문민정부 아래에서 속속 붕괴되었다. '그만한 위치에 있는 사람이 어떻게 그럴 수가 …' 하는 생각은 유사한 위치에 있는 사람에게까지 확대돼 적용되기도 했다. 개혁의 성과가 컸던만큼 역으로 국민들은 지도층에 대한 권위감의 상실이란 쓴 맛을 보게 됐던 것이다. 그간 지도층 인사들의 권위상실은 근자에 와서 집권여당 역시 예외일 수 없다는 냉소적인 기류를 형성해가고 있다.

당내개혁을 내걸었지만, 그 얼굴이 그 얼굴이고 경제정책을 강도높게 비판한 재벌총수의 기업에 대한 조사를 강행하는 모습에서 국민들은 더 없는 실망감에 빠져들고 있다. 과거 역대정권과는 다른 모습을 기대했던 국민들로서는 이같은 이전과 유사한 행태의 정치풍토앞에서 정치에 대한 염증만 가중시키고 있는게 요즘 항간에 떠도는 일단의 분위기이다.

국정목표에 적시된대로 건강한 사회가 되기 위해서도 집권여당은 국민들로부터 정치에 대한 관심과 권위를 회복하는 지혜를 짜내야 할 것이다. 정치에 대한 권위를 어떻게 국민들로부터 얻을수 있는지는 전적으로 여당을 비롯한 정치인의 몫이다. 한편으로 가장이 가족으로부터 신뢰를 이끌어내는 것과 유사한 노력을 정치인들이 기울여나갈 때만이 국민들의 정치에 대한 염증은 덜할 수 있게 될 것이다.

정치와 함께 우리 사회 전반에 걸친 권위회복이 이루어져야 미래지향적인 사회로 다가설 수 있다는 생각이다. 군대에서는 군나름의 존경할만한 인물이 있어야 한다. 사병에서 장교에 이르기까지 군인으로서의 표상이 될 수 있는 군인이 있어야 생동감넘치는 군인지망생들이 생겨난다.

마찬가지 논리로 교육계 · 관계 · 재계 등 사회 각 분야에 걸쳐 권위가 서는 인물들이 자리할 때 경쟁력을 갖춘 국가로 설 수 있을 것이다. 권위있는 인물은 스스로의 노력과 자질을 갈고 닦을 때 가능하지만 일정부분은 그 사회구성원들도 책임을 져야한다.

권위를 지닐 수 있도록 옆에서 도와주는 역할을 게을리해서는 안된다. 권위있는 각계의 인사가 많이 나올 수 있도록 국민 모두가 각고의 노력을 다할 때 우리 사회의 역량은 그만큼 커질 수 있다고 확신한다.

과거 강요된 권위주의에 저항의 용기가 필요했던만큼 이제 우리 사회는 권위주의가 아닌 참다운 의미의 권위를 되살리는 미덕이 요구되는 시대에 와 있다. 졸업시즌을 맞고 있는 요즘 각급 학교를 나서는 졸업생들이 훗날 권위를 인정받는 사회지도층인사로 성장하기를 바라는 마음 간절하다.

〈1995-2-23〉

열린사회의 자유自由

자유가 소중한 시대가 있었다. 체제가 사람을 억압하고 그 체제가 요구하는 생각을 받아들이지 않는 사람들은 감옥에 가두고, 또 감옥에 갇힌 사람들의 글을 숨어서 읽었던 시대였다.

우리의 지난 60년대와 70, 80년대의 세월속에 그런 기억들을 가지고 있는 기성세대는 많았다. 이런 기억들은 비단 우리만이 겪었던 것은 아니다. 세계의 많은 나라들이 특정의 정치체제를 요구하는 독재형 지도자 또는 지도체제에서 겪었던 유사한 사례는 수없이 많다. 자유민주주의의 대표적인 나라로 불리는 미국에서도 50년대에 이른바 '매캐시' 선풍으로 진보적인 정치인과 지식인들이 보수주의 정치가들의 희생물이 되어야 했으며 89년 중국의 天安門사태는 사회주의 국가에서 사상의 자유가 얼마나 어려운 것인지를 실감케 해 준 사건이었다. 더욱이 342년 만에 남아공 역사상 최초로 흑인대통령으로 선출된 '넬슨 만델라' 뉴스에 접하면서 우리는 다시한번 아프리카에서의 흑인의 자유를 되돌아보게 된다.

아프리카 흑인의 불행한 역사는 우리들에겐 링컨 미국대통령을 통해서 더 잘 알려졌다. 백인들의 농장에서 노예의 상태로 일하는 아프리카 흑인들의 비참함은 또 다시 '뿌리'란 영화로 소개됐으며 70년대 후반 알제리의 혁명가 '프란츠 파농'에 의해서도 우리에게 알려졌다.

프랑스식민지였던 서인도 제도의 한 섬에서 태어난 파농은 1961년 백혈병으로 죽을 때까지 자신을 교육시킨 프랑스에 대항해 알제리의 해방을 위해 싸운 정신과 의사였다. 파농이 알제리 정신병원장을 하면서 흑인들에게는 백인의 방식으로는 치료될 수 없는 사회적 환경이 있음을 깨닫고 알제리아 해방운동에 가담, 콩고, 앙골라 등 여러 아프리카 나라의 해방운동에 뛰어들었던 것이다. 우리에게는 '자기의 땅에서 유배당한 者들' 이라는 제목으로 번역된 '검은 피부, 흰 가면' 이란 저서로 알려진 파농이 만델라의 대통령 취임을 지켜볼 수 있다면 그 소감이 어떠했을까.

340여 년이란 긴 세월속에 백인들의 처절한 탄압을 받았던 남아공흑인들과 그 역시 수십년을 감옥에서 보낸 만델라가 대통령으로 선출된 남아공의 새로운 역사를 지켜보면서 새삼 '억압의 시대'는 막을 내려가고 있음을 실감하게 된다.

히틀러의 나치즘이 유럽을 지배하던 1938년부터 집필에 들어가 후세에 널리 알려진 '열린 사회와 그 적들'이란 저서에서 저자 칼 포퍼는 전체주의를 강하게 비판하고 개인의 자유와 권리가 확보된 '열린 사회'를 제시했다. 포퍼가 내세운 '열린 사회'는 자본주의 사회의 또다른 이름으로 인간에 대한 사랑과 합리성을 바탕으로 자유의 가치와 인간이 지닌 비판적 힘의 원천을 갈파한 저서로 일세를 풍미했다. '만델라' 뉴스를 지켜보면서 새삼스럽게 포퍼의 '열린 사회'가 떠올려졌고, 시대가 바뀌면서 자유의 의미와 소중함이 서서히 퇴색해가는 변화를 느끼게 된다.

자유를 소리 높여 외치고 이데올로기에 몸을 던지는 시대가 마치 먼 추억 속에나 있었던 것으로 치부되는 이즈음의 세태에서 시대의 '변화'란 위력을 실감케 되는 것이다.

'이즘'이 퇴색하고 그 자리엔 경제 우선주의가 차지한지도 여러 해가 지났고, 세계는 온통 자국의 경제적 실리를 추구하는 경제전쟁만이 가열되는 양상이다. 이데올로기나 자유는 어쩌면 '앨범속의 낡은 사진' 처럼 갈수록 빛바랜 모습으로 남아 있게 될지도 모른다.

그러나 인류가 그동안 많은 대가를 치르고 얻어낸 것이 국가와 개인의 자유임도 잊어서는 안된다. 자유란 토양위에서만 인류가 희구해왔던 사회가 이룩될 수 있다는 소박한 신념을 저버려서는 안될 것이란 생각을 새삼 만델라는 일깨워주었다고나 할까.

'…자유는 그들의 희생에 대한 보상입니다. 우리는 자유를 향한 길에 여전히 어려움이 있고, 누구도 혼자서는 성공을 이루기가 어렵다는 것을 알고 있습니다. …결코, 결코 이 아름다운 땅에 사람을 억압하는 상황이 오지 않도록 합시다….' 만델라의 감격적인 대통령취임사는 光州항쟁으로 얼룩진 우리의 5월에 자유의 소중한 메시지를 던져주고 있다.

〈1994-5-13〉

2 부

지방의 위기, 지방의 도전

과반수만 참여하는 지방자치

우리의 시각으로 볼 때 과연 가능한 일이었겠는가라는 의문이 들지만, 1989년 스위스에서는 '군대폐지' 찬반국민투표가 진행됐다. 국기(國基)를 뒤흔들 법한 이 제안은 당시 스위스 사회주의청년단이 요구한 것이었다. 당초 '군대폐지' 국민발안을 접수한 스위스연방내각에서는 이 불온한 제안은 그야말로 나라의 근간을 뒤흔드는 위험한 일이므로 국민투표에 회부돼서는 안 된다는 의견이 있었으나 결국 민의 양식에 맡기자는 결론에 이르게 된다.

스위스국민에 대한 깊은 신뢰가 없었다면 상상하기 힘든 어려운 결단이었다. 1989년 11월 17일 국민투표가 실시됐고 68.6%의 투표율과 투표자 64.4%의 반대로 이 국민발안은 부결되었다. 이같은 결과는 스위스연방정부와 스위스사회주의청년단 모두를 놀라게 했고 이후 민병제의 변화를 촉구하는 계기로 작용했다.(안성호저, '분권과 참여' 중에서)

새삼 이 회귀한 사례가 생각난 것은 며칠 전 한바탕 전쟁이라도 치른 듯 끝난 우리의 6·2지방선거 때문이었다. 이번 지방선거를 보는 관점은 보는 이의 시각에 따라 조금씩 다르겠지만, 선거결과는 많은 국민들과 정치인들에게 충격적이었다. 숨겨진 민심이 야당의 승리로 이어졌기 때문이다.

지방정치신인이 대거 등장하는 계기가 된 것은 물론 현 정권의 중간 평가적 성격을 벗어나지 못한다는 지방선거의 한계를 또다시 되풀이했다. 그러나 이번 지방선거에서 필자가 주목한 대목은 주민참여부문으로 우리의 지방자치가 아직 가야할 길이 멀다는 느낌을 지울 수 없었다. 이번 민선5기 투표율은 54.1%로 역대 지방선거투표율 가운데 두 번째로 높다.

지난 1995년 민선1기 때 68.4%의 투표율을 시작으로 민선2기 52.7%, 민선3기 48.9%, 2006년 민선4기 51.6%로 대체적으로 국민의 과반수가 지방선거에서 권리를 행사했다. 중앙선관위는 물론 언론과 트위터 등 각종 매체가 투표율제고에 나섰지만, 이번 6·2 지방선거투표율 역시 60%를 밑돌았다. 지방자치의 근간이 '분권'과 '참여'인 점을 감안하면 아직 우리의 지방자치점수는 낙제점을 면하지 못하는 수준인 셈이다.

서두에 스위스의 국민발안사례를 언급했지만, 스위스가 '지방자치의 교과서' 쯤으로 불리는 가장 큰 이유 중 하나가 자치권행사에 있어 최대한의 주민참여를 보장하기 때문이다. 물론 스위스는 직접민주주의를 가장 적극적으로 활용하는 국가여서 주민참여가 제도적으로 정착돼 있기도 하다. 모든 주요한 정치적 쟁점의 최종 통제권을 시민이 행사하는 스위스와 지역의 모든 정책적 결정권을 자치단체장이 쥐고 있는 우리의 지방자치 현실은 그 격차가 너무도 크게 날 수밖에 없는 것이다.

지역민 스스로 지역의 과제를 찾아내고 지역의 어떤 후보가 지역민과 지역을 위해 봉사할 수 있는지를 판단해 내는 과정이 지방선거로 이어질 때 지방자치는 그만큼 성숙해진다. 무엇보다 주민이 지방자치의 중심에 있어야 지방권력을 통제하고 무게중심이 아래로 향할 수 있다. 이러함에도 민선5기에 이르기까지 주민참여도는 크게 향상되지 않고 지방권력의 주인공이 여야로 넘나들 뿐 정작 주민의 품으로는 다가서지 않고 있다. 민선4기에 이르는 동안 일선 자치단체장의 수뢰사태가 늘어난 데서 우리 지방자치의 퇴영성을 엿보게 된다. 과거 관선시대의 수직적 민관관계가 지방자치시대에 와서도 크게 변하지 않고 있는 점에서도 주민참여제도의 활성화가 적극 모색돼야 한다는 지적이다.

민선5기 지방자치가 성공하려면 무엇보다 지방에 사람과 돈이 몰려야 하며 동시에 중앙에 집중된 권한 또한 지방으로 내려 보내야 마땅하다. 우리나라 인구 두 명 중 한명이 수도권에 몰려있는 기형적 국가구조를 그대로 방치하는 속에서 지방자치는 그야말로 연목구어(緣木求魚)일 수 밖에 없다. 그러나 지방자치 정착에 있어 분권 못지않게 중요한 게 주민참여다. 어떤 점에서 분권보다 더 중요한 게 참여다. 단체장의 독주를 막고 의회가 제 구실을 할 수 있게 만드는 역할은 깨어있는 주민만이 할 수 있는 일이다. 적어도 민선5기 동안 지방자치를 깨우치려는 지방민이 늘어나기를 기대한다. 참여가 관건인 지방자치를 제대로 아는 주민이 늘어날 때 그만큼 지역의 앞날이 밝아질 수 있음을 확신해 본다.

〈2010-06-16〉

새 지방시대 여는 인물 뽑아야

또다시 선거의 계절이 돌아왔다. 6·2지방선거가 90일 앞으로 성큼 다가선 것이다. 이번 선거는 벌써부터 과열·혼탁선거가 될 것이란 예상이 제기돼 왔다. 그같은 이유는 유권자 한 사람이 8명의 후보자를 뽑는다는 다중투표에 따른 것으로 유권자들이 후보자가 누군지도 모르는 상태에서 투표할 개연성이 높기 때문이다.

선거란 결국 대표를 뽑는 행위이므로 이번 선거 또한 과정이야 어찌됐든 결과만 좋으면 그만이라는 식의 풍조가 번질 수도 있다는 우려가 제기되는 것 또한 많은 후보자를 선별해 내야 한다는 중압감에 기인하고 있다. 이런 측면을 고려할 때 이번 6·2지방선거야말로 지난 1995년부터 실시된 자방자치를 총결산하는 선거인 동시에 새로운 지방의 시대를 여는 그런 선거가 돼야 한다는 게 많은 지역민들의 생각이다.

먼저 이번 6·2지방선거는 지방의 가치를 극대화하는 선거가 돼야 할 것이다. 민선4기를 거쳐 오는 동안 지방의 현실은 과거 중앙집권시대보다 변모된 점 또한 사실이다. 지방의 시선으로 지역발전을 꾀하는 다양한 노력들이 이루어져 왔고 그런 노력의 결과물이 지역 곳곳에서 두드러진 변화를 가져왔다. 그럼에도 아직 막강한 중앙집중화에 따른 지역의 낙후된 현실은 좀처럼 개선되지 못하고 있다.

오랜 지방자치의 역사를 지니고 있는 유럽 여러 나라들의 경우 근래 들어 지역정부 중심의 지방분권을 더욱 강화하는 추세를 보이고 있다. 여기서 유럽의 지역주의는 지역의 역사, 전통, 문화와 같은 정신적 가치를 존중하고 이를 보전·강화해야 한다는 그런 논리를 담고 있다. 한마디로 지역을 살려 국가경쟁력을 키우겠다는 발상이다. 이에 비해 우리는 아직도 강한 중앙집권적 형태를 그대로 갖고 있거나 오히려 수도권일국주의를 강화해 나가고 있다.

한 통계에 따르면 OECD국가 중 소득이 가장 높은 나라들(미국, 독일, 프랑스 등) 대부분이 전체인구 중 수위도시의 인구가 10%미만이다. 국토가 그만큼 치우쳐 있지 않고 고루 발전되어 있다는 것을 알 수 있다. 이에 비해 우리의 현실은 어떤가. 전국토의 12%에 불과한 수도권에 전인구의 절반이 넘는 인구가 살고 있는 현실, 경제력의 경우 지난 10년전인 2000년말 기준으로 금융거래와 조세수입의 70% 가량이 수도권에서 발생한 기형적인 나라가 바로 대한민국인 것이다.

'수도권과밀화'와 이같은 현실이 개선되기는 커녕 오히려 더욱 확산되는 속에서 진정한 지방자치, 지방분권은 요원한 일일 수 밖에 없는 것이다. 돈과 사람이 어느 한 지역에 몰려있는 상황에서 더구나 오랜 중앙집권이 정치뿐 아니라 국민의식까지 지배해온 나라에서 지방자치는 그만큼 어려운 정치실험일 수가 있는 것이다.

이런 상황에서 지난 15년간의 지방자치 경험을 바탕으로 진정한 지방자치를 뿌리 내리는 선거가 이번 6·2선거가 돼야 한다는 게 지역민들의 희망이라고 할 것이다. 무엇보다 지방의 가치를 더 빛내고 이를 정제시켜 나갈 수 있는 인재가 대표로 선출돼야 할 명분이 이번 선거에 부여돼 있는 것이다.

그렇게 되기 위해서는 먼저 지방정치 또는 생활정치가 활성화돼야 한다. 그동안 우리 정치현실에서 중앙정치논리가 지방선거까지 지배해왔다. 역대 지방선거가 집권정당의 중간 평가적 성격을 지녔다는 게 이를 말해주고 있다. 4년전인 2006년 지방선거 때 야당인 한나라당이 지방권력을 독차지한 것 역시 당시 노무현 정부의 실정에 따른 결과였다.

중앙정치가 지방선거에까지 깊숙이 영향을 미쳐왔기 때문이다. 그러나 이제는 지방정치가 활성화되고 지방의 시각에서 지방선거가 치러져야 한다. 지방정치가 활성화되지 못하면 지역은 영원히 중앙정치의 예속에서 벗어나지 못한다는 것을 지역민은 새겨야 할 것이다. 아울러 지방자치는 생활자치, 생활정치가 돼야 한다.

늘 일상에서 벌어지는 삶을 어떻게 변화시켜 나가느냐가 지방자치이며 그래서 이를 제대로 이루어낼 수 있는 인물이 곧 지역의 대변인이 돼야 한다. 이번 6·2지방선거는 지방의 논리와 지역민의 생활을 향상시킬 수 있는 그런 인물을 뽑을 때만이 새로운 지방의 시대를 열 수 있을 것이다.

〈2010-03-03〉

충청권 홀대론과 지역인물론

세종시 축소문제가 인사청문회까지 파급되면서 또다시 충청권 민심이 요동치고 있다. 이처럼 충청권민심이 요동치고 있는 저변에는 세종시를 필두로 대전·충남이 소외당하고 있다는 불안과 위기의식이 자리하고 있다고 해야 할 것이다.

돌이켜보면 충청인의 소외의식 또는 충청권홀대론은 오랜 세월 속에 그 뿌리를 박아왔다. 박정희대통령시절에는 영남권 위주의 개발정책에 밀려 이렇다 할 산업단지시설조차 갖추지 못했고 80년대 들어 이 같은 소외감이 신민주공화당이라는 정치세력을 탄생케 했으나 역시 소수정당이라는 한계를 벗어나지 못했다. 97년 대선 때는 보수대연합이라는 구도 속에서 정권의 한 축을 형성했으나 또다시 호남세력이라는 주류에 밀려난다.

충청인의 이러한 정치적 소외감은 2002년 충청권에 신행정수도를 건설하겠다는 노무현대선 후보의 공약에 열광하게 되고 노후보에게 대선승리를 안겨주는 결정적 역할을 하게 된다. 그러나 이 신행정수도공약은 그 후 충청권과 충청인을 울리고 웃기는 거대의

제가 되었다. 신행정수도 건설문제는 참여정부 내내 논쟁과 파장을 불러 일으켰으며 헌재의 위헌결정과 행정중심복합도시 특별법 제정에 이르기까지 숱한 갈등과 분열을 가져왔다. 세종시로 이름이 결정되고 공사가 진행되면서 신행정수도문제가 일단락되었다고 생각하였던 충청인에게 또다시 위기감이 닥쳐왔다. 이명박정부가 출범하면서 세종시수정문제가 공론처럼 거론되기 시작했기 때문이다.

이런 흐름에서 볼 때 충청인의 소외의식은 정치적 소수로서의 피해의식과 지역의 자존심이 지켜지지 못한데 따른 울분의 결과라고 할 수 있을 것이다. 여기에 충청인의 양반의식과 은근한 성정이 짙은 홀대론을 형성하면서 최근 몇 년간 충청인들은 극심한 갈등과 분노에 휩싸이는 양상을 보여 왔다. 최근 들어 불거지고 있는 충청권홀대론은 우리 지역에 몇 가지 과제를 던져주고 있다고 해야 할 것이다.

우선적으로 떠오르는 의제는 뿌리 깊은 관습에 연원을 둔 의식의 문제라 할 수 있다. 서울 외에는 수도로 인정할 수 없다는 관념이 너무도 깊숙이 자리하고 있음을 목격하게 되었다. 국가균형발전이라는 명제에는 공감하면서도 그 구체적인 정책방안을 놓고서는 수도권에 비중을 두는 우리 사회의 편견을 체험했고 그 벽이 너무도 두텁다는 것을 생생하게 겪을 수밖에 없었다. 서울중심의 사고는 한국사회가 극복해야 할 미완의 과제 중 가장 중심적인 현안이라 해야 할 것이다.

다음으로 충청권홀대론은 지역민들에게 또다시 지역인물론 논란을 불러일으키고 있다. 우리 지역이 이처럼 소외되고 있는 저변에는 정치적 리더십의 부재는 물론 지역을 아우르는 큰 인물이 없기 때문이란 지적이 그것이다. 지역에 인물이 있느냐 없느냐의 논쟁 역시 충청권홀대론의 역사에 못지않게 해묵은 논란거리였다. 지역발전이 더디게 이루어지는데 따른 것인지, 아니면 정말 우리 지역의 인물이 타지역에 비해 떨어지는데 따른 것인지는 그 누구도 쉽사리 단정짓기에 어려울 것이다.

그러나 분명한 사실은 이 고장 출신으로 서울에서 한가닥하는 인사가 적지않았다는 점이다. 정치·경제·사회·문화 등 우리 사회 모든 분야에서 내로라하는 인사를 꼽기는 그렇게 어려운 일이 아니다. 현재뿐 아니라 과거까지 거슬러 올라가면 그 수는 더 확대된다. 그럼에도 충청권홀대론이 불거질 때마다 지역에 인물이 없다거나 지역을 대표할만한 지도자가 없다는 소리가 나오는 것은 지역민의 기대에 부응하는 인물이 없다는 얘기에 진배없을 것이다.

충청인물론은 어느 면에서 그 어떤 지역담론보다 우선해야할 의제라는 게 많은 지역민들의 생각이다. 필자가 사회생활을 하면서 지금까지 가장 많이 들어온 말가운데 하나가 대전·충남은 인물을 키우지 않는다는 것이었다. 이 말은 예나 지금이나 현재진행형으로 인물론의 핵심을 차지하고 있다. 가장 투서가 많은 곳이 또 대전지역이라는 말에서 인물을 키우기보다 인물을 배척하는 곳이 우리 지역이라는 비난을 받아왔다.

아울러 지역에 원로다운 원로가 없다는 얘기 역시 지역출신인물을 인정하지 않으려는 여운을 배제하기 힘들다. 그러나 그 지역을 키우는 것은 결국 그 지역의 인재임을 부인하기 힘들다. 그리고 사람은 누구나 장·단점을 지닌 한계를 안고 있다. 지역인물을 어떻게 키워나가야 할 것인지에 지역의 고민이 모아져야 한다는 생각은 비단 필자만은 아닐 것이다.

〈2009-09-30〉

뒤로 가는 지방자치

민선4기 3년을 맞으면서 다양한 평가들이 제기되는 것을 보면서 한편으로 우울한 심정을 감추기 힘들다. 무엇보다 우리의 지방자치수준이 아직은 가야할 길이 멀다고 느껴지기 때문이다. 지방자치의 관건은 분권과 참여다. 그러나 민선4기 3년에 이르기까지 14년의 민선시대가 지나오는 동안 우리의 분권과 참여의 수준은 지방자치선진국에 비해 아직 요원하다는 생각을 지울 수 없다. 지방자치로 가는 길이 그만큼 멀고도 힘든 여정이라고나 할까.

우선 분권적 측면을 살펴보자. 지방자치는 중앙정부의 권한이양과 재정분권으로 성장할 수 있는데 이 두 가지 모두 크게 달라진 게 없다는 게 지방민들의 생각이다. 무엇보다 제왕적인 대통령의 권한이 그러하고 입법 · 사법 · 행정에 이르기까지 대부분의 권한을 중앙정부가 갖고 있다. 노무현정부때 신행정수도특별법을 비롯한 국가균형발전특별법, 지방분권특별법 등 3대 특별법을 만들어 지방분권을 부르짖는 듯 했으나, 그 실질적인 내용에 있어서는 지방자치선진국에 크게 미치지 못하는 것이었다.

노무현정부때는 그나마 국가균형발전이란 틀 속에 지방분권을 하나의 정권적 색깔로 내세웠으나, 이명박정부 들어서서는 그마저 없어졌다. 없어지는 데서 그치는 것이 아니라, 수도권규제를 풀고 중앙집권을 강화하는 모습을 보여 지방민을 실망시켰다. 지방자치가 실시된 지 20년이 다 돼 간다고 하지만, 지방경제는 여전히 침체상태를 벗어나지 못하고 있으며 지역 간 불균형은 좀처럼 개선되지 못하고 있는 현실이 이를 말해주고 있다.

권한의 중앙집권현상과 더불어 더 중요한 문제는 재정권한 역시 중앙정부가 틀어쥐고 있다는 점이다. 재정을 어떻게 효율적으로 쓰느냐는 문제 역시 소홀히 할 수 없지만, 국세와 지방세의 비율이 8대2가 되는 현실 속에서 지방이 나름대로 지역활성화를 기하기는 지난한 과제가 아닐 수 없다. 그 대표적인 사례가 지난주 신청마감한 첨단의료복합단지다.

대전을 비롯한 충남·북 등 14개 지자체가 유치신청에 나섰다. 지자체들이 첨단의료복합단지 유치에 열을 올리는 이유는 간단하다. 최대의 국책사업이기 때문이다. 이 사업을 유치할 경우 30년간 5조6000억 원이라는 어마어마한 자금이 투입되는데다 단지조성이 가져올 파급효과 또한 막대할 것이라는 기대가 작용한 것이다.

물론 이 사업을 유치하는 지자체는 커다란 이득을 보겠지만, 한편 생각하면 중앙정부가 이 사업을 내세워 지자체들을 줄 세우는 형국이라는 점에서 지방민들은 자존심이 상할 수밖에 없다. 막강한 재원을 지닌 중앙정부를 상전으로 모실 수밖에 없는 현실 속에서 지방자치는 그저 뒷전으로 밀릴 수밖에 없다는 자괴감마저 들게 되는 것이다.

이와 함께 최근 논의되는 지방자치체제개편논의 역시 지방자치를 뒤로 후퇴시키게 하는 발상이라 하지 않을 수 없다. 한나라당과 민주당은 시 · 군 · 자치구를 묶어 평균인구 60만~70만 명의 통합광역시로 재편성하여 도가 수행하던 기능의 일부를 대신하도록 하는 한편 도를 폐지하고 그 대신 국가지방광역행정기관을 설치해 행정효율을 높이자는 주장을 펴고 있다.

그러나 이 같은 정치권의 주장은 선진국의 자치구역과는 정반대로 가고 있다는 게 안성호교수(대전대)의 주장이다. 안교수에 따르면 남유럽국가 및 미국과 같은 선진국들에서 기초정부의 평균인구는 고작 수천명에 불과하다. 프랑스 · 스위스 · 독일 · 스페인의 대다수(84~95%) 기초정부 평균 인구는 우리나라 면의 평균인구인 5000명 미만인 점을 감안한다면 정치권의 지방행정체제 개편안은 지방자치를 말살하자는 의도나 진배없다는 비판을 면키 어렵다.

지방자치는 이처럼 아직은 우리 현실에서 넘어야 할 산이 많음을 실감할 수 있다. 이런 관점에서 민선5기가 해야 할 일들 역시 험난하다고 할 수 있으며 이는 단체장뿐만 아니라 지역민 모두가 함께 짊어져야 할 과제가 아닐 수 없다.

〈2009-06-24〉

살아있는 근대박물관, 대전大田

우리나라에 현대적 지방제도가 도입된 것은 대한민국 정부가 수립되고 1948년 7월 17일 제헌헌법에 지방자치 조항이 규정되면서부터였다. 그러나 건국당시의 지방행정조직은 조선총독부 지방관제에 의했던 것이므로 이를 다시 시정해야 했고 국회 심의를 거쳐 1949년 7월 4일 지방자치법이 제정·공포되었다. 대전부(大田府)가 대전시(大田市)로 개칭된 것도 그해 8월 이었으며 당시 대전인구는 13만 명에도 미치지 못했던 소도읍에 불과했다.

내년이면 대전이 대전시라는 이름을 얻은지 60년이 되는 뜻깊은 해를 맞게 된다. 대전은 이제 청·장년을 거쳐 원숙한 나이로 접어드는 환갑을 맞게 되는 것이다. 동양적 사고로 보면 하나의 순환기가 지나고 새로운 출발이 시작되는 시기를 맞게 됐다고 볼 수 있다. 지난 60년 동안 급성장 해온 대전은 이제 또다른 비상을 꿈꾸어야 하는 전환기를 맞았다고나 할까. 과연 대전의 미래는 어떻게 전개될 것이며 또 어떤 도시를 지향해야 할 것인가. 그 답변을 듣기 전에 먼저 과거와 지금의 대전은 어떤 도시인지부터 살펴보아야 할 것이다.

대전은 많은 사람들이 지적하듯이 일제가 만든 도시이며 철도와 함께 태어난 도시다. 만일 경부선과 호남선이 대전을 경유하지 않았다면 오늘의 대전이 존재할 수 없었을 것이다. 철도와 함께 1932년 충남도청이 공주에서 대전으로 이전해 오지 않았다면 역시 오늘의 대전처럼 급성장하기 어려웠을 것이다. 정부제3청사가 내려오고 인근에 행정중심복합도시가 들어서는 행정타운이 조성되는 것도 충남도청이 대전에 자리잡았던 옛 역사가 있었기에 가능했을 수 있었다는 생각을 해보게 된다.

대전은 6·25전쟁때는 전략적 요충지였으며 둔산신도시가 개발되기 전까지만 해도 군부대가 많은 군사도시이기도 했다. 이렇게 군사도시적 성격을 지닐 수 있었던 것도 철도가 부설되었기에 가능했으며 동시에 한밭이라는 이름이 말해주듯 넓은 구릉지를 지니고 있었기 때문이었다. 드넓은 구릉지에는 이후 대덕연구단지가 조성되는 행운으로 이어졌고 93년 대전엑스포가 치러지는 빅 이벤트를 유치하는 바탕이 되었다.

대전은 그래서 외부의 힘에 의해 만들어진, 태생적 한계를 지닌 도시이며 짧은 기간에 급성장했다는 기록의 도시이기도 하다. 이 같은 연유로 대전은 한동안 '신흥도시'라는 닉네임을 달고 다녔으며 전국 각지에서 몰려온 사람들이 살고 있는 지역특성으로 '지역색이 없다'는 칭찬반 욕반의 평을 듣고 있다. 지난 60년의 대전은 그야말로 눈부신 성장의 역사이면서 한편으로는 정체성 또는 전통이 약한 곳이란 이중적인 평판을 듣는 도시인 것이다. 이러한 60년의 대전 위에 미래의 대전모습을 어떻게 그려나갈 것인지가 이제부터 대전 사람들의 몫이라 하겠다.

필자는 우선 과거 대전의 역사를 도시의 특징으로 부각하는 데서부터 그 해답을 찾아야 한다고 보고 있다. 대전은 우리나라 근대기를 압축해 놓은 도시라 해도 과언이 아니다. 아니 도시 생성 자체가 근대기의 산물인 것이다. 물론 대전은 구석기시대부터 비롯된 유구한 역사를 지니고 있다. 그러나 근대기야말로 대전을 특징짓는 대표적인 시기이다.

이명박대통령이 후보시절 이전하는 충남도청에 근현대사박물관을 짓겠다고 공약한 것은 대전이란 도시의 특징을 제대로 파악한 결과였다. 이 공약이 느닷없이 파기될 위기에 처해있지만, 대전시는 어떠한 형태로든 충남도청에 제2의 근현대사박물관을 유치해야 한다. 정부도 이에 대해 긍정적인 태도를 보이고 있다고 하는데 대전시와 대전시민 그리고 뜻있는 지역의 오피니언메이커들이 모두 나서 이 문제를 집요하게 물고 늘어져야 할 것이다.

근현대사박물관이 대전에 세워질 경우 대전은 역사도시이자 문화도시로 새롭게 태어날 수 있을 것이다.

〈2008-09-10〉

'충청권 위기론'

'충청권 소외론', '충청권위기감'이 갈수록 커지고 있다. 이명박 정부들어 청와대와 행정부 요직에 대전·충남출신이 별로 없는데다 최근 국가균형발전위원회의 위촉직 민간위원 14명 중 충청권인사는 단 한 명도 없는 것으로 밝혀졌기 때문이다.

국가균형발전위원회는 지난 참여정부에서 전 국토를 고루 발전시키겠다는 의지를 갖고 무게를 두었던 위원회로 국가균형발전과 지역혁신에 관한 정책을 생산했던 대표적 기관이다. 이같은 기관이 이명박정부들어 그 색깔이 바뀌고 있다.

우선 위원장에 대표직 수도권옹호론자로 알려진 최상철서울대명예교수가 임명된 데 이어 위촉직 민간위원수가 줄어든데다 수도권인사 7명, 영남권 3명, 호남권 3명으로 충청권인사는 배제되었다는 지적이다. 이러한 맥락에서 충청주민들은 지역균형발전사업에서 충청권은 아예 제외되는 것이 아니냐는 위기감이 공공연하게 나오고 있다.

서울시장 당시 행정중심도시를 반대했던 이명박후보가 대통령이 되면서 충청권홀대론은 이미 지난 연말부터 시작되었다고 볼 수 있다. 설상가상으로 18대국회의원선거에서 대전·충남은 선진당이 압승하는 정치적 선택이 이어지면서 지역민들 사이에서는 일말의 불안감이 확산되기에 이른다. 그럼에도 많은 지역민들은 국정의 큰 틀이 국가정책적 차원에서 이루어진다는 점에서 그같은 우려는 기우일 것이라고 스스로를 안심시켰다.

그러나 기우는 현실로 나타나기 시작했다. 행정중심도시는 그 규모의 축소부터 나아가 교육도시로 그 기능을 전환시키려 한다는 루머까지 나오고 있다. 오죽하면 이완구충남지사가 "행정도시가 취소되거나 철회되면 내 직을 걸겠다"(중도일보 5월 28일자)고까지 단호한 입장을 밝혔을까.

이러한 충청권의 우려는 국제과학비즈니스벨트사업 역시 예외가 아니다. 이 사업의 정부구심체가 국가균형발전위로 결정되면서 시기도 불투명할 뿐만 아니라 사업내용도 실익이 크지 않은 쪽으로 가는 게 아니냐는 걱정이 제기되고 있는 것이다. 결국 국제과학비즈니스벨트의 조속한 가시화를 위해서는 대전·충남북이 공조하는 자구책마련이 급선무라는 인식이 강하게 대두되고 있다. 행정도시와 국제과학벨트에 대한 우려와 불안감은 이명박정부의 수도권규제완화 움직임과 맞닿아 있다고 볼 수 있다.

새 정부에 들어오면서 지금까지의 수도권규제정책을 뒤바꾸려는 정책적 시도들이 이어지고 있으며 국회가 개원되면서 이러한 움직임은 법제화로 이어질 것으로 관측되고 있다. 수도권규제가 풀리면 가장 타격을 받는 지역이 다름아닌 대전·충청권이다. 이런 일련의 사태가 충청인들의 위기감과 소외론을 부추기고 있으며 이는 국가적 차원에서 바람직한 현상이 아니라는 점을 정부는 심각하게 받아들여야 할 것이다.

지금 세계는 민족과 국가를 뛰어넘는 치열한 국제경쟁시기에 돌입해 있다. 또한 국가간 경쟁도 벌어지지만 지역과 대도시 사이에도 치열한 경쟁이 이루어지고 있다. 한마디로 해서 지방이 국가경쟁력의 중심으로 떠오르는 시대에 들어선 것이다.

이명박정부가 명심해야 할 대목이 바로 이같은 시대흐름이다. 이웃 일본이 지방분권을 강화해 침체된 국가활력을 되찾으려 하는 모습에서 타산지석을 찾아야 할 것이다. 지방분권으로 가는 길을 거꾸로 되돌리려 해서는 지방민의 마음은 물론 국가경쟁력도 회복되기 어렵다.

결국 충청권소외론은 국가발전에 아무런 도움이 되지 않는다는 점을 정부와 여당은 유념해야 할 것이다.

〈2008-06-04〉

경비원이 모르는 대통령 이름

얼마전 파키스탄에서 벌어진 야당지도자 입국과 관련된 폭탄 테러사건을 보면서 우리에게는 너무도 당연한 민주주의가, 당연하지 않은 모습을 보면서 그런 나라가 아직 있구나하는 생경한 느낌을 받았었다.

그러나 따지고 보면 그리 오래되지 않은 과거에 우리 역시 야당 정치인납치사건으로 세계인의 눈길을 모았고 더 이전에는 '한국에서 민주주의가 정착되기보다 쓰레기더미에서 장미꽃이 피기를 바라는 편이 더 낫다'는 야유를 받기도 했다. 민주주의는 그만큼 희생과 인고의 시간 없이는 뿌리내리기 어려운 제도인지도 모른다.

이같은 민주주의는 직접민주주의와 대의민주주의로 불리는 간접민주주의 형태로 이루어지기 마련인데 전자를 민주주의의 이상이라고 한다면 후자는 실천가능한 실제적인 민주주의 모습이라 할 수 있다. 대표자를 통해 통제권과 통치권을 행사하는 대의민주제를 통해 세계 대부분의 나라들이 민주주의를 정착시켜 왔다는 점에서 상대적으로 직접민주주의제도는 큰 주목을 받지 못해 왔다고 해도 과언이 아니다.

그러나 지방자치야말로 직접민주제의 가장 전형적인 모습이며 고대 아테네국가 이후 오늘날까지 직접민주주의는 여러 제도적 형태를 통해 그 명맥을 이어왔다. 그리고 스위스와 미국은 직접민주주의를 지켜온 나라로 꼽히고 있으며 특히 스위스는 대표적인 직접민주주의국가로 손꼽히고 있다.

스위스국민들은 다른 나라에서 임명직으로 임용되는 공직자를 직접 선출할 뿐만 아니라 주요 정책쟁점들에 대해서도 국(주)민투표와 국(주)민발안을 통해 권한을 행사한다. 이같은 시민참여전통의 역사는 멀리는 13세기말까지 거슬러올라가지만, 우리의 광역자치단체에 해당하는 캔톤과 기초자치단체인 코뮌에까지 직접민주제가 광범위하게 도입된 것은 19세기에 와서의 일이다.

아울러 스위스는 전세계에서 가장 많은 국민투표를 실시한 나라로 1848년 스위스연방이 출범한 이후 2002년 1월말까지 154년 동안 무려 493회의 국민투표를 실시했다.(안성호 지음, 스위스의 교훈) 심지어 군대폐지여부를 묻는 국민발안까지 국민투표에 부칠만큼 무모하게(?) 국민의 뜻을 존경하는 나라가 스위스다. 이같은 직접민주제의 나라 스위스의 또 하나 자랑은 공직을 자원봉사로 여기는 전통이다. 이에따라 정부청사의 경비원이 대통령의 이름을 모르는 일이 가능한 나라가 스위스이며 각료들이 스스로 운전해 출근하는 것은 물론 걸어서 통근할 만큼 소박하고 헌신적인 모습을 볼 수 있는 나라가 스위스다. 그래서 정치적 스타가 나오지 않는 답답한(?) 정치현실이 펼쳐지는 나라가 또 스위스인 것이다.

BBK사건의 중심인물이 귀국하면서 온나라가 들썩이는 대선정국을 보면서 만일 우리가 스위스처럼 정부청사경비원이 대통령이름을 모를만큼 대통령권력이 제한적이라면 과연 어떠했을까하는 상상을 해보게 된다. 또한 공직이 자원봉사로 권력도, 그리고 거기에 뒤따르는 막대한 보상도 주어지지 않는다면 과연 지금처럼 치열한 공방이 난무했을까하는 생각도 해보게 된다. 대의민주제에서 선거는 대리인을 뽑은 중요한 의식이며 이같은 선거제도 정착을 위해 우리는 많은 고통과 희생을 감내해왔다.

그러나 21세기에 들어선 지금 선거로 인한 승자독식의 정치현실과 지나치게 비대한 대통령권력의 폐해는 국민들로 하여금 새로운 대안모색을 요구하게 만들고 있다. 모든 것을 가능하게 해놓고 이를 하지 못하게 하는 요구 자체가 잘못된 발상인 것이다. 선거때마다 각당과 후보가 사활을 거는 데에는 승자에게 많은 대가가 있었기 때문이다.

이번 대선을 계기로 우리나라도 대의민주제로 인한 부작용과 선출직에 주어지는 권한을 줄이는 제도적 논의가 본격화돼야 한다는 지적이다. 이제 존경받는 선출직이 나오는 시대가 와야 할 시점에 이른 것이다.

〈2007-11-21〉

대전의 미래가 밝다는데…

우리나라 도시 가운데 경쟁력이 가장 높은 곳이 지금은 서울이지만 미래에는 이 고장 대전이 될 것이라는 산업정책연구원의 분석이 발표됐다. 이 보도를 접하면서 많은 대전시민들이 자긍심과 함께 한편 과연 그럴까하는 느낌을 받았을 것이다.

아마 많은 시민들이 지금의 대전이 과연 경쟁력이 있는 도시인가에 회의감을 느낄 수도 있을 것이다. 그러나 시민들이 모르는 대전의 여러 환경조건들이 미래에 경쟁력을 지닐 수 있는 가능성이 있다는 이번 평가결과는 대전의 미래가 대전시민들의 노력여하에 따라 국내 더 나아가서는 세계적인 도시로 만들어나갈 수 있음을 시사했다는 점에서 꽤 의미있는 일이 아닐 수 없다.

21세기로 접어들면서 세계는 급격히 세계화 · 정보화 · 블록화가 진행되면서 경쟁이 더욱 가열되는 흐름이 벌어지고 있다. 특히 정보화는 그간의 경제영역을 파괴하면서 기득권을 약화시키는 한편 개개인에게 많은 기회를 제공케 돼 무한경쟁이란 말을 실감케 하고 있다.

이런 흐름 속에서 사람들은 더 나은 삶을 염원하는 이른바 '웰빙'을 추구하는 성향을 보이고 있다. 삶의 질을 높이려는 욕구가 그것이다. 이런 21세기의 흐름이 자연스럽게 도시의 경쟁력을 주목하게 만드는 요인이 된다고 보겠다. 그러면 도시의 경쟁력이 되는 기준은 무엇일까. 국가 경쟁력이라는 개념처럼 도시경쟁력이라는 개념 역시 명확한 기준이 있다고 보기는 어렵다.

보는 관점에 따라 또는 사람에 따라 도시를 보는 생각이 다르기 때문이다. 그러나 일반적으로 경제적 측면과 삶의 질, 의식적 측면으로 나누어 볼 수 있으며 월드뱅크(World Bank)에서는 '21세기 살기좋은 도시의 조건'으로 환경문제에 있어서의 건강한 도시, 환경유지 및 도시민을 위한 효율적인 재정운용을 제시하고 있으며 아울러 이를 위한 시민의 창조적 에너지 창출도 강조하고 있다.

이번에 대전의 미래경쟁력이 가장 높을 것이라고 분석한 산업정책연구원측이 제시한 기준은 ▲정치행정관료, 주민, 기업의 발전의지(주체) ▲기업경영기반, 기초생활여건, 교육문화시설(환경) ▲부존자원, 재정, 인적자원(자원) ▲도시의 발전전력과 도시를 둘러싼 환경(메커니즘) 등이 있다.

대전의 미래경쟁력이 높을 것이라는 이번 평가는 대전시의 입장에서는 올 한해를 보내면서 보람있는 뉴스임에 틀림없다. 그러나 그렇게 되기 위해서는 무엇보다 대전지역사회를 구성하고 있는 지역민들 모두의 애향심고취가 무엇보다 관건이라는 생각이다. 충청도는 양반의 고장이란 평가를 들으면서도 언제부터인가 관가주위에서는 대전충남을 투서가 가장 많은 지역으로 꼽으면서 부임하기를 꺼린다는 얘기가 나돌았다.

또 대전은 전국 각지역에서 사람들이 모인 도시이다보니 파벌이

심하고 애향심이 타지역에 비해 모자란다는 평을 받고 있기도 하다. 이러한 대전에 대한 얘기들은 대전발전을 위해 하루빨리 불식시켜야 할 대상이 아닐 수 없다. 도시의 객관적 여건이 아무리 좋다고 하더라도 도시의 모습은 그 도시민들이 만들어 나간다고 볼 수 있기 때문이다.

필자는 대전이 미래경쟁력이 높은 도시가 되는 것 못지않게 '미래에 가장 매력있는 도시'가 돼야 한다고 생각한다. 매력있는 도시가 되려면 자연환경과 경제력이 있어야 할 것이고 사람들이 즐길 수 있는 문화기반시설도 잘 갖추어져야 할 것이지만 이와함께 대전사람들이 외지사람들로부터 호감을 느낄 수 있는 인간적 매력을 갖춰야 한다고 믿는다.

류인학이 쓴 '우리명산답사기'에는 계룡산은 새 시대를 열어줄 대성자(大聖者)를 기다리는 사람들의 꿈이 서린 산이라고 했다. 이러한 계룡산 자락에 있는 대전이 21세기를 선도하는 새로운 세계도시의 위상을 세울 수 있기를 소망해본다.

〈2006-12-27〉

대전발전, 기회인가 위기인가

얼마전부터 일주일에 한 차례씩 지역의 원로분들과 인터뷰를 하면서 필자는 대전은 지금 발전할 수 있는 기회의 시기인가, 아니면 그 반대의 위기를 맞고 있는지를 물어보는 시간을 갖게 되었다.

이같은 질문을 던지게 된 것은 여러 요인이 있겠지만, 무엇보다 대전의 인접지역에 행정중심복합도시가 건설되는데 따른 지역민의 반응 때문이었다. 행복도시 건설이 논란의 대상이 될 때만해도 대전지역민들은 행복도시는 반드시 건설되어야 할 필연적 산물로 인식되었고 이 행복도시가 건설되면 인접지역에 위치한 대전은 매우 긍정적인 영향을 받아 반사이익을 얻을 것이란 의견이 지배적이었다.

그런데 이같은 기대감과 낙관론이 행복도시건설이 가시화되면서 꼭 그렇게 되지만은 않을 수도 있겠다는 얘기들이 나오면서 어느덧 비관론까지 등장하게 되었던 것이다. 이러한 시민들의 반응을 접하면서 필자는 지역의 원로분들에게 행복도시건설이 대전의 미래에 어떤 영향을 주게 될 것이며 과연 이 시점에서 대전은 발전할 수 있는 기회인가, 아니면 그 반대의 위기국면인가를 물어보게 되었다.

그 결과는 예상대로 기회일수도, 그 반대로 위기일 수도 있다는 의견으로 나누어졌다. 우선 기회라고 보는 분들의 생각은 인근에 국가중추기능을 담당할 행복도시가 건설됨으로써 여러 서비스업이 발달하는 것은 물론 행복도시의 배후도시로 경제적·문화적 반사이익을 얻을 것이란 기대감을 그 근거로 내세우고 있다. 더욱이 대전은 대덕연구단지를 끼고 있기 때문에 연구개발과 결합된 첨단산업의 활동이 더욱 활발해져 지역의 질적 발전이 이루어질 것이란 기대까지 함께 하고 있다.

그러나 이와는 반대로 비관론을 주장하는 분들은 행복도시로 반사이익을 얻는 게 아니라, 오히려 손해를 볼 것이라는 주장을 펴고 있다. 무엇보다 행복도시가 환경도시로, 국제적인 행정중심도시로 건설되면 그 도시 안에서 모든 것을 해결할 수 있는 자족도시가 될 것이기 때문에 대전은 오히려 인구를 빼앗기는 등의 부정적 결과를 초래할 수 있을 것이라는 게 비관론의 근거라 할 수 있다. 마치 대전에 둔산신도시가 형성되면서 구도심이 쇠퇴하듯이 비관론자들은 행복도시가 건설되면 대전은 그동안의 주도적인 위치를 상실하게 됨은 물론 갈등요인이 더 불거질 것이라는 위협요인까지 제시하고 있다.

문제는 또 있다. 대전은 토착세력이 적어 지역발전을 한데 묶을 수 있는 리더십이 타지역에 비해 현저히 떨어진다는 점이다. 전통적인 야당도시인가하면 지난 지방선거에서는 보수여당에게 표를 몰아주는, 스펙트럼이 다양한 지역민들의 정치성향을 아우르는 리더십이 절실한 시점에 와 있다는 게 지역원로들의 분석이기도 했다. 과연 21세기의 문턱에 들어선 지금이 대전으로서는 기회인가 위기인가. 필자 역시 기회일 수도, 위기일 수도 있다는 생각을 해 보게 된다.

새삼스러울 것도 없이 어떤 경우도 그것이 기회일수도, 위기일 수도 있는게 세상의 이치다. 행복도시건설로 대전이 변방으로 전락할 수도 있을 것이며 그 반대로 지역발전의 호기로 삼을 수도 있다는 게 전문가들의 분석이고 보면 지금부터 대전의 지도층과 지역민들이 어떤 노력을 하느냐가 관건이라 하겠다.

진주는 그 값을 알아주는 사람에게만 값진 것처럼 행복도시건설을 비롯한 대전의 주변여건 변화를 지역발전의 호기로 활용할 수 있는 노력이 그 무엇보다 필요한 시점에 와 있다고 해야 할 것이다.

아울러 지역발전을 주도하는 것은 역시 사람이라는 점에서 지역인재를 키우고 그들로 하여금 지역발전전략을 짜내도록 하는 일이야말로 대전발전을 이끌어내는 가장 중요한 일이라는 게 지역원로들의 의견이기도 했다.

〈2006-11-22〉

대전大田의 미래

다양한 표현이 있을 수 있겠지만, 지난 20세기가 국가의 세기였다면 21세기는 도시의 세기가 되리라는 진단이 벌써부터 제기되고 있다. 21세기가 도시의 세기가 될 것이라는 예측은 복잡하게 생각하지 않더라도 도시로, 도시로 몰려드는 도시화의 추세로 볼 때 당연한 귀결처럼 보인다. 정보화와 탈산업화의 시대적 흐름은 이미 사람들을 도시로 내몰고 있음을 우리는 경험하고 있는 것이다.

도시의 세기를 맞아 대전의 미래는 어떤 모습이어야 하는지를 놓고 시당국은 물론 시민들 또한 지대한 관심을 갖고 있음은 주지의 사실이다. 어떤 측면에서 21세기는 대전을 위한, 대전의 세기일 수도 있겠다는 생각을 해 보는 것은 비단 필자만은 아닐 것이다. 그만큼 대전의 미래는 밝은 면이 더 많다는 게 지배적인 의견이다. 이러한 논거를 간추려보면 먼저 대전은 행정중심복합도시의 배후도시로 성장할 수 있다는 가능성을 꼽을 수 있다. 대전은 지금도 정부3청사를 비롯해 인근의 계룡대 등 국가의 중추기능을 맡고 있는 주요기관들이 산재해 있는 만큼 행정중심도시가 건설될 경우 대전은 일약 국제도시로 발돋움할 수 있는 성장 잠재력을 지니게 될 것이다.

다음으로는 대덕단지를 끼고 있음을 들 수 있다. 이미 우리나라 발전의 미래가 IT(정보통신기술)와 BT(생명 과학기술)에 있음은 이제 상식에 속한다. 그런데 대덕연구단지는 이같은 IT와 BT의 성장발전을 가져올 수 있는 연구기관과 과학자들이 있으며 연구개발특구로 지정돼 또 다른 도약을 꿈꾸고 있는 것이다. 이 두 가지 요인만으로도 대전은 다른 도시가 갖지 못한 인프라를 확보함으로써 유리한 고지를 점유하고 있는 형국이라 할 수 있다.

대전은 이처럼 유리한 여건과 함께 자연조건 또한 매우 유려한 특징을 지니고 있다. 3대 하천과 주변의 산들은 대전이 환경도시로 자리매김할 수 있는 기본조건을 갖춘 셈이어서 이 또한 대전의 매력요인이 될 수 있을 것으로 보인다.

정보화와 국제화, 그리고 환경의 가치가 날로 높아지는 21세기를 맞아 대전은 이미 시대적 흐름을 타고 앞으로 나아갈 수 있는 가능성을 지니고 있는 것이다. 문제는 이러한 여건들을 어떻게 활용해 대전을 살기 좋은 도시로 만들어 나가느냐가 아닐 수 없다. 많은 견해가 있을 수 있겠으나 무엇보다 지역의 힘, 주민의 지혜를 이끌어내야 한다는 점을 지적할 수 있다.

세계의 수많은 도시들이 급격히 성장했다 퇴조하는 속에서 다시 새롭게 탈바꿈한 도시들의 비결은 외부의 힘보다 내부 지역의 힘이 크게 작용했다. 1990년대까지 최악의 재정적자를 안고 있었던 이탈리아의 경우 이른바 창조도시 볼로냐 시를 모델로 해 지역의 힘을 이끌어내면서 공공사업 삭감과 복지서비스의 민영화를 통해

행 · 재정 개혁에 성공했음은 주지의 사실이다.

지역발전을 외부의 지원에 의존하는 방법도 경우에 따라 필요하겠지만, 지역의 발전성과가 외부로 유출되지 않고 그 지역에 남는 일은 매우 중요한 전략이라 하겠다. 아울러 지역현실을 잘 알고 있는 지역민이 지역개발에 대한 아이디어를 내고 이를 자치단체가 걸러내는 일로 지역발전의 계기가 되리라 믿는다.

원도심 활성화를 비롯한 도시교통문제 등 숱한 과제를 안고 있는 대전이 어떻게 21세기 도시의 모델로 자리할 수 있을지 시민 모두의 심사숙고가 모아져야 할 것이다.

〈2005-9-7〉

파괴되는 계룡산

계룡산이 또다시 위기에 봉착했다. 지난달 30일 호남고속철 분기역이 충북 오송으로 결정되면서 예상되는 충남지역 통과노선에 계룡산 지역이 불가피하게 포함될 것으로 보이기 때문이다.

아직 정확한 노선이 밝혀지지는 않았지만 갑사 앞 지역을 통과하는 등 호남고속철이 충남지역을 지나면서 빚어지게 될 환경파손은 물론 계룡산의 상징인 갑사지구의 실질적인 훼손마저 예상돼 지역민들이 받는 충격은 이만저만이 아니다.

계룡산은 우선 산 이름부터 범상치가 않다. 닭(鷄)과 용(龍)이라는 두 동물의 이름을 붙였는데 한국의 많은 산중 동물의 이름이 산의 명칭이 된 예가 흔치 않다고 한다. 그런데 닭은 새벽을 알리는 일종의 선각자에 대비되는 동물이며 용은 왕이나 아주 고귀한 위치에 있는 사람을 상징하는 상상의 동물이다.

따라서 계룡산은 새로운 시대의 지도자를 그리는 그런 바람을 담은 산으로 사람들 사이에서 회자되면서 급기야 조선시대 개국과 함께 왕도(王都)로 주목받기에 이르렀다. 정치적인 의미뿐 아니라 민간신앙의 중심에도 계룡산이 있었다. 불교문화의 중심지가 계룡산이었던 것은 물론 무속인들도 이곳으로 모여들었고, 조선시대에는 분청사기의 대표적 생산지로 손꼽히던 곳이기도 했다.

이처럼 유서깊고 신비하기까지 한 계룡산은 일제의 천황봉 훼손을 시작으로 최근의 각종 개발에 이르기까지 숱한 수난을 겪게 된다. 안타까운 것은 우리 스스로의 손에 의해 계룡산 곳곳을 마구 파헤치고 훼손한다는 사실이다.

지금의 동학사 입구에 있는 주차장 부지는 분청사기 도요지로 추정되는 지역이다.

이런 이유로 이곳에 주차장이 들어서서는 안된다는 지역 문화예술인들의 반대가 있었음에도 행정당국은 아랑곳 없이 주차장을 만들어 중요한 문화적 유산을 사장시키는 결과를 빚었다. 그러나 이 주차장 건설은 시작에 불과하다. 지난해 9월 장군봉 자락 아래에 자연사 박물관이 들어섰다. 환경단체의 반대와 공무원 뇌물수수파문 등으로 사업이 중단됐다 반복되는 우여곡절 끝에 일대 산림을 파괴하는 공사를 거쳐 개관한 것이다. 꼭 그 자리여야 하는지에 대한 논란은 지금도 계속되고 있다. 아울러 자연사박물관이 있는 학봉리 온천지구도 식당과 모텔이 들어서면서 계룡산을 찾는 외지인을 맞이하고 있다. 민족의 영산이라 불리는 이곳 계룡산 입구가 러브호텔이 먼저 반기는 모습을 보면서 외지인이 어떤 생각을 할지 부끄럽기 그지없다.

그러나 이 또한 국도1호선 공사의 파괴력에 비하면 아무것도 아니다. 연장 10.6㎞의 이 도로는 왜 만들어야 하는지 짐작이 쉽지 않다. 이미 있는 도로만으로도 교통수요를 충족할 텐데 계룡산의 자연환경을 파손하면서까지 공사를 감행하는 이유를 납득하기 어려운 것이다.

필자는 지난 2003년 노은지구에 들어선 월드컵 경기장이 계룡산의 기후에 영향을 미친다는 이야기를 한 스님을 통해 들었다. 아무 시설도 없던 노은지구에 아파트와 월드컵 경기장이 들어서면서 한여름의 계룡산 기온이 과거보다 높아진 것을 느낄 수 있었다는 것이다.

이 이야기는 계룡산 인근은 물론 계룡산 산자락 곳곳이 파헤쳐지고 자연환경이 훼손되는데 따른 후유증은 결국 이 지역민에게 돌아간다는 것을 보여주는 단적인 예다. 호남고속철 분기역 결정에 따른 계룡산 훼손 우려는 그래서 이 지역민의 지대한 관심사가 아닐 수 없는 것이다.

이제 더 이상 민족의 명산 계룡산이 훼손되지 않도록 정부와 주민 모두의 총의가 모아져야 할 것이다.

〈2005-7-27〉

4등차가 없어서…

지방자치 10돌을 맞아 곳곳에서 지난 10년 간의 민선자치를 결산하는 자리가 펼쳐지고 있다. 지방자치 10년을 보는 시각은 어떤 입장에 서느냐에 따라 제각각 다를 수 있겠으나 대체적으로 긍정적인 평가가 앞서고 있다.

과거 중앙의 입장에서 지방의 일들을 결정해 추진하는 데 따른 부작용은 지방의 황폐화 내지 지방의 중앙종속화를 가져왔고 그 결과 서울로 서울로 인구가 집중되는 수도권 일극(一極)현상을 초래했다. 아울러 주민중심이 아닌 일선 행정의 폐단 역시 민원창구에서 흔히 볼 수 있는, 얘깃거리도 아닌 일이었다. 이런 현상들은 지방자치가 실시되면서 지방의 일에 지역민들의 관심이 모아지고 지방자치단체가 직접 지역현안을 다루게 되었고, 일선자치단체의 민원실은 대민서비스 경쟁에 나서는 모습까지 보여 지방자치시대를 실감케 된 것이 지난 10년의 변화라 할 수 있다.

그럼에도 10년의 세월은 겉모습만의 지방자치란 점을 부인하기 힘들다. 무엇보다 우리의 자치내용이 충분한 검토 끝에 이루어지지 않고 정치적 결단 비슷하게 도입되면서 선진외국의 다양한 자치제도가 반영되지 않아 '반쪽짜리 지방자치'란 비난을 받았는데 이런 제도적 미비점이 아직도 개선되지 않고 있다.

지금처럼 민선단체장에게 많은 권한을 주는 제도에 문제는 없는지, 교육자치의 내용이 과연 옳은 것인지, 또한 주민들이 스스로 지방자치에 직접 참여하는 제도를 좀더 빨리 정착시키는 방법은 없는지 등등 제도적 미비점을 보완해야 할 과제가 한둘이 아닌 것이다. 이러한 제도적 보완은 여야정치인이 하루빨리 합의해 해결해야 할 과제이며 특히 정부여당이 보다 적극적인 자세를 보여야 할 것이다.

이와 함께 주민의 자치의식 결여가 자치의 걸림돌이라 할 수 있다. 아직도 많은 사람들이 우리의 지방자치는 시기상조라고 공공연히 주장한다. 남북이 대치되고 경제가 어려운 상황에서 쓸데없이 예산만 낭비해 자치단체장의 업적이나 과시하는 지방자치가 무슨 도움이 되느냐는 게 지방자치부정론자들의 지적이다.

이들은 과거 임명제 때의 단체장들이 선출직으로 바뀌고 인사권 등 권한이 강화되면서 더더욱 지방민 위에 군림하고 있어 지방자치 무용론까지 제기하고 있기도 하다. 이런 논의는 대체로 비리에 연루돼 지방자치단체장이 구속되는 사례로 이어지면서 주장의 논거로 인용된다.

과거 중앙집권시대에는 주어지지 않았던 권한과 예산이 지방으로 내려오면서 예산이 낭비되는 것도 사실이고 단체장이 권한을 잘못 쓰는 바람에 비리에 연루돼 감옥에 가는 것도 부인할 수 없는 현실이나 이는 지방화시대로 가는 길목에서 치러야 할 대가라는 게 필자의 생각이다. 민주주의를 뽐내는 영국도 1880년대는 상상할 수 없는 부패금권 선거가 횡행하다 선거법이 엄해지면서 금권선거는 역사속으로 사라졌음을 상기해도 좋을 것이다.

필자는 앞으로 우리의 지방자치가 정착하기 위해서는 그 무엇보다 공직을 자원봉사로 여기는 지역인재들이 늘어나야 한다는 생각을 해본다. 과거 스위스의 한 연방각료가 출신고장으로 가는데 "왜 3등차를 타느냐"는 물음에 "4등차가 없어서"라는 대답을 했다고 한다. 권력을 취해 이를 방편 삼으려는 단체장 · 지방의원이 아니라, 공직을 통해서 지역의 미래를 위해 헌신하고 봉사함으로써 지역민을 섬기는 자세로 공직에 진출하려는 지역인재가 늘어날 때 지방자치의 앞날을 기대해 볼 수 있을 것이다.

입으로가 아니라 가슴 깊은 곳에서 지역민들을 존경하는 지도자가 많아질 때 지방자치는 좀 더 나은 모습으로 다가설 수 있을 것으로 확신한다.

〈2005-6-15〉

살고 싶은 도시가 되려면

얼마전 정부는 지자체의 특색 있는 발전과 이를 통한 지역경제살리기 차원에서 각 지역마다 특구를 조성하겠다는 발표를 한 적이 있다. 정부의 특구조성계획이 눈길을 모은 것은 지방자치제 실시 이후 전국의 각 지역에서는 나름대로 지역특색을 살려 축제나 특산물을 통해 소득도 올리고 지역이미지를 높이는 사례가 심심치 않게 전해지고 있기 때문이다.

우리 고장에서도 보령의 머드축제는 축제 뿐만 아니라 머드를 원료로 한 제품으로 소득과 지역이미지를 함께 높이고 있으며 인구 4만에 불과한 전남 함평군은 나비축제 하나로 100만명이 넘는 관광객을 유치해 몇 백억원대의 소득효과를 올리고 있는 것으로 군청측은 분석하고 있다. 지자체의 이런 노력을 잘 활용해 지역특구를 제대로 살려나간다면 마치 일본 지자체의 '一村一品 운동'처럼 되지 말라는 법도 없을 것이다.

그러나 자칫 소리만 요란한 정책이 되지 않을까 걱정되는 부분도 적지 않다. 우리는 지난 90년대 우리 고장 유성이 관광특구로 지정되면서 금방 국내외의 관광객이 물밀듯 밀려올 것이란 기대에 부풀었던 기억이 생생하다. 특구로 지정되면 무언가가 달라질 것으로 기대했던 것이다.

그러나 지금 관광특구 유성의 현주소는 어떠한가. 이곳이 관광특구라는 사실조차 모르는 시민도 많겠지만, 이런 사실을 아는 시민 역시 특구 아닌 지역과 구별되는 점이 무엇인지 알 길이 없다. 아울러 특구로 지정돼 그 이전과 어떻게 달라졌는지 아는 시민도 없는 듯하다. 온천이 나오고 있다는 것 말고 관광특구로서의 유성의 특색을 어디서 찾아야 할지를 아는 시민 또한 그렇게 많지 않다. 특구로 지정하는 것이 중요한 것이 아니라, 외지의 관광객이 이곳에 와 머물고 싶도록 관광자원을 가꾸고 만들어 나가야 했는데, 그렇지 못했음을 지금부터라도 철저히 반성해야 한다는 생각이다.

이러한 지적은 비단 유성지역에 그치지 않는다. 대전시는 대전지역을 선사유적지를 비롯해 삼국시대와 고려·조선시대를 거치는 유서 깊은 도시라며 자랑하고 있다. 그러나 둔산신도시 한 가운데 마치 동물원의 우리에 갇힌 동물을 보는 듯한 선사유적지를 보고 대전의 유서깊은 역사를 느낄 관광객은 그렇게 많지 않을 것 같다. 오랜 옛 사람들의 숨결과 체취가 배어 있고 일정한 장소의 세트가 아닌, 경관과 건축물 그리고 그 지역의 전통문화가 함께 녹아있는 도시모습을 대했을 때 사람들은 비로소 역사를 느끼게 되고 그 도시의 유서 깊은 매력에 사로잡히는 것이다.

대전은 지금 과거와는 또 다른 새로운 가능성에 직면해 있는 도시다. 국가보다 도시 간 경쟁이 치열해져가는 지금의 시대적 흐름속에서 '행정중심도시의 배후도시' 란 도전에 직면한 대전은 여러 면에서도 도시발전의 중심축을 새롭게 형성해야 한다는 요구가 커지고 있다. 말 그대로 대전의 정체성을 확립해 도약하는 도시로 키워나가야 할 것이다.

그러기 위해서는 도시경쟁력을 키우기 위한 과감한 발상의 전환이 요구된다. 과거 개발지상주의시대 도시를 개발의 대상으로만 여겼던 생각에서 벗어나 사람이 찾고 싶은 도시로 탈바꿈시켜야 한다는 지적이 그것이다.

대전만의 특색을 살리고 과거의 역사와 문화가 살아 숨쉬며 21세기의 첨단과 함께하는 도시를 만들려면 도시의 다양한 주체들이 다함께 참여할 수 있어야 할 것이다. 우리가 가고 싶은 해외의 숱한 도시들의 예에서 보듯 아름다운 도시, 살고싶은 도시는 하루아침에 이루어진 것이 아니다.

행정도시특별법이 통과된 지금부터 차근차근 대전의 모습을 새롭게 바꾸어 나가는 도시디자인행정이 펼쳐지기를 기대해 본다.

〈2005-3-23〉

지방 살리는 정부되기를

노무현 정부가 들어서면서 '지방'이 우리 국가의 화두로 떠오르고 있다. 이미 지난 대선과정에서 행정수도공약을 내세워 지역민의 관심을 촉발한 바 있으며 이와 동시에 노대통령은 기회 있을 때마다 지방분권과 지역균형을 강조, 역대 그 어느 대통령보다 지방과 분권에 대한 관심이 큰 것으로 지역민의 눈에 비쳐지고 있다. 이런 대통령의 모습은 지역민의 입장에서 볼 때 여간 반가운 일이 아닐 수 없으며 대통령중심제인 우리 나라의 종래 관행으로 볼 때 분명 지역에 많은 변화를 가져다 줄 신호라 여겨진다.

그럼에도 노대통령 임기동안에 지방에 엄청난 변화가 오리라는 성급한 기대는 아직 이르다는 생각도 해보게 된다. 그 이유는 우리의 중앙집권에 대한 역사가 그만큼 깊고 이런 우리의 역사가 빚어놓은 지금의 현실이 변화되기 위해서는 그 뿌리와 줄기가 너무도 단단하기 때문이다. 지방분권과 지역균형을 부르짖고 있지만, 지금 우리가 처한 현실은 아직도 중앙집권과 중앙집중현상이 그대로 고착돼 있다고 해도 과언이 아니다.

그 가장 큰 이유는 생존을 위해서이다. 지방에서 먹고 살기가 서울보다 훨씬 불리하다는 것을 필자는 경험을 통해 증언할 수 있다. 이는 비단 필자만의 경험도 아닐 것이다. 지방에서 태어나 그 지역에서 뿌리를 내리고 사는 일이 그리 만만한 일이 아니라는 것을 지방민들은 너무도 잘 알고 있기에 자식만은 서울로 보내려 하는 게 서글픈 현실이다.

아이러니컬하게도 돈을 많이 번 지역민도 그 지역을 떠나려 하는 현실을 보면서 지방을 활성화한다는 일이 이중·삼중의 어려운 일이라는 점을 실감하게 된다. 이처럼 지방의 구차한 현실을 늘어놓은 것은 지방을 살리는 일이 그렇게 쉬운 일이 아니라는 점을 말하고 싶었기 때문이다. 노무현정부가 지방을 살리겠다고 나선 것은 지방민의 지지를 받아 마땅한 일이다.

그러나 이를 구체적인 현실 속에서 추진하는 일은 그만큼 인내심과 결단, 그리고 충분한 시간을 갖고 주도면밀하게 밀어붙일 때만이 성과를 낼 수 있는 일이라는 것을 잊어서는 안될 것이다.

노대통령은 대통령에 취임하기 전 각 지역을 돌며 지역민과 간담회를 가지면서 지방분권은 물론 지방대학과 지방언론을 중심으로 지역발전의 동력을 만들어 나갈 것을 강조한 바 있다. 당연한 지적이며 그렇게 되기를 지방민도 바라고 있다.

그러나 현실적으로 지금 지방언론과 지방대학이 처해 있는 현실은 그렇게 밝지 않다. 지방대학은 학생 수 격감에 따라 미래를 점치기 힘들고 지방언론 특히 지방신문 또한 경영환경의 악화로 미래를 낙관하기 힘들기는 매한가지다. 이런 여건 속에서 어떻게 지방발전의 축으로 지방언론과 지방대학을 중심에 둘 수 있을지 쉬운 일이 아닐 것이다. 또한 지방자치를 해오는 과정에서 지역민들

사이에 새로운 갈등과 분열이 빚어지면서 이를 어떻게 지역발전의 큰 틀 속으로 융합하느냐는 지역 내부의 과제도 그리 만만한 일은 아니다.

이런 얘기를 되풀이하는 것은 그만큼 지방의 침체된 현실이 변화돼야 한다는 지역민의 열망에서이며 노무현정부가 지방발전을 적극적으로 추진해 나갈 것으로 믿기 때문이기도 하다. 부디 노무현정부 만큼은 과거 중앙집권의 폐해를 극복한, 지방민의 사랑을 받는 정부로 기억되기를 바란다. 그러기 위해서는 지방과 지역민의 노력이 무엇보다 중요하다는 점을 잊어서는 안될 것이다.

그저 정부에서 지원을 해 줄 것만을 바라지 말고 지역발전의 동력을 지방 속에서 이끌어내려는 노력이 그 어느때보다 절실한 시점이 아닐 수 없다.

〈2003-3-5〉

수도首都이전 논의의 본질

신과학운동의 기수로 손꼽히는 물리학자 '카프라'는 생태계의 비직선적인 특성을 파악하게 되면 거기서 두 가지 중요한 법칙을 유도해 낼 수 있다고 지적했다.

이 두 가지 법칙 중 첫 번째 법칙은 아무리 좋은 것이라고 할지라도 많을수록 무조건 더 좋은 것이 아니라는 것이다. 즉 생태론적인 세계 안에서 다양한 형태의 관계로 구성돼 있는 그물의 양태로 볼 때 어떤 구조나 조직, 그리고 어떤 제도도 항상 적정한 수준의 규모가 있다. 그런데 그 중에서 몇 개의 변수만을 최대화 시키고자 하면 전체적인 시스템 차원에서는 불화와 마찰을 일으키는 파괴적인 요소로 작용될 수 밖에 없다는 것이다.

두 번째 법칙은 하나의 사회나 그 경제구조는 일정한 자원이나 물자를 가능한 한 더 많이 재활용하여 전체적인 시스템이 더 원활한 순환을 할 수 있게 도와줄수록 사회나 경제구조는 그것들이 속한 환경에 더 잘 부응할 수 있다는 것이다. 물리학자인 그가 현대물리학의 발전으로 얻어진 새로운 시각을 생태계에 원용한 것은 물론 정치·경제에도 마찬가지의 시각을 적용해 이끌어낸 이 두 가지 법칙은 지금 우리나라가 당면한 사회현실에도 그대로 적용될 수 있음에 놀라움을 표하게 된다.

카프라는 생태계가 다시 전체적인 균형을 찾을 수 있으려면 특히 도시의 팽창을 제한해야 하며 이를 위해서는 산업 뿐만 아니라 문화나 교육의 혜택이 수도권에 집중하는 것을 막아야 한다고 지적했다. 카프라의 이 같은 통찰은 사회과학을 연구한 데서 비롯된 것이 아니라 물리학을 공부한 과학자의 관점에서 생태론적인 세계관에 공감하게 되면서 이런 관점을 인간사회에 대입시켜 얻은 소박한 생각이라는 점에서 그 어떤 논리보다 수도권 집중으로 인한 부작용을 시정해야 한다는 당위성을 제공해 주고 있다.

카프라의 생각을 이처럼 길게 인용한 것은 한 대선 후보가 행정수도와 청와대를 충청권으로 이전하겠다고 한 공약 때문이다. 사실 행정수도 대전이전은 대선 후보들의 단골공약 중 하나였다. 71년 대선 때 신민당의 김대중 후보가 처음으로 주장한 이후 박정희 대통령은 이 행정수도 건설계획을 구체적으로 세워 추진했었으며 87년 전두환 대통령 역시 대전을 행정중심기능도시로 육성하겠다는 정책사업계획을 발표했다.

이처럼 구체적으로 사업계획을 세워 추진한 경우 이외에 각종 선거 때마다 행정수도 건설문제는 주요 공약 메뉴였음을 국민들은 기억하고 있다. 이런 관점에서 민주당 노무현 후보가 제기한 청와대·중앙부처 충청권 이전 공약은 사실 새로운 것도 아니며 과연 실현가능성이 있는 정책이냐는 반문이 제기될 소지도 있다는 점을 간과하기 힘들다.

그런데 이 문제에 접근하는 여러 방식과 이견이 있겠지만 앞서 인용한 카프라의 생태론적인 관점에서 보는 것이 아주 자연스럽다는 생각을 해보게 된다. 긴 설명이 필요 없이 지금 우리나라는 아주 기형적인 모습을 하고 있다. 전체인구의 절반에 가까운 인구가 수도권에 살고 있는 것은 물론 우수한 인력이 수도권으로 집중되고 있다. 돈과 권력 또한 서울에 편중돼 있다.

이러고도 나라가 정상적일 것을 바란다는 것 자체가 아주 잘못된 처사가 아닐 수 없다. 부정부패도 바로 이 같은 수도권 집중현상이 부채질하고 있으며 부동산 버블현상 또한 수도권에서 비롯되고 있음은 모두가 알고 있는 사실이다.

수도권 집중현상이야말로 지금 우리나라를 옭죄고 있는 가장 큰 걸림돌임을 위정자, 국민 모두 너무 잘 알고 있으면서도 선뜻 나서지 못하는데 우리의 고민이 계속되고 있는 것이다. 5년도 좋고 10년도 좋다. 지금부터라도 공론화과정을 거쳐 수도권집중이라는 중병(重病)을 치료하는데 각계의 지혜를 모을 때만이 우리나라의 앞날을 기약할 수 있음을 새겨야 할 것이다.

〈2002-10-2〉

6·13선거가 남긴 교훈

한국축구가 월드컵신화를 창조하면서 전국은 삽시간에 붉은 색으로 가득찼고, 한국인들의 얼굴에는 자신감과 환희로 오랜만에 환한 빛이 넘쳐나고 있는 게 요즘의 풍경이다. 그러나 밝은 곳이 있으면 그렇지 않은 곳이 있는 게 어김없는 이 세상의 이치라 할 수 있으니 이번 지방선거야말로 국민들로부터 외면당한 대표적 사례란 점에서 많은 반성을 요하고 있다.

우선 이번 지방선거는 예상한대로 주민의 참여율 자체가 낮아 주민대표성에 의문을 낳게 됐다. 월드컵열기 때문이라는 외부적 요인을 배제할 수는 없겠지만 지난 두 차례의 선거에 이은 결과라고 보기에는 너무도 지역민의 참여가 낮았다는 점에서 자치단체·주민 모두의 반성이 뒤따라야 한다는 지적이다.

낮은 투표율은 여러 각도로 해석할 수 있겠지만 자기 지역에 대한 무관심을 반영하고 있다는 점에서 볼 때 지방자치의 앞날이 순탄치 않을 것을 예고하고 있기 때문이다. 따라서 향후 지방자치에 대한 주민들의 이해와 관심을 불러일으킬 수 있는 다양한 프로그램이 활성화되야 한다는 주장이 강하게 제기되고 있다.

다음으로 이번 지방선거의 가장 큰 실책이라 할 수 있는 중앙정치의 지방자치 잠식현상을 꼽을 수 있다. 당초 지방자치 실시에 합의했던 정치권은 자치의 본 뜻을 최대한 살려 지역살림은 그 지역에 맡긴다는 자치원칙을 천명했었다. 그런데 이번 선거전은 어떠했던가. 완전히 중앙당의 대리전 양상으로 변질돼 지역정치권에서 추천한 인사가 중앙당 공천에서 배제되는가 하면 중앙당 차원의 공조에 따라 지방정치는 실종되는 한심한 일이 벌어졌다. 아울러 중앙당의 대선후보들이 마치 대선선거 유세를 방불케 하는 지원유세를 벌여 유권자들을 혼란스럽게 만들었던 것이다.

도대체 누가 주인공이고 누가 조역인지 구분하기조차 힘든 선거전을 치르면서 조용한 유권자들은 실망과 식상함에 지방자치마저 정치혐오의 대상으로 삼게 되고 말았던 것이다.

아울러 이번 지방선거는 후보자들간에 뚜렷한 정책적 쟁점이 없었던 선거였다고 평가된다. 선거에 나서는 후보들의 정책이야말로 그 후보의 상품성을 가장 잘 반영한 면면이라 할 수 있는데 이번 선거에서 후보간 정책을 둘러싸고 뚜렷한 차별성을 느낄 수 없었다는 게 지역민들의 반응이었다. 특히 광역의회의원은 물론 기초의원의 경우 유권자 스스로도 그 지역의 현안에 둔감한 데다 후보로 나선 당사자들의 정책약속 또한 대동소이 해 무엇을 기준으로 후보를 골라야 하는지 애를 먹었다는 후문이다.

이처럼 여러 측면에서 반성을 요하는 선거였지만 주사위는 던져졌고 앞으로 4년 간 지역의 살림을 맡을 단체장과 이를 견제·감시할 지방의회의원들도 새로 뽑혀 크든 작든 지역에 새로운 변화가 초래될 전망이다.

앞서 논의한 대로 지금 지방자치의 앞날은 결코 순탄치 않을 이런저런 요인들이 잠복해 있다. 지방자치 자체의 정착을 위한 과제 뿐 아니라 지역간 불균형 문제야말로 지역발전을 가로막고 있는 가장 큰 장애요인이 아닐 수 없다. 어느틈인가 수도권억제정책이 느슨해지고 있고, 지방에 대한 지속적인 지원책 논의는 차츰차츰 줄어드는 느낌이 들고 있으니 지방은 그야말로 안팎으로 도전을 받고 있는 양상이다.

지방화의 당위성은 아무리 이론적으로 옳다고 하더라도 그냥 주어지는 사회적 산물이 아니다. 좋은 의미에서의 '지역구성의 주인' 즉 지역민, 지방자치단체, 지방의회가 서로 협력 또는 견제하에 지역발전을 위해 힘을 모을 때만이 지방자치가 정착될 수 있음을 새겨야 할 것이다.

〈2002-6-26〉

사람 사는 냄새 나는 도시

건축가 김진애씨가 한 중앙지에 도시관련 시리즈를 연재하고 있는데 최근 대전 둔산지구를 다룬 내용이 소개돼 눈길이 가게 됐다. 외부사람이 본 둔산의 이미지는 어떤 것이며 특히 건축가인 전문가가 본 둔산의 모습은 어떤 것인지 자못 궁금했던 때문이리라.

서울포럼 대표로도 활동하는 김씨는 둔산에 가면 네가지 느낌이 다가온다고 지적했다. 첫째는 그 광활함이요, 둘째는 그 일렬성이며, 셋째는 똑바름, 넷째는 대칭성이라고 분석하고 이같은 성격을 지닌 둔산은 토지공사가 가장 전형적인 방법―대로, 큰 블록, 명확한 축, 명확한 용도구분, 팔기좋게 땅 자르기―으로 개발한 신도시라고 보았다. 김씨는 이처럼 기능적인 면에서는 성공한 신도시 둔산이지만, 사람사는 냄새는 영 나지않는 뭔가 찜찜한 느낌이 들어 고개가 갸우뚱해지게 된다고 고백하고 있었다.

정부3청사와 시청 등 네모 반듯한 행정 건물들이 자리한 행정타운과 고층 아파트 · 상가 및 대로로 특징지어지는 신도시 둔산은 기능적인 면에서는 '성공작'으로 평가될 만도 하다. 그러나 김진애씨의 지적처럼 그 속내를 들여다보면 외지인들이 보기에 사람사는 냄새가 나지 않는 메마른 신도시란 이미지를 벗어나지 못하고 있음도 숨길 수 없는 사실이다.

그 가장 큰 이유는 김씨의 지적대로 전체가 260만평이나 되는 광활함에다 일렬성, 반듯반듯함, 대칭형 건물로 이루어진 구성이 주는 딱딱함이라 하겠다. 이는 비단 둔산 뿐만 아니라, 새로 개발되는 신도시의 공통적인 현상이기도 한데, 이처럼 크고 반듯반듯한 신도시의 모습은 한편 우리들이 원했던 서구적인 도시 모습이기도 했다.

얼마전까지만 해도 대전 구도심에서 보는 것처럼 오래된 단독주택과 동네의 좁은 언덕길에서 공동체적인 삶을 살았던 세대들에게 둔산은 아직 삭막한 느낌으로 다가설 수밖에 없는지도 모른다.

그럼에도 대전은 이제 둔산을 그 중심에 놓고 도시의 이미지를 형성할 수밖에 없는 숙명에 처해 있다. 둔산이 대전의 장점이자 동시에 단점으로 부각될 수 있음을 김진애씨의 전문가적인 관점을 통해 보았다. 이제 대전 사람들은 이곳 둔산이 메마른 도시에서 벗어나 사람이 살기좋은 도시, 살고싶은 도시가 되도록 그 내용을 채워나가는 데 보다 힘을 쏟아야 할 것이다. 지금부터라도 사람의 체취가 배어나고, 역사와 문화의 냄새가 물씬 풍기는 그런 곳으로 둔산을 가꾸어 나갈 때 둔산은 새로운 관점에서 각광받게 될 것이다. 둔산이 이렇게 되려면 가장 큰 선결과제가 교통문제라 하겠다.

둔산지역은 공한지가 사라지면서 급격하게 교통의 사각지대로 돌변하고 있다. 상업용 건물과 원룸 등이 들어서면서 주차전쟁이 일상화돼 짜증을 더하는 곳으로 인식되고 있는 것이다. 이런 환경이 계속되는 속에서는 둔산에서의 삶의 질은 높아지기 힘들며 또 도시의 여유를 찾기도 어렵다. 이 문제 해결은 시나 구에서 아무리 지혜를 짜내도 방법을 찾을 수 없는 일로 차량증가를 기존의 도로나 주차장이 수용할 수 없기 때문이다. 결국 해답은 차를 놓고 걷고 자전거를 타는 시민이 늘어나도록 당국이 정책을 펴는 것이라는 게 전문가들의 지적이다.

아울러 이런 관점에서 둔산은 생태도시, 지속 가능한 환경도시가 되도록 정책적 노력을 아끼지 말아야 한다는 생각이다. 둔산은 갑천과 월평·남선공원 등 자연환경 또한 좋은 조건을 지니고 있다. 이 좋은 조건을 더 잘 살려내야 둔산이 빛을 발할 수 있음을 이미 세계적인 다른 도시들이 말해주고 있다.

10년 뒤쯤 둔산을 돌아본 외지인이 사람사는 냄새가 물씬 풍기는 자연과 함께하는 첨단행정도시란 표현이 나오기를 기대하는 것은 비단 필자 혼자만의 생각은 아니리라.

〈2002-5-1〉

주민 선택에 달린 지방자치

주말마다 치러지는 여당의 국민경선에 시선을 빼앗긴 사이 어느덧 지방선거 날짜가 두 달 남짓 앞으로 다가왔다. 단체장과 지방의원을 동시에 뽑는 이번 지방선거야말로 지역 주민들에게는 대단히 중요한 '선택'이라는 의미를 지니고 있다. 그럼에도 아직 적지 않은 주민들이 지방자치에 대해 냉소적이거나 주인의식을 갖지 못하는 것을 보면서 안타까움을 금할 수가 없다.

지난 1991년 상반기에 지방의회를 구성한 것을 필두로 이번까지 3차례 단체장선거를 치르게 되는데 이는 결코 하나의 제도가 정착될 수 있는 시간으로서 충분하지는 않다. 그렇다고해서 꼭 그렇게 짧은 기간도 아니다. 그럼에도 지방자치제에 대한 회의적인 시각이 자리잡고 있는 이유는 다음과 같은 몇 가지로 분석해 볼 수 있을 것이다.

그 가장 큰 이유는 무엇보다 고도의 중앙집권체제가 오랫동안 우리의 체제속에 녹아있기 때문으로 아직도 우리 국민들의 삶을 중앙에서 좌지우지하기 때문이라는 데 긴 설명을 요하지 않는다. 이런 중앙집중화현상은 IMF 이후 경제체질이 변화되면서 더욱 그 속도가 가속화 되고 있다는 게 전문가들의 지적이라는 점만 밝히고자 한다.

다음으로는 지방자치가 주민들이 그 지역의 주인이 되는 제도임에도 지역민들이 주인의식을 제대로 갖지 못하게끔 제도가 미비됐다는 요인을 꼽을 수 있다. 지방자치단체와 지방의회로 대변되는 지금의 우리 지자제는 주민에 의한 직접 민주주의의 실현은 극히 제한적일 수밖에 없어 주민들이 주인의식을 갖고 지방자치에 참여할 길이 그렇게 많지 않은 게 현실인 것이다.

그러나 스위스의 경우에서 보듯이 지역민의 참여와 지역민의 의사를 철저히 반영하는 직접 민주주의 방식의 지방자치의 경우에서는 지역주민이 주인의식을 발휘하지 않을 수 없다. 아울러 대의민주주의라 하더라도 주민소환제와 주민감사청구제와 같은 집행부 견제장치가 주민에 의해 행사될 수 있어야 하는데 우리는 이런 제도가 형식적이다 보니 지자제가 부활됐어도 그게 나와 무슨 상관이냐는 식의 반응을 보이고 있는 주민이 나오는 것도 무리는 아니라 하겠다.

이와 함께 지방자치에 대한 지역민의 관심이 높아지지 않은 또 하나의 이유는 지방선거가 중앙정치의 대리전 양상을 띠었다는 점이다. 사실 한 다리 건너 모르는 사이가 없는 게 지역의 자연스런 풍토라 할 수 있다. 사정이 이러한데도 중앙당을 업고 출마를 하다보니 동네사람들 사이가 갈라지게 되고 선거를 치르는 과정에서 자칫 원수가 되기도 하는 부작용이 계속되기 십상이다. 이로 인해 지방선거 또는 지방자치제를 회의적인 시각으로 보는 주민이 생겨나는 것이 어쩌면 당연한 현상일지도 모른다.

이런 이유들로 지방자치에 대한 회의론이 제기되는 것을 보면서 필자는 다시 한 번 왜 지방자치가 필요한지에 대한 사회적 논의가 활발해져야 한다는 사실을 절감하게 된다. 지방자치가 뿌리를 깊이 내리기 위해서는 먼저 지역주민들의 지방자치에 대한 이해가 선행돼야 할 것이며 동시에 주민들 스스로 지방자치에 참여할 수 있는 제도가 확대돼야 한다는 생각을 갖게 해준다.

사실 민주주의의 가장 기본적인 토대는 국민에게서 비롯되는 것처럼 지방자치 또한 지역주민으로부터 비롯된다는 아주 평범한 사실을 우리는 잊고 있는지도 모른다. 그러나 분명한 것은 지방의 주인공은 그 지역의 주민이라는 사실이며 이같은 '주민 우선의 행정', '주민 우선의 살림살이'를 집행하는 후보를 뽑아야만 그 지역이 잘 될 수 있음을 지역민 스스로 새기지 않으면 안된다.

결국 어느 한 지역의 지방자치 수준은 그 지역민의 수준과 비례한다는 점에서 지역민들이 지방선거에서 현명한 선택을 해야 한다는 것을 자연스럽게 시사해 주고 있는 셈이다.

〈2002-4-3〉

생명현상과 지방자치

뉴튼과 갈릴레이로 대표되는 서구 전통과학의 한계와 맹점을 비판하고 기술문명에 치우친 인류 삶이 불러온 현대 세계의 여러 위험을 심도있게 경고하고 나선 움직임을 '신과학운동'이라고 부른다. 20여 년 전인 80년대부터 서구에서 본격화된 이 신과학운동은 과거 기계론적 세계관이 빚어낸 분열된 사고방식을 극복하기 위해 전체와 화합, 생태를 주요개념으로 한 세계관을 주창, 지식인들의 눈길을 모은 사회·문화운동의 성격을 지닌 학문체계라 할 수 있다.

이 신과학운동에 속하는 학자중 '프란시스코 바렐라' 라는 칠레 출신 생물학자가 있는데 생물학적 인식론으로 학계의 주목을 받았다. 그가 말하는 생명의 본질적 특성은 '스스로 다스리는 능력'이라고 강조하고 있으며 또한 스스로를 다스리는 생물체가 이처럼 독자적인 시스템을 지속하기 위해서는—즉 생명을 유지하기 위해서는—끊임없이 스스로를 '짜지어' 가야 한다고 주장한다. 바렐라는 이런 생명현상의 특질은 비단 생명현상 뿐만 아니라 사회현상과 자연현상에까지 두루 적용되고 있음이 입증되었다고 말하고 있다.

스스로가 스스로를 다스리는 자율성과 스스로를 짜지으며 끊임없이 이어가는 것을 생명현상의 특성이라고 간파한 바렐라의 학설을 대하면서 필자는 이 이론이 우리의 지방자치에도 그대로 적용될 수 있다는 생각을 해보았다. 지방자치에 대해 다양한 정의를 내릴 수 있겠지만, 무엇보다 앞서는 지방자치의 개념은 주민에 의한, 주민을 위한, 주민위주의 행정이 이루어지는 주민주권 행정을 뜻한다고 볼 수 있다.

이런 관점에서 지방자치를 보면 무엇보다 자율성의 원칙이 존중돼야 하며 스스로 주민이 속한 지역의 일들을 짜지어가는 실행능력이 뒷받침돼야 한다는 것을 알 수가 있다. 이런 주민자치의 성격은 앞서 바렐라가 주장한 생명현상과도 일맥 상통한다는 점에서 많은 것들을 시사해 준다는 생각을 갖게 된다.

지방자치야말로 지역민의 역량과 책임이 무엇보다 관건임에도 지난 10년의 지방자치 경험은 그렇지 못했다는 것을 말해주고 있다. 서울공화국이라 불러도 손색이 없는 과거 우리나라의 비정상적인 국가사회적 구조는 지금도 크게 변화되지 않은 채 확대 재생산되고 있으며, 이같은 사회현실은 지방자치를 가로막는 장애물로 존속되고 있는 것이다. 민선시대를 맞이하면서 지방에 변화가 찾아온 것을 부인하려는 것은 아니다. 관선시대에서 볼 수 없는 지방의 변화가 도처에서 이루어지고 있음을 지방민들은 보고 있다. 그러나 이런 변화가 주민본위의 자율성에 의해 움직이는 지방자치의 본뜻과는 아직 거리가 멀다는 게 많은 식자들의 지적임을 보게 된다.

이제 곧 해가 바뀌면서 우리는 두가지 선거를 겪게 된다. 이 두 선거 중 특히 지방선거는 지방자치의 참뜻을 살리면서 지역의 새로운 변화를 이끌어 낼 대리인을 뽑는다는 점에서 지역주민의 바른 판단이 요구되는 정치적 행사가 아닐 수 없다. 지금 지방이 처한 현실은 참으로 복잡 미묘하다고 할 수 있다. 세계화의 거센 바람이 불고 있는 가운데 중앙권력의 견고함은 좀처럼 그 권위를 내놓으려 하지 않고 있으며 지역 내부 또한 분출하는 주민 욕구의 다양성 앞에 지방행정 이념 역시 흔들리고 있기 때문이다. 어쩌면 성장에 따른 몸살을 앓고 있는 생명체와도 같다고나 할까.

이같은 지방자치의 현실을 정확히 진단하고 이에 대한 올바른 처방을 내려줄 인물을 우리는 내년 지방선거를 통해 선출해야 하는 것이다. 지방 스스로를 책임지며 짜지어 나갈 수 있는 인물은 어떤 조건과 능력을 지녀야 할 것인가. 채 180일도 남지 않은 시점에서 지방민 모두가 고민하고 숙고해야 할 과제가 아닐 수 없다.

〈2001-12-19〉

지방자치와 인적 자원

삼성경제 연구소가 내놓은 리포트 가운데 최근 필자의 관심을 끈 내용 중 하나는 우리나라도 하루빨리 인적 자원 개발에 나서야 한다는 요지의 논문이었다. '한 사람이 만 명을 먹여 살리는 시대'가 됨에 따라 우수인재의 가치가 급등하고 있고 글로벌 차원에서 인재확보 경쟁이 치열하게 전개되고 있는 지금의 세계분위기를 맥킨지의 라자 굽타 회장은 "21세기는 인재를 확보하기 위한 전쟁의 시대" 라고까지 규정하고 있다고 이 보고서는 전하고 있다.

이 보고서에 따르면 이미 미국을 비롯한 영국, 아일랜드, 중국, 일본 등은 벌써부터 인적 자원의 중요성을 깨달아 각종 전략을 세우고 인재확보에 나서고 있다는 것이다. 영국 토니블레어 총리는 1998년 "교육은 우리가 마련하는 최고의 경제정책"이라고 단언하고 국민의 고용 가능성 향상이라는 구체적이고 실용적인 교육목적을 위해 부처를 통합했다. 일본은 또 어떠한가. 일본은 '개개인의 다양한 개성과 능력발휘가 가능한 시스템 구축'을 위해 노력하며 이를 경쟁력 향상으로 연결하겠다는 것을 천명했고, 또 중국은 기초과학, 군사, 금융부문을 21세기의 사활적 과제로 설정하고 관련 인력확보에 전력투구하고 있다는 설명이다.

외국의 인재확보전략이 이러할진대 우리는 어떠한가. IMD 국제경쟁력 조사결과 한국의 인적자원 경쟁력은 조사대상 47개국 중 27위를 기록하고 있다고 이 보고서는 전제한 뒤 인적 자원 경쟁력 제고를 위한 정부의 리더십이 우리는 오히려 퇴보하고 있다고 지적하고 인적자원의 정책기조를 경쟁력 위주로 전환할 것 등을 포함해 사회적 재충전 시스템 구축 등 4가지 긴급 과제를 제시하고 있다.

인적 자원의 중요성을 절감케 하는 이 보고서를 보면서 필자는 국가 뿐 아니라, 우리 지방의 경우도 하루빨리 지역을 변화시키고 시대적 흐름을 선도해 나가는 그런 인재들을 육성하는 일이 무엇보다 시급한 일이라는 생각을 재삼 확인하게 되었다. 지방자치가 실시된 지 10년이 지난 지금 곳곳에서 지난 10년간의 지방자치에 대한 평가작업이 이루어지고 있다.

지방자치 성과에 대한 평가는 보는 시각에 따라 '뿌리를 내려가고 있다'는 긍정적 평가가 있는 반면 '과거에 비해 부작용이 많다'는 부정적 평가가 함께 공존하고 있다고 보아야 할 것이다. 지방자치의 본질이 중앙집권 시대와 달리 수평적인 분권화와 주민참여의 확대라고 본다면 지난 10년의 세월은 참으로 많은 변화를 가져왔음을 부인하기 어렵다. 반면 지역이기주의를 비롯한 단체장의 잘못된 의사결정으로 지역의 갈등이 조장되는 등의 부작용이 있었음을 숨기기 어려웠던 게 지난 10년이었다.

문제는 공과를 불문하고 지방자치는 앞으로 계속되어야 하며 되도록 순기능적인 측면을 살려나가야 지역발전으로 용해될 수 있다는 점이라 하겠다. 이런 관점에서 지난 10년 간 지역민들이 뼈저리게 체험한 것은 결국 제도의 개선과 함께 지역을 이끌어 나갈 인물이 그 무엇보다 중요한 존재라는 것을 체감했다는 점이라 하겠다. '지역의 경쟁력은 곧 그 지역의 인재'라는 평범한 사실을 다시 한번 깨달은 지역민들이 해야 할 일은 무엇인가. 내고장 인재 가꾸기에 지역적 공감대를 형성하고 지역의 네트워크를 구성해서라도 주요정책으로 삼는 노력을 지금부터라도 시작해야 한다는 생각을 해보게 된다.

서로 헐뜯고 깎아내리는 풍토 속에서는 인물이 나올 수 없으며 그런 사회적 풍토야말로 하루 속히 청산해야 할 대상이 아닐 수 없다. '예수도, 석가도 제 고향에서는 인정받지 못했다'는 얘기가 더 이상 되풀이 되지 않는 그런 풍토를 만들어 지역발전을 가속화하는 전략이 절실한 시점에 서 있다고 하겠다.

〈2001-7-25〉

살고싶은 도시에의 소망

부시 미대통령이 교토기후협약을 거부해 세계 각국 환경론자들의 비난을 사고 있는 가운데 워싱턴포스트가 페루 빙하의 해빙위기소식을 보도했다는 외신이 전해졌다.

워싱턴포스트는 수백만 년간 형성돼 온 페루 안데스산맥의 빙하 중 상당 부분이 최근 수십 년간 지속된 지구온난화 때문에 사라졌고 이런 추세는 앞으로 더욱 가속화 될 것이라면서 향후 커다란 자연적 · 경제적 피해가 우려된다고 전했다. 빙하전문가들은 금세기에 지구온도가 약 3~4℃ 높아질 것으로 예상되며 이 경우 빙하가 거의 사라질 것을 경고하고 있어 지구 온난화 문제가 갈수록 심각해질 상황임을 시사해주고 있다.

지구환경의 위기를 인간과 연관지어 예측한 자료 중 하나가 지난 1972년 미 MIT가 내놓은 '성장한계론'이다. 컴퓨터를 이용해 당시 세계의 입력자료를 근거로 1900년부터 2100년까지 기간을 대상으로 미래를 예측했는데 '지나친 인구과잉에 의한 멸망'이 100년 후에 일어날 것이라는 비관적인 분석을 내놓아 충격을 주었다.

전세계 많은 도시들에서 환경문제가 점차 심각해지는 것은 물론 인류사회 전체가 파국을 맞을 수도 있다는 MIT의 분석은 지난 92년 리우환경개발회의에서 채택된 주제 '지구를 살릴 수 있는 시간이 거의 소진 되었다'와도 일맥상통한다는 점에서 굳이 환경론자가 아니라 하더라도 지구환경에 대한 경각심을 일깨우는 예측이 아닐 수 없다.

우리는 절대가난의 시대를 살면서 생존을 위한 투쟁에 나서지 않으면 안 되었고 이에 따른 필연으로 60년대부터 개발의 연대를 개척해 나가야만 했다. 그후 생존논리에 따른 국가 주도의 총량적 경제성장정책에 이의를 제기할 수 있는 사람은 없었으며 자연은 오직 잘 살아 보기 위한 대상이었던 게 지난 30여 년의 세월이었다. 그러나 91년 낙동강 페놀오염사건을 계기로 우리 사회는 환경오염의 심각성을 깊숙이 느끼기 시작했고, 국민들의 환경에 대한 인식을 새로 정립시키는 사건들이 잇따라 일어나게 됐다.

환경문제가 부각되면서 이에 대한 영향력 면에서 주목받는 영역이 다름아닌 지방자치고 지방행정이 아닐 수 없다. 지방자치가 실시되면서 환경분쟁의 소지가 늘어난 것도 사실이지만, 환경을 지역발전의 모티브로 삼을 수 있는 재량권은 지방자치가 가져다 준 산물이라 할 수 있다.

실제로 우리는 지방자치가 어떻게 지역의 환경을 가꾸어 나가는지를 외국의 사례를 통해 실감해 볼 수 있다. 70년대 초까지 유럽 최대의 탄광도시였던 독일 보쿰(Bochum)은 50년대 말 석유가 등장하면서 석탄산업의 위기를 직감한 시당국의 기민한 대응으로 광산을 폐쇄하는 대신 첨단산업과 대학을 유치함으로써 도시전체를 새롭게 만드는 자치력을 과시했다.

그 결과 석탄가루 날리던 탄광도시 보쿰은 숲과 녹지로 둘러싸인 대학과 첨단도시로 탈바꿈했다. 또한 우리 지역의 시민단체들도 다녀온 브라질의 꾸리찌바시는 너무도 유명한 환경친화적 도시로 알려져 있다. 시민을 위해 무엇을 할 것인지를 진지하게 고민한 시장의 철학을 통해 저비용, 단순함, 시민의 자족적 방법을 통해 생태도시로 변모해 세계의 찬사를 받고 있는 꾸리찌바시의 예에서도 우리는 지방자치가 환경에 얼마나 중요한 영향을 줄 수 있는가를 보게 된다.

이런 사례는 이외에도 일본의 도쿄 세타가야區등 얼마든지 찾아볼 수 있다. 이들 도시들은 자치단체 공직자의 소신과 시민들의 호응여부에 따라 얼마든지 '살기좋은 도시'를 만들어 나갈 수 있음을 교훈으로 보여주고 있다.

IMF 이후 또 다시 경제문제가 중요한 사회적 이슈가 되고 있지만, 지방자치 10년을 맞은 지금 과연 언제쯤 삶의 질이 우선시 되는 살고 싶은 도시에 살게 될 것인지를 자문해 보게 된다.

〈2001-7-11〉

IMF와 지방자치

통계청이 최근 발표한 통계수치를 보면서 지난해 IMF충격이 우리 사회, 특히 도시민에 가한 고통이 얼마나 컸던가를 짐작케 된다.

통계청이 밝힌 98년 도시근로자 가구 가계수지동향에 따르면 지난 한 해 동안 도시근로자들의 소득과 소비는 사상 처음으로 감소해 월 평균 15만원 이상씩 줄어든 것으로 나타났다. 이처럼 도시근로자들의 소득이 줄어든 속에서도 상위 20%에 해당하는 계층의 소득은 0.3% 감소에 그친 반면 하위 20%에 해당하는 저소득층의 소득은 무려 17.2%나 줄어 IMF사회의 특징으로 지적되는 부익부 빈익빈 현상이 심화된 것으로 조사됐다.

굳이 이같은 통계를 들먹이지 않더라도 지난해는 물론 IMF 2차년도를 맞는 도시민(특히 중 · 저소득 층)이 겪어야 할 고통의 강도가 클 것이라는 게 대체적인 관측이다. 특히 지방도시민이 피부로 체감하는 고통은 더 심각할 것이라는 점에서 지방화시대의 어두운 그늘을 예고하고 있다. 올 들어 중앙정부는 경기가 살아나고 있다는 각종 수치를 제시하고 있지만 지역의 재래시장이나 상가에서는 갈수록 찬 기운이 더해가고 있다고 입을 모으고 있어 소득과 소비의 부익부 빈익빈을 절감케 하고 있다.

이런 지방의 실상을 대하면서 필자가 우려하는 대목은 다름아닌 지방화의 침체 내지 후퇴현상이 아닐 수 없다. 90년대 들어서면서 91년 지방의회가 부활되었고, 95년과 98년 두 차례에 걸쳐 전국동시지방선거를 치르는 등 지방자치는 눈에 띄게 진전되었다. 아울러 중앙행정 권한도 지방정부로 이양되기 시작해 정부는 91~97년 사이 단위사무 중심으로 908건을 지방에 이관하고 지난해 다시 834건을 확정, 올해 법령개정작업을 벌이고 있다.

이처럼 외관상으로는 지방분권화의 바람이 불고 있으나 도시민의 자치의식이나 지자체의 행정스타일이 지방자치를 선도하고 있는지는 아직 미지수란 지적이다. 특히 IMF환란이 불어닥친 지난 1년간 우리의 지방정부가 과연 주민들의 삶을 책임지는 주체로의 역할을 다했는지란 물음에 이르러서는 앞서의 걱정을 더하게 된다.

지방 실정에 맞는 실업대책이 펼쳐졌는가 하는 의문을 비롯해 구조조정과정에서 문제는 없었는지 또 구조조정 이후 빈 건물이나 기관의 방치로 지역자산을 제대로 활용하지 못한 사례는 또 얼마나 되는지, 지역민의 의구심은 이어지고 이는 자칫 무관심 내지 실망으로 번질 수 있기 때문이다.

IMF 2차연도를 맞은 지방도시민들은 이중·삼중의 고통을 감내하며 힘든 나날을 보내고 있다. 따라서 지금 지역민들은 중앙정부의 구조조정이나 개혁조치 못지않게 지방정부의 보다 피부에 와닿는 정책이나 지역활성화 방안을 애타게 바라고 있는 것이다. 일례를 들어 지역주민이 늘 부딪치며 살고 있는 내 고장에 벤처기업들이 들어서 새로운 변화가 일어날 수 있을 것인지 등에 지역민의 촉각이 세워져 있음을 지방정부는 더 절실히 헤아려야 할 것이다.

지방자치가 제대로 정착되기 위해서는 시민참여의식의 재고 등 지자체 이외의 다른 동인도 함께 변해야 한다는 점을 모르지 않는다. 그러나 아직 지역사회에 음·양으로 영향력을 발휘하는 지자체와 지방공무원들의 위상으로 볼 때 지방정부에 대한 지역민의 기대와 요구는 클 수밖에 없다는 점을 지적하고 싶은 것이다.

지방화는 이미 거스를 수 없는 시대적 흐름이다. 지자체도, 지역민도 이 점을 인식해 IMF의 고통속에서도 지역의 발전과 자치논리를 가꾸고 지키는 현명함을 잃지 않는 올 한 해가 되었으면 하는 바람이다.

〈1999-3-10〉

지방의 새해 화두

사람들은 새 것을 좋아하는 오랜 습성을 지녀왔다. 새해를 맞아 서로 덕담을 나누고 한해의 풍요를 기원하는 풍습도 따지고 보면 새 것을 좋아하는 사람들의 속성에 기인한 행동양식이라 할 수 있다. 어제의 태양과 내일의 태양이 다를 리 없지만, 사람들은 해가 바뀌면 세상이 온통 달라진 것처럼 들뜨곤 한다.

사리가 그렇다 하더라도 새해가 시작되면 누구나 소망을 갖게 마련이며 새 기분으로 새로운 삶을 출발하게 되는 것이 또한 사람이기도 하다. 새해가 시작된 지 여러 날이 지났지만, 아직은 새해 기분이어서 다소의 설렘과 기대감이 사람들 가슴에 남아있음을 보게되고 이런 마음가짐이 해가 갈 때까지 유지되기를 소망해 보기도 한다.

세기 말과 세기 초가 교차되는 시점에 와 있는 지금 우리를 둘러싼 많은 변화가 시시각각 진행되고 있다. 20세기를 지탱해 오던 이데올로기가 자취를 감추었고 산업의 패턴이 변모하는가 하면 우리의 경우 IMF 체제로 접어들면서 사회 전반이 급속한 변화와 기류를 타고 있음을 체험했던 지난 한해 였다. 많은 국민들이 생존의 위협까지 겪으면서 보낸 지난 해는 고통의 시간이었지만, 동시에 내일을 대비할 수 있는 깨우침을 가져다 준 소중한 시간이기도 했다.

IMF 한파에 서울과 지방이 따로 없었지만, 지역과 지역민이 겪은 고통은 더욱 컸다는 게 필자의 생각이다. 경기회복을 전망하는 중앙정부의 목소리에도 불구하고 지역은 올해가 작년보다 더 어려울 것이라고 긴장하는 모습 역시 지난 해 겪은 극심한 지역경제 침체로 인한 반사작용으로 해석된다. 이처럼 지난 해 유례없는 어려움을 겪은 지역민의 한 사람으로 필자는 두 가지 귀중한 교훈을 얻었다고 생각된다.

이 가운데 하나는 공동체의 존재, 세계화 또는 세계자본의 논리속에 많은 사람들은 우리가 오랫동안 소중히 여겨왔던 공동체의 존재를 소홀히 해왔다. 급격한 산업화의 물결속에 공동체의식은 약화될 수밖에 없었고, 그대신 돈과 돈이 가져다 주는 다른 대가에 취해 왔던 게 우리네 삶이기도 했다. 그러나 IMF로 이같은 삶의 토대가 흔들리면서 우리는 비로소 이웃과 공동체의 존재를 되돌아 보게 되었다. 지난 1년 우리는 아직 공동체의식이 살아 있음을 엿볼 수 있었고, 이 공동체를 통해 IMF를 극복할 수 있는 대안이 모색될 수 있다는 가능성을 확인했다는 것이 필자의 생각이다.

공동체의 존재 못지않게 소중한 체험으로 지방화시대의 재확인을 들 수 있다. 지난해 지역과 지역민은 IMF경제난을 겪으면서 한없는 무력감에 시달렸으며 지자체가 자칫 파산할 수도 있다는 가위에 눌려야 했다.

이같은 지역이 겪은 고통을 통해 지역민은 말 그대로 지방 나름의 자생력이 있어야 한다는 빼저린 교훈을 체험했다.

지방화시대는 권리만 있는 것이 아니라 지방 스스로의 위상을 세울 수 있는 능력이 있어야 한다는 것을 IMF가 가르쳐 주었던 것이다.

필자는 지난해 지역과 지역민이 체험한 앞서의 두 가지 가르침을 올해의 화두로 삼아야 한다는 생각을 새해 벽두에 해보았다. 한 해가 열린다는 설렘이 일면서도 올해의 고통 또한 지난해에 못지않을 것이란 걱정이 뒤따르는 게 많은 지역민의 숨길 수 없는 상념일 것이다.

그러나 분명한 것은 이미 세계는 지방화시대로 가고 있으며 지방 스스로 지금의 역경을 헤쳐나가야 한다는 것은 외면할 수 없는 현실이다. 올 한 해 구각을 벗고 참다운 지방화의 가능성을 펼쳐보이는 지역과 지역민이기를 염원해 본다.

〈1999-1-6〉

지방의 위기, 지방의 도전

IMF 이후 초래된 경기침체가 가져온 가장 대표적 사례가 '지방의 위기' 국면임을 꼽을 수 있다. 지방민 스스로 살림꾼을 뽑으면 지방의 논리가 강해져 지방화시대가 활짝 열릴 수 있을 것으로 기대했으나 IMF 이후 지방자치단체마다 재정난으로 심한 몸살을 앓고 있으며 이런 상태로 가면 파산상태까지 가게 될 지방자치단체까지 나오리란 예상이어서 지역민의 걱정을 더하고 있다.

지자체의 살림이 궁하다 보니 가뜩이나 어려운 지역경제 역시 찬 기운만 더하고 있고 지역주민 또한 다가 올 고통을 가위눌린 형국을 하고 있는게 연말을 맞는 지방의 현실임을 보게 된다. 당장의 재정난으로 중앙정부만 쳐다볼 수밖에 없는 현 지방자치제의 모순을 들먹여 보지만 좀처럼 개선될 것 같지 않은 지방의 답답한 현실은 다가오는 새해 역시 나아지기는 힘들다는 생각을 갖게 만들고 있다.

지역사업은 벽에 부딪히고 세수는 갈수록 줄어드는 이같은 지방의 위기 앞에 지방자치제는 자칫 실종될 상황에 처해있음을 보면서 필자는 일본의 작은 시골마을 시장을 지냈던 이와쿠니 데쓴도의 책을 읽는 시간을 갖게 되었다.

'지방의 도전—시골 몫을 되찾는 길' 이란 그의 책을 다시 보면서 지금 시점이야말로 지방의 틀을 새로 짜는 그런 때라는 역설적인 생각을 해보게 된다. 그는 이런 말을 했다. "자칫 지방에서는 돈이 없으니까 하고 싶은 일을 못한다는 의견이 나온다. 돈이 없다는 것은 나도 알고 있다.

이즈모시의 연간예산은 300억 엔, 그것은 내가 메릴린치사의 부사장 시절에 3분30초 동안 눈을 감고 있는 사이에 흘러가는 액수와 같다…." 즉 돈이 없기 때문에 지혜를 짜내지 않으면 안된다는 게 이와쿠니의 지론이었던 것이다. 또 지방은 중앙에 비해 조그마한 지역사회이기 때문에 그 반응이 금방 돌아온다는 점에서 지방행정의 재미를 느낄 수 있다고 말한 점도 눈에 띄는 대목이었다.

오늘의 우리 지방이 당면한 현실 앞에서 이와쿠니 데쓴도의 철학이야말로 새롭게 시사하는 바 적지 않다는 생각이다. 모든 것을 재정의 잣대로만 해결하고자 한 경향은 없었는지. 발상의 구태의 연함이 장애물이 되지 않았는지 다시금 돌아보아야 할 시점이 지금이라는 반성이 그것이다. 적은 예산이라도 지방의 지혜를 모아 파급효과를 높이는 구상이나 발상이 모자라지 않았는지를 지방자치단체는 심각하게 되짚어 보아야 할 것이다.

이런 차원에서 앞서의 이와쿠니도 지적한 바 있듯이 지역의 유능한 젊은이를 지역에 머물게 하는 방안부터 추진해야 한다는 생각이다. 입시철만 되면 되풀이되는 지방학생의 서울진학이야말로 지방경제를 악화시키는 단적인 사례에 속한다. 또한 경제 뿐만 아니라 지역의 인재가 타지역으로 유출되는 상승효과까지 초래돼 이

중 삼중의 역작용이 나타난다.

물론 이 문제는 난마처럼 얽힌 우리의 교육현실 속에서 하루아침에 해결될 성질의 것은 아니다. 그러나 지방대학이 교육환경을 개선하고 지자체와 지역민이 함께 중지를 모을 때 충분히 개선될 소지가 많은 사안임에 틀림없다. 단기적으로는 지역의 경제유출을 막고 지방대학의 발전을 가져오며 멀리는 지방의 인재를 확보해 이들이 지방화시대를 꽃피우는 큰 역할을 맡게 될 효과가 기대되기 때문이다.

지방의 침체현상은 국가적 과제라 하겠지만 이를 극복하는 주체는 지방민의 몫일 수밖에 없다. 구조조정과 사정으로 위축되지 말고 지역의 활로를 모색하는 지방의 도전과 지혜가 그 어느 때보다 요청되는 요즘이란 생각이 간절하다.

〈1998-12-9〉

지역주의, 지역살리기

충청은행의 퇴출은 이 지역민들에게 소중한 많은 것들을 단시일 내에 잃어버리게 한 상실감과 충격을 안겨주었다는 점에서 계산된 수치 이상의 경제적 · 정신적 피해를 안겨준 대표적 사례로 남게 됐다.

작게는 아직까지 점포문이 열리지 않은 인근 주민들의 불편에서부터 그동안 일시적인 은행거래중단에 따른 고객들의 피해는 말할 것도 없고 대 · 소 주주 및 충은직원 · 가족에 이르기까지 가시적인 피해사례는 일일이 나열하기조차 힘들다. 그러나 이같은 가시적인 피해사례보다 더 큰 부정적 파급효과가 있으니 이른바 지역감정과 연관된 지역주민의 반응이라 하겠다.

금융감독위원회가 객관적인 기준으로 그 어떤 외압도 없이 공정하게 5개 은행을 퇴출시켰다고 발표했을 때만 해도 시중에는 온갖 추측과 소문이 난무했었다. 그러나 시일이 지나면서 이른바 '사과

상자 속의 썩은사과 골라내기' 식의 퇴출선정 결정에 동의하는 국민들이 늘어났고, 개혁에 어느 정도의 희생은 감수해야 한다는 의견까지 나오기도 했다. 이같은 흐름에 이 지역민들도 예외는 아니었다. 충청은행의 부실대출규모에 놀란 일부 시민들은 부실경영에 따른 당연한 귀결이라는 반응마저 보이기도 했다.

그러나 충은퇴출의 충격이 이런 선에서 그치지 않는다는 데 문제의 심각성이 시작된다. 금감위의 은행퇴출기준이 아무리 객관적이었다 해도 결과론적으로 대전·충남지역은 지역에서 설립된 금융기관이 사라진 대표적인 지역으로 남는 불명예를 안게 됐다. 그렇지 않아도 지역설립 금융기관이 줄줄이 무너지고 이 지역에 기반을 둔 기업들이 최근 몇 년 사이 연쇄 도산하는 마당에 지역을 대표하는 금융기관마저 퇴출당하는 비운을 지역민들은 겪게 된 것이다.

엎친 데 덮친 격이며 설상가상이란 이런 지경을 당한 우리 고장주민들을 일컫는 말이 아닐 수 없다. 은근과 끈기로 상징되는 이 고장민들의 기질은 이 같은 사태를 맞아 자연스럽게 감정으로 발전하고 지역주의로 이어지는 유대감을 형성하고 있다는게 필자의 생각이다. 직설적으로 표현해 우리만 또 당했다는 뿌리깊은 피해의식이 재현된 것이다.

충은퇴출이 몰고 온 최대의 후유증은 바로 이같은 지역주의, 지역감정을 자극시켰다는 점이며 이를 극복하기란 은행전산망복귀보다 몇 배의 시간과 노력이 있어야 한다는 게 지역민들의 이구동성이다.

지역주의는 우리 국민 모두가 극복해야 할 근대의 산물이다. 또 지역감정의 최대 피해자는 어느 특정정당과 정치인이 아닌, 바로 우리 국민들이란 점에서 지역주의는 퇴출대상 최우선 순위로 꼽힌다. 그럼에도 이번 충은퇴출로 인한 지역감정의 화살은 단순히 지역이기주의 차원에 그치지 않고 정치권을 비롯한 지역 엘리트를 겨냥하고 있다는 점에서 또 다른 지역의 불씨로 남을 가능성이 농후하다.

지역경제의 피폐함 못지않게 앙금으로 남은 이같은 지역정서를 치유할 방안은 무엇인가. 또 어느 누가 앞장서서 진화에 나설 것이며 과연 진화가 가능할 것인지 등의 물음은 충은퇴출 이상의 무게를 지닐 수도 있다는 점에서 또 다른 지역현안이 아닐 수 없다. 지자제 2기 출범을 맞은 이 지역 입장에서 조금은 가혹한 선물이자 난해란 수수께끼란 생각마저 갖게 된다.

그러나 분명한 사실은 이런 물음을 피할 수 없을 뿐만 아니라 대안을 구할 때까지 이 지역 모두가 부딪혀야 한다는 것이다. 아울러 이런 물음에 따른 삯과 몫 또한 지역과 지역민에게 돌아간다는 점 또한 충은퇴출이 보여 준 교훈이라 하겠다.

〈1998-7-22〉

세계화와 지방화

현정부가 연초부터, 국민들에게 강조한 올해의 지표가 바로 '세계화'와 '지방화' 였다. 얼핏보아 대칭을 이루는 이 두 단어를 통해 현정부는 집권 중반기의 우리 국정의 수준과 질을 상승시키려 했다고 볼 수 있다.

세계화와 지방화는 긴 설명 없이도 이 시대와 우리 국가가 당면한 가장 현실적인 과제란 사실에 이의를 제기할 사람은 그렇게 많지 않을 것이다. 이 세계화와 지방화는 구호로서의 성격보다 오히려 생존의 차원에서 국가는 물론 국민들이 수용해야 할 개념이기 때문이다.

오늘날 국제관계는 총성없는 전쟁으로 불리는 경제전쟁으로 치닫고 있으며 이 대열에서 탈락하는 나라는 경쟁력을 상실해 결과적으로 강대국의 시장으로 전락하는 비운을 피하기 힘들게 돼있다. 이런 냉혹한 국제현실을 헤쳐나가기 위해서 세계화는 국정의 모든 부문에 걸쳐 이루어져야 할 과제이며, 지방화 역시 국가의 경쟁력을 높인다는 면에서나 풀뿌리민주주의의 실현이란 점에서

도전해야 할 과제였다고 해야 할 것이다.

그 어떤 지표보다 설득력을 지닐 수 있었던 세계화와 지방화가 한해의 절반이 지난 이 시점에서 과연 어디쯤 가고 있는지의 물음은 그래서 일면 엄숙하면서도 관심을 가질만한 가치를 지닌다고 하겠다. 성급한 얘기일는지는 모르나 먼저 세계화의 경우 잇따른 대형사고로 인해 우리의 위상이 실추됐다는 뼈아픈 반성에서 출발해야 한다는 생각이다. 그렇지 않아도 한국의 경제성장을 달갑게 여기지 않던 여러 나라들은 우리 사회의 잇따른 대형사고를 보면서 내심 쾌재를 불렀을 것이 틀림없다.

삼풍백화점붕괴로 극치를 이룬 우리의 부실공사와 위기관리능력의 부재는 전세계로 퍼져 나갔고, 이로인해 떨어진 우리의 국가이미지는 손쉽게 회복하기는 힘들 전망이다. 최근 되풀이되는 대형사고는 국민들에게 경제성장의 허상을 실감케 해 주기도 했지만, 이보다 더 큰 손실은 냉혹한 국제관계에서 우리의 국가나 기업의 경쟁력이 크게 떨어질지도 모른다는 우려라 하겠다. 따라서 연초 세계화에의 집념은 이 시점에서 위기의식으로부터 다시 출발해야 하며 우리 내부의 점검이 우선되는 세계화여야 한다고 생각한다. 마치 한 회사의 제품이 바깥에서 인기를 얻으려면 먼저 자사소속 직원들에게 호흥을 받아야한다는 원리가 세계화에도 적용된다고나 할까. 국내에서 인정받지 못하는 상품이나 기술로는 다른 나라에서도 큰 기대를 걸을 수 없다는 교훈 아닌 교훈을 충분히 맛 본 7개월이었다고 해야할 것이다.

다음으로 지방화에 대한 평가다. 6·27지방선거의 결과만 놓고 보면 우려했던 지역감정과 중앙정치의 대리전이란 양상이 현실로 나타났고 이런 식으로 과연 지방화가 바른 방향으로 정착될 것인지에 회의감을 표하는 식자층이 많았다. 노골적으로 나라가 몇몇 지역으로 분할되는 것이 아니냐는 걱정까지 나오기도 했다. 지역의 일꾼을 뽑는다는 명제에도 불구하고 선거결과는 어느 면에서 예견된 지역정서의 결집으로 표출되었던 것이다.

그러나 선거가 끝난 한 달 후 지방민들이 느끼는 지방화 시대는 그렇게 어둡지 만은 않다. 곳곳에서 이미 과거 중앙집권때와는 다른 관청분위기가 감지되고 있으며, 이러한 지방의 변화는 선거를 의식한 일부 단체장의 오버액션에도 불구하고 지방민들에게 신선한 감을 주고 있다는 사실이 그것이다. 예상되는 어려움이 있다 하더라도 지방화의 출발은 순조롭게 시작됐다고 보아야 할 것이다. 이쯤해서 우리는 연초 현 정부가 강조했던 세계화와 지방화가 결국 같은 맥락에서 이루어져야 할 과제이며 7개월이 지난 지금 반성과 가능성을 동시에 던져주고 있다는 중간평가를 해보게 된다.

중요한 것은 아직도 한 해가 가지 않았다는 사실이다. 일련의 대형사고로 숨진 희생자들과 아직 이땅에서 살고 있는 우리를 위해서 세계화와 지방화란 과제를 향해 다시 허리끈을 동여매야 할 것이다. 두 과제는 현정부만의 몫이 아니라 생존을 위한 우리 국민 모두의 몫이기 때문이다.

8 · 15광복 50주년을 맞은 이달은 우리 국민들에게 지난 역사의 의미와 미래에 이룩할 역사적 과업에 대한 물음과 답변을 요하는 뜻깊은 달이다. 일제에 의해 빼앗겼던 국권을 되찾은 8 · 15광복 당시의 역사적 상황과 다시 50년이 지난 지금의 우리의 현실속에서 세계화와 지방화는 어떤 의미를 지닐 수 있을는지 차분하고도 냉정히 비교해 보는 8월이어야 할 것이다.

〈1995-8-3〉

3 부

이종수와 박동규

대전 이사동과 세계유산

지난해 6월 27일 우리나라 조선시대 왕릉 40기가 유네스코 세계문화유산으로 지정됐다. 세계(문화·자연·복합) 유산은 전 인류가 공동으로 보존하고 이를 후손에게 물려주어야 할 세계적으로 매우 중요한 가치를 지닌 유산을 말하는데 우리나라는 모두 8곳의 문화유산과 1곳의 자연유산이 등재돼 있다.

지난해 세계문화유산으로 등재된 조선 왕릉의 경우 유교사상과 토착사상 등 한국인의 세계관이 반영된 장묘문화공간으로 자연경관을 적절하게 융합한 공간배치와 빼어난 석물(石物) 등 조형적 가치가 뛰어나다는 평가를 받아 세계문화유산이 될 수 있었다. 또한 제례의식 등 무형의 유산과 의궤, 능지 등 고문서가 풍부하고 왕릉 전체가 통합적으로 보존·관리되고 있는 점도 세계문화유산으로 손색이 없다는 평가를 받을 수 있었다.

그런데 조선시대 한 씨족의 장지(葬地)로 500여 년을 내려오면서 1000여기에 이르는 분묘와 다양한 석물들로 이루어진 거대한 묘지군, 그리고 잘 가꾸어진 묘역을 지키고 있는 7000여 그루의 노송과 재실이 구비돼 있는 집장촌(集葬村)이 이 고장 대전에 남아있다. 이 집장촌은 비단 죽은 사람들의 유택뿐 아니라 살아 있는 사람들의 민가와 교육시설도 있으며 재실과 300여 권에 이르는 각종 문집(文集)도 보존돼 있어 그야말로 유교문화를 집대성해 놓았다고 해도 과언이 아니다. 어떤 관점에서 조선왕릉과 버금갈 만큼 사대부가(士大夫家)의 생활상과 세계관을 엿볼 수 있는 공간이라는 점에서 세계문화유산으로 손색이 없는 장소라고 해야 할 것이다.

필자가 이야기하고 있는 이 지역은 대전시 동구 이사동(二沙洞)으로 산내면허시험장 뒤편에 위치해 있는 은진송씨 집장촌으로 거대한 묘지박물관이라고 해도 무방하다. 이곳 이사동이 은진송씨의 집장촌이 된 계기는 1499년 목사공 송요년이 이곳에 묻힘으로써 비롯됐다. 그후 송요년의 후손으로 동춘당 송준길, 송규렴, 송상기와 송요년의 아우 송순년의 후손인 송인수, 송시영, 우암 송시열과 같은 사대부들이 맥을 이어가면서 이사동은 은진송씨의 묘역으로 자리하게 되었다. 이 이사동의 집장촌은 여러 면에서 조선시대 유교문화의 유산이 잘 보존돼 있는 지역이면서 우리나라 그 어느 곳에서도 찾아볼 수 없는 전통이 그대로 보존돼 있는 지역이라고 할 수 있다.

우선 1000여 기에 이르는 한 씨족의 묘지가 한곳에 모여 있다는 점을 꼽을 수 있다. 그런데 이 묘지의 숫자는 아무도 제대로 아는 사람이 없다. '이사동'을 쓴 한상수 대전대명예교수에 따르면 주민들 가운데 1000기가 넘는다는 사람부터 5000기쯤 될 것이라는 사람도 있으며 또 어떤 사람은 1만기정도 될 것이라는 사람도 있다는 것이다. 한교수는 적어도 1000기는 넘을 것으로 보고 있다. 500년이 넘도록 21개파를 이룰 만큼 자손이 번성한 씨족이었기 때문에 이사동 일대는 우리나라 최대의 집장촌이라고 해도 손색이 없는 것이다.

다음으로 이 이사동은 조선시대 국가통치이념인 유교와 그 예법에 근거해 시대에 따라 묘역의 크기는 물론 각종 석물과 시설물 배치가 상이해 시대상을 연구할 수 있는 풍부한 자료가 되고 있다. 문인석과 무인석은 물론 동자석과 상석(床石) 등 석물은 그 자체로 뛰어난 조형미를 갖추고 있으며 묘비(墓碑)에 새겨진 비문(碑文)은 하나같이 뛰어난 유학자가 쓴 글과 글씨로 돼 있어 문화재로서도 손색이 없다. 아울러 이곳 이사동에는 모두 13채의 재실이 남아있는데 재실은 무덤이나 사당 옆에 제사를 지내려고 지은 집으로 평민들에게는 허락되지 않는 공간이었다.

이 이사동의 재실은 재실 위쪽의 거대한 묘지와 조화를 이루고 있어 당시의 장묘문화를 생생히 보여주고 있다. 재실과 더불어 이사동의 민묘를 돋보이게 해 주는 것은 7000여 그루에 이르는 소나무군락이다. 200년 넘은 노송(老松)부터 수십 년은 넘어 보이는 소나무에 이르기까지 우리의 조상 묘가 자연친화적인 공간이라는 점을 적나라하게 보여주고 있다. 생태적 안정성을 묘역에서 중시하고 있음을 알 수 있게 해 주는 게 하늘로 뻗은 잘생긴 소나무들이었다.

이 이사동의 은진송씨 묘역은 죽은 자 뿐 아니라 산 자가 함께 공존하는 공간이라는 점도 특징에서 빼놓을 수 없다. 사우당 송국택(四友堂 宋國澤, 1597~1659)의 별당을 비롯해 서당과 종친들이 모이는 공간에 이르기까지 산자들의 공간이 공존하는 곳이 또 이곳 이사동이다. 조선시대 기호학파의 본고장인 대전에 이 같은 조선시대 예학과 장묘문화가 그대로 살아있는 공간이 있다는 사실에 필자는 전율을 느꼈다. 세계문화유산은 바로 이런 곳에 해당되는 것이라면 필자의 선부른 예단일까.

〈2010-04-28〉

하얼빈 '北國之冬'에서 본 중국, 중국인

우리에게는 안중근의사가 이토 히로부미를 저격한 곳으로 잘 알려진 하얼빈을 며칠 방문하면서 중국의 변화와 그간의 중국 방문 때 느껴보지 못했던 중국인의 생각을 접할 수 있는 기회를 가졌다.

이번 하얼빈방문은 중국 흑룡강성이 주최한 제4회 '北國之冬(북쪽나라의 겨울) 국제문화예술제' 개막식에 한국측 인사로 참석하기 위해서였다. 9일 개막식을 시작으로 3월말까지 계속되는 이 국제문화예술제는 2003년에 시작돼 격년제로 치러져 왔는데 우리나라를 비롯한 미국, 러시아, 영국 등 세계 여러 나라의 예술가들을 초청해 자국의 문화를 보여주고 외국의 문화예술을 소개하는 장을 펼치고 있었다.

개막식에 앞서 당 간부들의 회합과 외교사절 접대장소로 활용된다는 '화원저(花園邸)'라는 곳에서 환영리셉션이 있었다. 인상적인 것은 변방에서 열린 축제개막식에 참석하기 위해 우리로 치면 중앙정부의 문화관광부 고위 관료가 대거 참석했다는 점이었다.

아울러 이들 북경에서 온 문화부 고위관료들은 개막식과 함께 2시간 가까이 진행된 개막공연('正月里'라는 민속 가무극)을 관람한 후 무대위로 가서 배우들과 일일이 악수하며 격려하는 모습 또한 인상적이었다. 우리네 기관장들이 바쁜 일정상 개막식만 참석하고 자리를 뜨는 것에 익숙한 필자로서는 이들의 모습에서 문화예술을 우대한다는 느낌을 받지 않을 수 없었다.

하얼빈하면 가장 먼저 떠오르는 겨울축제인 '삥덩지에(빙등제)' 현장에도 가보았다. 송화강변 자오린공원과 타이양다오공원에 마련된, 드넓은 곳에 대형얼음과 눈 조각이 오색등불빛과 어울려 장관을 연출해내고 있었다.

영하20도를 밑도는 강추위 속에 만리장성과 뉴욕의 엠파이어스테이트빌딩, 영국국회의사당 등 44개의 대형 얼음건축물을 세워놓은 광경을 보면서 먼저 대규모라는 점에 놀랄 수 밖에 없었다. 송화강에서 직접 자른 얼음벽돌로 쌓아올린 얼음조각들은 그 크기나 실물과 흡사하게 다듬은 정교함 또한 보는 이들의 탄성을 자아내기에 충분했다. 하얼빈빙설제는 1985년부터 시작됐고, 빙등제는 올해가 11회를 맞고 있는데 일본 삿포로눈축제, 캐나다 퀘벡윈터카니발과 함께 세계3대빙설축제로 꼽힐만큼 세계적인 관광 상품으로 자리하고 있다고 한다.

강추위와 얼음조각이라는 이국적인 광경을 관광 상품으로 만든 이들의 상술을 보면서 세계는 관광전쟁을 벌이고 있다는 상념에 젖었다. 올해가 충청방문의 해라는 점을 떠올리면서 다시 한번 대전·충청의 관광현실을 되돌아보기도 했다. 무엇으로 세계인들을 끌어들일 수 있을지 많은 고민이 있어야 한다는 생각을 금할 수 없었다.

지난 1990년 북경아시안게임부터 몇 차례 계속된 중국여행이었지만 이번만큼 중국의 경제성장을 실감한 적은 없었다. 우선 이번 '북국의 겨울' 국제문화예술축제에 초청된 해외인사들의 경비를 중국 측이 모두 부담한 것은 물론 전시회까지도 중국 측이 전액 부담했다. 대전의 사진작가 이혜순씨의 경우도 하얼빈 시내의 전시장에서 작품전을 열어주었는데 개막식은 물론 작품전시 및 표구에 이르기까지 모두 축제조직위에서 부담했다.

사회주의체제라는 점을 감안하더라도 결코 만만한 경제적 부담이 아닐 것으로 여겨졌지만, 축제관계자들은 한결같이 즐거운 표정들이었다. 하얼빈시가지를 둘러보면서도 중국의 성장을 엿볼 수 있었다. 하얼빈은 1920년대 10만 명이 넘는 러시아인들이 거주할 만큼 일찍부터 러시아와 다양한 교류를 해온 상업·공업도시였다. 인구 300만 명이 넘는 흑룡강성 성도(省都)인 하얼빈은 그래서 국제도시라는 느낌을 받았다.

이 같은 배경이 작용하기도 했겠지만 필자가 본 하얼빈은 근대와 현대가 공존하는 도시였으며, 도심의 백화점과 차량행렬에서 경제성장의 단면을 지켜볼 수 있었다. 필자가 묵었던 시노웨이호텔 27층에서 본 하얼빈의 야경에서 성장하는 중국의 모습을 보기에 충분했다.

주마간산(走馬看山)격의 하얼빈방문이었지만, 하얼빈은 그 추위만큼이나 깊은 인상을 남겨주었다. 세계인들을 끌어들이려는 그들의 노력을 엿볼 수 있었고 한때 '동양의 모스크바'로 불렸던 도시의 역사가 그대로 남아있는 모습에서 과거를 보존하는 그들의 역사의식도 볼 수 있었다.

아울러 강대국으로 성장하는 중국경제의 약진하는 모습도 지켜보았다. 이런 하얼빈을 보면서 필자의 머리 한켠에는 '大田이라는 도시의 경쟁력을 어떻게 어디서 키워나갈 수 있을까' 하는 생각을 지울 수 없었다. 국제도시 대전이 가야할 길은 아직은 멀게만 느껴졌다.

〈2010-01-20〉

고향에서 푸대접받는 단재

_단재_ 문화예술제전 추진위원회가 '조선선비 베이징의 단재'란 책을 펴냈다는 소식을 접하고 단재에 대한 지역의 관심에 새삼 눈길을 던지게 된다.

단재 신채호(丹齋 申采浩 · 1880~1936)는 구한말에 태어나 조국이 일제에 유린되었던 일제강점기에 청 · 장년기를 보내면서 지사적 삶을 영위하다 신념에 따라 감옥에서 삶을 마감한 어찌 보면 불운한 인물이다. 그러나 단재는 치열한 탐구욕을 통해 신지식을 추구하는 현실참여 지식인으로 자신을 담금질해 독립 운동가이자 언론인 · 민족사학자로의 일생을 걷게 해 일제 시대 대표적인 사상가로 남게 되었다.

단재가 살아 생전에 활동했던 많은 내역들은 이미 자세히 밝혀졌기 때문에 생략하기로 한다. 다만 사학자 강만길의 신채호와 이광수(春園 李光洙 · 1892~1950)에 대한 언급을 통해 단재의 면면을 짚어본다.

강만길은 불행했던 우리 근대사에 중요한 사상가로서 민족사회가 가진 봉건적 인습과 문화체제를 비판하며 근대 민족문화의 수

립을 위해 필봉을 휘둘렀고 조국이 식민지로 전락한 뒤에는 또 민족해방운동에 투신했던 이 두 사상가가 후대에 다른 평가를 받게 되었는지를 물었다.

강만길은 이에 대한 대답으로 단재 신채호 민족관의 밑바닥에는 제 민족의 역사와 문화창조력에 대한 무한한 신뢰와 애정이 깔려 있다고 분석하고 단재의 중세적·봉건적 문화구조에 대한 가차 없는 비판은 민족문화의 재창조를 위한 비판이었다는 점에서 이광수와 차이가 있다고 지적했다.

지방화시대를 맞아 지역의 인물을 부각하고 이를 자원화하려는 것은 시대적 흐름이기도 하다. 이런 각도에서 단재를 취급하는 충북과 대전의 모습은 너무도 대조적이란 생각을 금할 수 없다. 이번에 '조선선비 베이징의 단재'를 펴낸 충북은 이미 1987년 충북도 교육청에서 단재교육원을 개원해 단재사상을 교육이념으로 전파해오고 있으며 2006년에는 단재교육자료관을 개관해 단재의 사상을 학생들에게 교육 자료로 보여주는 산교육을 하고 있다.

이와함께 단재의 탄신일과 기일을 기념하고 추모하는 다양한 행사와 사업을 펼치고 있다. 충북도가 이처럼 단재를 후대하는 것은 단재가 19세에 서울로 가기 전까지 소년기와 청년기를 보낸 곳이 부친의 고향인 충북 청원군 낭성면 고두미 마을이었기 때문이다. 단재가 자라난 곳이라는 점을 내세워 충북은 단재교육원에 단재교육자료관까지 세워 단재를 충북의 인물로 표상화 하는 기민함을 보였던 것이다.

그런데 단재가 태어난 곳은 다름 아닌 대전이다. 단재의 부친 광식(光植)은 가정형편이 어려워지면서 외가근처인 대전시 중구 어남동 도리미마을로 와서 단재를 낳았고 이곳에서 7세 때 아버지가 별세하면서 어머니와 함께 충북 청원군으로 이사 가기 전까지 유년시절을 보냈다. 말하자면 단재의 고향은 대전인 것이다. 일반적으로 위인들의 고향은 대단한 의미를 지니게 마련이다.

세계 어느 나라든 위인과 뛰어난 인물의 고향은 주목받는 곳이며 지역에서 이를 성대히 기리고 있다. 이런 관점에서 단재의 고향 대전은 단재에 대해 너무도 무심했다. 그의 생가 터가 대전이라는 것을 밝히고 여기에 지금과 같은 생가 터와 동상 및 시 지정 기념물로 지정하게 된 것도 시민들의 노력에 의해서였다.

'옛터를 생각하고 돌아보는 모임'(대표 김세영)이라는 아마추어 역사연구회가 지난 1988년 답사를 통해 단재의 집터를 확인케 되었고 이 옛생돌모임에서 단재 생가 터에 대한 표지석을 세우는 것이 계기가 돼 오늘의 단재생가가 복원될 수 있었다. 만일 이들의 노력이 없었다면 단재 생가 터는 보문산 기슭 숲속에 영원히 파묻혔을지도 모른다.

그러나 단재에 대한 대전지역의 예우는 생가 터를 조성하는 것이 전부였다. 지난 2002년 5월 대전대 지역협력연구원이 '단재신채호의 현대적 조명'이라는 세미나를 개최하고 그 내용을 책으로 엮어낸 것이 성과라면 성과였다.

또한 2007년 12월 8일 옛생돌모임과 대전문화관광해설사회를 주축으로 한 지역의 문화계인사들이 단재 헌화식을 해오고 있는 게 그나마 유일한 단재 기념행사였다는 점에서 단재에 대한 대전지역의 무심한 인식을 드러내고 있다. 없는 사실도 만들어내 지역의 관광 상품으로 내놓는 세계 각국의 문화전략을 보면서 단재 신채호의 고향 대전이 앞으로 어떤 기념사업을 통해 지역의 이미지를 만들어나갈 수 있는지에 지역문화계의 진지한 고민이 있어야 한다는 생각 간절하다.

〈2009-11-25〉

지역문화를 살려야 하는 이유

많은 학자들이 21세기를 '세계화'와 '지방화'시대라고 규정한다. 누구도 거스를 수 없는 정보화의 거센 물결이 21세기의 지구촌을 하나의 세계권으로 묶어놓는가 하면 드러나지 않았던 지방의 가치를 주목하게 만드는 게 21세기 트렌드이기 때문이다.

이런 흐름으로 인해 세계 각국은 국경을 낮추고 세계와의 접촉을 강화하면서도 한편으로 지방자치를 확산시키는 정책을 펴고 있다. 대표적인 중앙집권국가인 프랑스는 1981년 미테랑이 대통령에 당선된 후 강력한 분권화정책을 단행했다. 국가에서 임명하던 지사제도를 폐지하는 한편 국가행정기구로서 독립성을 지니지 않았던 레종을 지방자치단체로 승격시키는 등 지방분권화를 향한 제도개혁을 추진했다.

역사적으로도 지방분권의 요소가 강한 나라였던 영국 역시 지방자치제도가 여러 번 변화의 과정을 거쳐왔다. 1979년 대처가 이끄는 보수당정부가 들어서면서 능률성이란 명제를 앞세워 지방정부개혁에 나섰다. 대처정부는 광역자치단체가 낭비적이라는 이유로

잉글랜드지역의 대런던의회(GLC)와 6개의 대도시 카운티를 폐지시킴으로써 런던 등의 대도시계층을 단층제로 축소시켰다.

그러나 1997년 들어선 블레어가 이끄는 노동당정부는 강력한 분권화정책을 추진, 스코틀랜드와 웨일즈에서 주민투표를 통해 강력한 독립의회를 구성하는 한편 독자적인 조세 및 세율조정권을 행사하는 분권국가안을 통과시켰다. 극심한 경제침체를 겪은 일본은 1999년 '지방분권일괄법'을 만들어 분권개혁을 강화하는 노력을 계속해 나가고 있다.

몇몇 나라의 예에서 보듯이 중앙정부가 쥐고 있던 권한을 지방에 내려줌으로써 국가의 힘을 새롭게 키우려하고 있음을 알 수 있다. 세계가 이처럼 분권화·지방화경향을 보이는 데 비해 우리나라는 여전히 서울공화국을 벗어나지 못하고 있다. 제도적인 내용은 차치하고 당장 부딪히는 눈앞의 현실이 이를 증명해 보이고 있다.

통계청이 지난달 29일 지역내총생산(GRDP)의 기준연도를 2000년에서 2005년으로 변경해 2007년 경제현황을 분석한 결과 서울·경기·인천 등 수도권의 경제규모는 478조원으로 전국대비 비중이 48.7%에 달했다. 우리 경제의 절반에 육박하는 셈이다. 서비스산업과 민간소비를 반영하면 수도권이 차지하는 비중이 더 커지는 것으로 나타났으며 결국 수도권의 경제력 집중현상이 해가 갈수록 심화되고 있음을 알 수 있다. 수도권 블랙홀현상이 조금도 나아지지 않고 있음을 보여주는 통계치가 아닐 수 없다.

서울공화국의 현실은 문화예술분야에서도 예외가 아니다. 최근 자유선진당 이상민 의원이 발표한 자료가 이를 입증해 주고 있다. 이 의원은 한국문화예술위원회가 발표한 '2008년 문예지원사업 지역별 지원현황'을 분석한 결과 총정부지원금 851억 7000만원 가운데 수도권을 제외한 13개시·도에 지원된 금액은 전체의 18.6%에 불과한 것으로 나타났다고 밝혔다. 충남(0.7%), 울산(0.7%), 경북(0.8%) 등의 지역에 대한 지원액은 1%에도 미치지 못한 반면 서울(35.4%), 경기(6,9%), 인천(1.7%) 등 수도권지역에 지원된 액수는 전체의 44%에 이르는 등 문화·예술분야 예산지원 역시 수도권편향임을 알 수 있다.

수도권의 경제력집중현상이 갈수록 심화되는 속에서 문화예술분야의 서울집중화까지 겹쳐진다면 그야말로 지방은 피폐해 질 수 밖에 없다는 비관론이 나올 수 밖에 없다. 경제도 경제려니와 문화예술의 수도권편중은 정말 심각한 후유증을 남긴다는 점에서 중앙정부의 정책적 개선의지가 시급하다고 하겠다. 그 이유는 무엇보다 문화경쟁의 시대를 맞아 '지역문화'가 주목되고 있기 때문이다.

세계적인 경쟁력을 가진 축제의 대부분이 지역에서 이루어지고 있으며 지금까지 살아남은 지역의 전통문화에 세계의 눈길이 모아지고 있음이 이를 말해주고 있다. 전통문화가 얼마나 중요한지를 말해주는 최근의 사례를 들어 보자. 지난 6월 '조선왕릉'이 우리나라에서는 9번째로 유네스코세계문화유산으로 지정된 데 이어 7월 31일에는 '동의보감(東醫寶鑑)'이 우리나라의 7번째 유네스코 세계기록유산에 선정됐다.

이 두 사례를 통해 우리는 전통문화, 또는 지역문화가 얼마나 국가경쟁력을 높여줄 수 있는지를 실감케되며 이런 관점에서 지역문화의 중요성을 체감케 되는 것이다. 결국 현정부는 지역이 살아야 나라가 산다는 점을 철칙으로 삼아야 할 것이며 무엇보다 지역문화가 국가의 경쟁력이 된다는 점에 눈길을 돌려야 하겠다.

지역문화를 살리는 일은 이제 문화정책의 근간이 돼야 한다.

〈2009-08-12〉

대전의 문화적 정체성

대전시가 새로운 전기를 맞이하고 있다. 올해로 시승격 60주년을 맞았기 때문이다. 인간으로 치면 환갑의 나이로 접어든 것으로 한 인간으로의 그간의 생을 정리하고 원숙한 인간으로 재탄생하는 계기를 맞았다고 볼 수 있다. 대전시의 지나온 60년은 한마디로 고도성장이었다고 해도 과언이 아닐만큼 도시로서의 빠른 성장세를 보여왔다.

공주(公州)와 청주(淸州)와 같은 인근도시가 오랜 역사를 지녀왔던 것에 비하면 대전은 1905년 일제의 철도부설과 더불어 성장한 짧은 역사(도시형성측면에서)의 도시다. 그럼에도 지난 60년간 대전은 울산광역시와 더불어 유일하게 도시성장률이 높은 도시로 평가받을 만큼 대도시로서의 성장을 거듭했다.

이제 대전은 그런 60년의 성장을 뒤로 하고 새로운 경쟁력을 찾아나서야 하는 시기에 와 있는 것이다. 이런 시점에서 지난 60년 또는 그 이전의 대전의 과거모습을 재조명하고 미래의 대전모습을 그리는 담론(談論)은 매우 중요하고도 의미 깊은 작업이라고 할 수 있다. 대전의 지식인사회가 이 같은 작업에 좀 더 적극적으로 나설 때 대전의 미래는 그만큼 나아질 수 있다는 생각을 해보게 된다.

이런 측면에서 대전이 갖추어야 할 '문화적 정체성'을 어디서 찾아야 하느냐는 매우 중요한 과제라 하지 않을 수 없다. 한 도시의 문화적 정체성이야말로 그 도시의 성격을 규정지을 수 있는 근본인 동시에 더 나아가 그 도시의 경쟁력을 뒷받침해 줄 수 있는 요인이기 때문이다. 21세기 들어 국가 간 경쟁보다 도시 간 경쟁이 더 치열해지는 시대적 흐름 속에서 대전이라는 도시가 갖추어야 할 문화적 정체성은 이런 측면에서 더 요구받고 있다고 해야 할 것이다. 마치 금융이 없는 런던이나 문화나 유행이 없는 파리를 생각할 수 없듯이 대전만이 지닌 문화적 정체성을 찾는 작업이야말로 지금부터 대전이 해야 할 급선무라고 할 수 있다.

사실 대전의 문화적 정체성은 몇 가지 차원에서 거론돼왔던 해묵은 의제이기도 하다. 그동안 논의돼 왔던 대전의 문화적 정체성을 살펴보면 우선 '조선유학의 본고장'이란 측면에서 '양반의 고장'이라는 점을 꼽을 수 있다. 이러한 주장은 대전이 우암 송시열(尤庵 宋時烈), 동춘당 송춘길(同春堂 宋浚吉)을 주봉으로 하는 조선시대 기호학파의 주 무대로 특히 조선중기 회덕에 거주했던 송시열, 송준길 등의 예학은 대전예학(大田禮學)으로 불릴 만큼 조선을 대표할만한 학맥이었다는 주장에 바탕을 두고 있다. 오늘날 아파트단지로 뒤바뀐 송촌은 계족산을 배경으로 조선의 선비들이 학문을 논하던 유학의 본고장이었던 셈이다. 따라서 여기서 대전의 문화적 정체성을 찾아야 한다는 주장이 그 하나라 하겠다.

다음으로는 대전의 문화적 정체성을 '근대성'에서 찾아야 한다는 주장이다. 이러한 주장은 이명박대통령이 대선 후보시절 홍성으로 이전하는 충남도청에 근현대사박물관을 유치하겠다는 공약으로 표출되기도 했다. 이 주장의 근거는 대전이라는 도시의 탄생이 일제라는 근대시대와 불가분의 관계를 맺고 있다는 도시 탄생적 측면에 기인한다.

지금도 대전의 시가화면적이 둔산과 노은 등지로 확산됐지만, 90년대까지만 해도 대전의 중심지는 충남도청과 대전역으로 이어지는 공간이었다. 이 공간이야말로 대전이라는 도시의 역사성과 상징성을 담고 있는 곳으로 대전의 문화적 정체성은 이곳의 역사적 의미인 근대성에서 찾아야 한다는 주장이 그것이다. 원도심의 문화적 자산을 되살려 그곳으로부터 대전의 문화적 자양분을 키워야 한다는 주장도 어떤 면에서 이같은 주장에 근거하고 있다고 할 수 있다. 또 충남도청을 근대성을 뒷받침하는 문화자원으로 삼아야 한다는 주장 역시 같은 얘기라 하겠다.

다음으로는 대전의 문화적 정체성을 대덕연구개발특구에서 찾아야 한다는 주장이 있는 데 바로 '과학도시'가 이에 해당된다. 대덕특구야말로 대전의 대표적 브랜드이자 미래대전의 먹거리로 21세기 대전의 문화적 정체성은 과학도시에서 찾아야 경쟁력을 지닐 수 있다는 주장이 그것이다.

그 어느 도시보다 개방성이 뛰어난 도시인 대전이 어떤 문화적 정체성을 정립해야 할지가 시 출범 60주년을 맞는 대전시의 중요한 현안이 아닐 수 없다.

〈2009-05-06〉

문화재단의 역할과 과제

대전시가 올해 안에 문화재단을 설립한다는 방침이 전해지면서 지역문화예술계에서는 문화재단을 둘러싼 다양한 논의가 진행되고 있다.

문화재단에 대한 논의는 이미 몇 년 전부터 이루어져 왔으며 지난해 지역문화예술단체를 주축으로 해 여러 차례 공개세미나도 갖는 등 본격적인 토론과정을 거치기도 했다. 이처럼 대전지역에서 문화재단을 둘러싼 활발한 토의를 갖게 된 것은 지역의 문화계가 그만큼 문화재단을 통한 지역의 문화정책이 제 궤도를 갔으면 하는 바람 때문이라 여겨진다.

대전은 올해로 시로 불리운 지 60년을 맞았다. 더 거슬러 올라가면 이미 1900년대 초부터 대전도시의 역사가 형성되기 시작했으므로 100년에 가까운 도시역사를 쌓아온 셈이다. 더 이상 신흥도시가 아닌 것이다. 이 시점에서 대전이 대도시로 갖추어야 할 여러 구비조건이 있겠지만 그중 하나로 문화를 꼽을 수 있을 것이다. '경제'와 '환경'이라는 기본적인 도시여건을 구비했다면 반드시 갖추어야 할 분야가 바로 문화가 아닐 수 없다.

어쩌면 문화예술이 도시의 제일 중요한 요인이라고 생각한 사람들도 있었다. 세계적인 담수호 바이칼과 인접한 도시로 잘 알려진 시베리아의 '이르쿠츠크'는 모스크바에서 유배돼 온 혁명가들이 세운 도시였는데 이들은 이곳을 '시베리아의 파리'로 만들려는 야심찬 계획을 세웠다. 도시 자체를 처음부터 문화예술의 도시로 만들려 했던 것이다.

이런 관점에서 시로 불리운 지 60년을 맞는 대전시는 앞으로 문화예술을 도시발전의 주요 분야로 삼아야 할 책무를 지니고 있다고 할 수 있으며 그 연장선상에서 문화재단의 중요성을 논할 수 있을 것이다. 물론 문화재단이 민과 관의 협치적 차원에서 문화거버넌스로의 역할을 해야 하지만, 문화예술의 모든 것을 일시에 해결해 주는 만능이기를 기대해서는 안 된다.

동시에 재단이 출범한다 해도 하루아침에 전가의 보도처럼 일시에 모든 것이 해결되는 것은 아니라는 점을 잊어서는 안 된다. 무엇보다 문화재단이 출범하기 전에 문화재단의 역할과 목적에 대해 지역문화계 또는 지역의 다양한 오피니언계층 사이에서 활발한 논의가 이루어져야 한다는 게 대체적인 의견들이다. 그 이유는 문화재단이 지역민들의 문화예술에 대한 요구에 부응해야 하기 때문이다.

지역문화재단의 바람직한 역할과 과제에 대한 다양한 의견이 있을 수 있겠는데 여기서 김경욱씨의 의견을 보면 다음과 같다.(김경욱지음, '문화재단') 우선 지역문화재단은 끊임없이 문화예술진흥정책을 개발하고 실천함으로써 문화예술분야의 새로운 변화에 기민하게 대응해야 한다.

또한 시민들의 문화향수 실천을 위하여 지역문화재단은 해당시도의 문화정체성을 연구하고 이를 바람직한 방향으로 발전시켜 나갈 수 있는 문화정책을 수립·시행해야 한다는 것이다. 결국 지역문화재단은 단순히 지역문화예술계를 지원하는 역할을 할 뿐만 아니라 궁극적으로는 새로운 문화운동의 모델을 제시해야 하는 책무를 지니고 있다는 지적이다. 대전문화재단(가칭)은 대전시의 문화정책을 선도해나가는 역할을 해야 한다는 게 문화재단을 쓴 필자의 주문인 셈이다.

우리는 흔히 한 예술가의 작품이 완성돼 대중들 앞에 나올 때 그 작품은 그 예술가의 것이 아닌, 공공의 소유물로 부른다. 문화와 예술이 작가뿐 아니라 한 시대와 사회의 소산이라는 점에서 강한 공공성과 사회적 성격을 지닌다고 할 수 있다. 이런 측면에서 국가 또는 지방자치단체의 문화정책이 대단히 중요하며 재단이 그 중심역할을 해야 한다는 당위성이 요구된다 하겠다.

그러나 앞서도 지적했듯이 문화재단이 많은 것을 일시에 해결하려해서는 안 된다. 보다 중요한 것은 지역문화예술계가 지역사회에 안착될 수 있도록 여러 여건을 갖추어나가는 일이라 할 수 있다.

대전이 이제 더 이상 문화의 불모지가 아니라는 점을 인식시켜주는 계기를 문화재단이 일깨워주었으면 하는 바람은 비단 필자만의 생각은 아닐 것이다.

〈2009-03-18〉

오바마, 시카고, 앵무새 죽이기

26년 전 인류의 미래를 예측한 '메가트렌드'(Megatrend)라는 초대형 베스트셀러를 쓴 미래학자 존 나이스빗 교수는 휴대전화가 없다. 정보화와 글로벌경제, 분권화와 네트워크조직 등의 미래흐름을 예측해 세계적으로 유명해진 미래학자가 정보화의 척도인 휴대폰이 없다는 것은 아이러니가 아닐 수 없다. 그러나 더 아이러니한 사실은 그가 세상의 흐름을 읽어내는 비법(秘法)은 컴퓨터가 아닌 신문읽기에 있다는 점이다. 그는 하루에 6~7시간씩 신문을 탐독하며 세상의 흐름을 읽어낸다고 밝혔는데 앨빈 토플러와 함께 미래학의 거두로 일컬어지는 그의 미래에 대한 뛰어난 통찰력은 결국 올드 미디어인 신문에서 나오고 있었다.

새삼 나이스빗 교수의 신문읽기를 거론한 것은 인터넷으로 대변되는 IT시대이지만, 읽는 문화의 힘은 결코 사라질 수 없다는 점 때문이다. 이런 읽기문화의 장점은 세계 각 나라의 독서문화진흥 정책으로 확산되었는데 미국은 이미 10년 전 읽기진흥법을 만들었고 신문강국 일본 또한 2006년 당파를 초월한 여야 국회의원들이

'문자활자문화진흥법'을 제정했다. 영국을 비롯한 유럽 여러 나라 역시 독서문화 활성화를 위한 다양한 노력을 펼치고 있으며 우리나라도 지난 2006년 12월 도서문화진흥법을 공포하고 시행에 들어가 있다.

우리 정부가 국민들의 독서를 권장하는 법까지 만들었지만, 여러 통계수치는 우리 국민이 여전히 책과는 거리가 있는 국민임을 보여주고 있다. 2003년 유엔의 조사에 의하면 우리나라 국민들의 한 달 독서량은 평균 0.8권으로 세계 166위로 평가되었다. 또 우리나라는 세계에서 7번째로 책을 많이 펴내는 나라로 1년에 책을 1억 권 이상 소비하고 또 3만종 이상을 펴낸다. 그러나 그 내용을 들여다보면 50%이상이 학습서, 25%는 번역서여서 순수한 저작물은 30%에도 미치지 못한다. 이런 출판풍토로 인해 우리의 지식국력이 미국의 5.9%, 일본의 14%에 불과하다는 평가를 받는지 모른다.

책읽기는 어떤 한 권의 책을 쓴 저자의 생각과 뜻을 읽는 사람 곧 독자가 읽는 행위를 통해 자신의 생각을 굳혀가는 일련의 과정이라고 할 수 있다. 이런 관점에서 '책읽기' 뿐만 아니라 읽는 행위도 매우 중요한 지적 활동이며 책읽기를 통해 사회와 세계 그리고 나이스빗교수처럼 미래를 보는 안목도 기를 수 있는 것이다. 이런 이유로 사람들은 독서를 권하고 있고 사회적 독서운동이 아직 유효할 수 있는 것이다.

지난해 출범한 대전지역의 독서운동단체인 희망의 책 대전본부는 '우리대전 같은 책 읽기운동'을 펼치고 있는데 이 활동 역시 독서문화를 확산시키자는 독서캠페인이라 하겠다. '우리대전 같은 책 읽기'는 미국의 '한 도시 한 책읽기'(One City One Book)에서 아이디어를 얻었는데 이 한 도시 한 책읽기 운동은 1998년 미국 시에틀에서 시작돼 2001년 시카고에서 대성공을 거두었다고 한다.

당시 시카고공공도서관이 시민 모두가 함께 읽을 책으로 '앵무새 죽이기'라는 인종문제를 다룬 소설을 선정하고 리처드 델리 시장이 직접 나서 시민참여를 호소하면서 시카고는 독서 열풍에 빠졌다고 언론들이 보도하고 나섰다(씨네21, 2001년 9월 5일). 어쩌면 시카고가 독서열풍이 불만큼 이미 지적인 도시였기에 새로운 미국대통령으로 선출된 오바마의 정치적 고향이 될 수 있었다는 추측을 불러일으키게 된다. 시카고가 한 권의 책을 통해 공통의 화제를 찾아내고 그 도시가 지닌 문제를 시민들이 함께 생각해보는 계기를 만든 것 자체가 놀라운 일이 아닐 수 없으며 그 촉매 역할을 책이 해냈다는 데서 책의 또 다른 힘을 실감하게 되는 것이다.

도시의 경쟁력이 그 어느 때보다 주목되는 도시화의 시대에서 대전이 책읽기 문화 확산을 통해 문화적·지적 능력이 뛰어난 도시가 되기를 바라는 마음은 비단 필자만의 소망은 아닐 것이다. 시민 한 사람 한 사람의 책 읽는 모습을 기대해본다.

〈2008-12-17〉

이종수와 박동규

도예가 이종수 선생이 투병중이라는 소식을 접하고 얼마 전 문병을 다녀오면서 문득 '예술은 사람'이란 생각을 새삼 떠올려 보게 된다.

누구보다도 자신의 예술세계에 대한 집념과 예술혼이 강하면서도 그는 늘 부드러운 미소와 겸양을 몸에 지니고 있었으며 옷차림은 언제나 수수한 모습이었다. 올해 4월 대전시립미술관에서 마련한 초대전 개막식장에서 인사말을 통해 그는 "가장 늦게 초대받아도 작가로서 영광인데 생각보다 일찍 전시회를 마련해 주어 고맙다"는 겸양을 잃지 않았다.

지난 2006년 10월 지역원로와의 대담인터뷰 때도, 90년대 초 함께 계룡산 자연학습원을 찾았을 때도 그는 계룡산일대에서 출토된 분청사기야말로 충청인을 꼭 닮은 도자기라며 자신이 추구하는 작품세계 역시 계룡산분청사기를 굽던 도공들의 혼과 무관치 않다는 점을 들려주었다.

필자뿐 아니라 대전지역의 많은 예술인 또는 예술애호가들이 이종수 선생의 이 같은 인간적인 풍모로 인해 더욱 그의 작품을 좋아하고 매력을 느낀다고 볼 때 '예술은 곧 사람'이라는 생각을 다시한번 해보게 되는 것이다. 과거 대전을 문화의 불모지라고 불렀지만 지금 생각해보니 문화예술인이 다른 고장에 비해 결코 적지 않았으며 그들 한 사람 한 사람이 모두 뛰어난 작가이며 예술인이었다는 점을 깨닫게 되었다. 부족한 것이 있었다면 중앙집권시대였으므로 지방예술인들을 알아주지 않았다는 것이며 지역에서 영향력 있는 유지들과 시민들이 문화예술에 대해 무심했다는 지역풍토를 꼽을 수 있을 것이다.

지금의 대전문화를 일구어낸 많은 지역예술인들 가운데 잊을 수 없는 또 한 사람이 있으니 故 박동규 전 대전문화원장이다. 이종수 선생과 더불어 대전출신 조각가로 유명한 최종태 선생은 박 전 원장을 '대전명물'이라고 표현하면서 그가 죽었다는 소식을 접하고 가슴이 철렁했다고 어느 글에서 적고 있다.

최종태 선생은 '그(박동규)는 대전의 구석구석의 역사를 손바닥 들여다 보듯이 알고 있는데 특히 문화대전의 사건들 만큼이라도 기록을 했더라면'하는 아쉬움으로 박동규 전 원장의 살아 생전 대전문화사랑 모습을 들려주고 있다. 최종태 선생 말고도 많은 지역문화예술인들은 그가 대전문화와 대전문화원의 생생한 역사였으며 문화적 가치를 지키기 위해 생애를 보냈다는 것을 기억하고 있다.

대전부(大田府)가 대전시(大田市)로 개칭된 것이 1949년 8월 15일이니 내년이면 대전시라는 이름을 얻은 지 60년이 되는 뜻 깊은 해가 된다. 명실공히 대전은 이제 인간으로 치면 환갑을 맞은 원숙한 인간에 비유할 수 있다. 더 이상 신흥도시도 아니며 더구나 뜨내기도시라는 말은 사라진 지 오래다. 세계적인 대덕연구단지가 들어서 있고 정부3청사가 자리하고 있으며 뉴욕필하모니 교향악단과 같은 국제적인 음악단체와 음악인들이 찾아오는 대전예술의 전당과 같은 훌륭한 문화시설이 자리한 곳이 이제 대전인 것이다.

그래서 대전은 과학도시, 환경도시, 문화도시를 지향하고 있으며 이 모두를 아우르는 창조도시를 꿈꾸고 있다. 이러한 가치들은 대전을 업그레이드시키는 비전이면서 미래를 향해 나가야 할 대전의 당면과제라 할 수 있지만 잊어서는 안되는 것이 또한 대전의 과거이며 오늘의 대전을 있게 한 대전사람들이라 하겠다. 이종수, 박동규 그리고 지면을 채우고도 모자랄 많은 지역문화예술인들이 있었기에 오늘의 대전문화예술이 가능했다는 점을 기억해야 할 것이다.

가칭 대전문학관을 세우려 하고 이종수미술관을 건립하고자 한다는 소식이 기쁜 것은 그간 대전을 지킨 문화예술인들이 대접받는다는 점 때문일 것이다. 대전시승격 60주년을 맞아 더 많은 지역예술인들을 기리는 일들이 앞다투어 일어났으면 하는 바람은 비단 필자만의 생각은 아닐 것이다.

〈2008-07-23〉

'멍청해지는 미국'
'똑똑해지는 한국'

최근 미국에서 인터넷과 동영상 영향으로 미국이 멍청해지고 있다는 논란이 제기됐다는 보도가 전해졌다. 새삼스런 얘기는 아니지만 동영상과 인터넷 때문에 미국인들이 지성과 거리가 멀어지고 있다는 주장을 담은 책이 화제가 되고 있다는 것이다. 기자출신인 '수잔 자코비'가 쓴 책 '미국의 비이성시대(The Age of American Unreason)'가 그 주인공이다.

자코비는 이 책에서 미국은 반(反)지성주의에 빠져있다고 비판했는데 그가 말하는 반지성주의란 기본적인 사회 · 과학 · 역사 · 문화 지식도 없으면서 이런 무지함에 문제가 있다는 사실조차 인정하지 않는 것이다. 이같은 주장에 대해 최대 인터넷 백과사전인 위키피디아(Wikipedia)의 창시자인 '지미 웨일즈'는 워싱턴포스트에 즉각 반박문을 냈는데 '자코비가 현대 지성의 현장을 제대로 보지 못하고 있다'고 지적하고 하루에도 수백만명이 150여개 언어로 만들어진 위키피디아를 통해 지식을 쌓고 있다고 주장했다.

인터넷으로 지구촌이 하나가 된 정보화시대에 미국 역시 인터넷과 활자 사이의 갈등이 벌어지고 있음을 확인하게 된다. 사실 이 같은 논란은 미국뿐 아니라 세계 도처에서 벌어지고 있다. 가장 대표적인 나라가 일본이다. 일본국회는 당파를 초월해 286명의 국회의원들이 어린이와 젊은층이 활자에서 멀어지는 현상을 국가적 위기로 규정하고 2005년 7월 '활자문화진흥법'을 제정했다. 일본국회의원들은 '활자문화를 진흥시키는 것이 국가와 지방자치단체의 책무'라고까지 명시하고 읽기를 강조했다.

법으로 활자문화진흥을 강조했지만 일본 역시 청소년들이 활자에서 멀어지고 있는 게 현실이다. 우리나라는 급속히 정보화가 진행된 정보선진국이다. 우리의 인터넷보급률은 거의 세계최고수준이라고 해도 과언이 아니다. 그러다보니 긍정적인 면과 함께 갖가지 부작용이 속출하고 있다. 정보는 난무하나 내용을 음미하고 이를 정신 속에 용해시키는 '내적 체화' 과정이 급격히 감소하는 풍토가 판을 치고 있는 것이다.

대한민국은 교육공화국이라고 해도 과언이 아니다. 2007년 사교육비 실태조사에 따르면 지난해 우리나라 전체 예산의 10분의 1 수준에 육박하는 20조 400억원을 사교육비에 쓴 것으로 조사됐다. 뿐만 아니라 웬만한 고교졸업생이면 누구나 대학진학이 가능할만큼 대학이 많은 나라가 우리나라다. 그럼에도 세계적인 대학대열에 끼지 못하는 게 우리 대학의 현실이다. 이같은 교육현실이 인터넷과 무슨 상관관계가 있느냐는 물음이 나올 수 있겠지만, 적어도 우리의 청소년들이 인터넷 속의 정보와 지식을 지성과 혼동하는 데서 빚어지는 정신풍토가 한 몫을 한다는 지적에 귀기울일

여지가 있다고 하겠다.

새 정부가 출범하면서 갖가지 의욕적인 정책을 내놓고 있다. 과거의 잘못을 반성하고 새로운 국가건설에 나서보겠다는 의욕에 넘쳐 있을 것이다. 그러나 적어도 대한민국을 일류국가로 만들기 위해서는 근본적으로 세계 인류 모두가 승복할 수 있는 가치관을 지녀야 하며 이같은 가치관은 결국 정신적으로 높은 문화가 뒷받침돼야 한다는 게 지성인들의 생각이다.

백범의 말대로 강력한 군대가 아니라 높은 문화의 힘을 지닐 때 대한민국은 일류국가가 될 수 있다. 높은 문화의 힘은 결국 국민들의 지적 수준과 사고의 깊이에서 나온다는 점을 잊어서는 안된다. 정보화시대라는 큰 물결을 거스르기는 어려울 것이다. 그러나 인류가 오랫동안 쌓아온 지혜와 지성을 클릭만으로 체득할 수는 없는 것이다. 새 정부 출범과 함께 정신문화를 진작시키는 정책이 시급하다는 생각을 해보게 된다.

〈2008-02-27〉

시라카와 합장마을이 주는 교훈

일본 기후현 북서부에 자리한 시라카와라는 산골마을에는 해마다 100만명이 넘는 관광객이 찾아오고 있다. 이곳 산골마을에는 고작 600명의 마을주민들이 살고 있으나 관광수입만해도 한해 52억엔에 달하는 엄청난 액수를 기록하고 있다.

도대체 이곳에 무슨 볼거리가 있는 것일까. 지난 4월 26일 필자가 이 마을을 찾았을 때 이 마을을 유명하게 만든 합장(合掌)가옥 앞에는 여러 봄꽃들이 피어있는가 하면 이 마을을 둘러싸고 있는 산에는 흰눈이 그대로 쌓여있었다. 눈과 봄꽃이 함께 관광객을 맞아준 이 시라카와 합장가옥은 우리의 초가집과 흡사한 애물단지로 전락하기도 했으나, 주민들의 노력과 아이디어에 의해 일약 마을을 되살린 효자로 변모되었던 것이다.

합장가옥은 부처를 향해 기도하기 위해 모은 손의 형상과 비슷하다 하여 붙여진 이름으로 「띠지붕 가옥」을 지칭하는 말로 눈이 많은 시라카와지역의 자연환경과 산간마을의 대가족제도로 인해 발달하기 시작했다. 그러나 도시화가 촉진되면서 합장가옥 역시 일상생활에 불편할 뿐 아니라 유지비용도 적지 않게 들어 헐거나 파는 사례가 급증했고, 이 마을의 인구도 급감하면서 합장가옥은 여러모로 위기에 처하게 된다. 이런 속에서 마을주민들은 주변의 자연환경과 합장가옥을 잘 보존해 관광자원으로 활용하면 어떨까하는 생각이 싹트기 시작했고 1971년 주민들은 '시라카와 오기마찌 집락(集落)의 자연환경을 지키는 모임'을 발족한다. 또한 주민헌장을 제정했는데 주민들 스스로 마을의 합장가옥과 논밭, 산림, 나무를 팔지도, 빌려주지도, 파괴하지도 않는다는 약속을 담은 것이었다.

행정당국은 1976년 '전통적 건조물군보존지구보존조례'를 제정해 주민들의 보존노력을 뒷받침했다. 시라카와는 전통경관과 문화를 지키는 데 그치지 않고 '합장가옥의 지붕교체작업', '짚공예', '국수만들기'와 같은 이곳 전통생활방식을 직접 체험할 수 있는 이벤트도 제공하고 있다. 이 시라카와 전통마을은 1976년 국가지정 중요문화재로 선정된 데 이어 지난 95년에는 유네스코 세계문화유산으로도 지정돼 관광객을 끌어들이는 데 큰 몫을 하고 있다.

이 시라카와마을을 보면서 필자가 느낀 것은 우리가 소홀히 해온 점들을 놓치지 않고 관광과 연계하고 있다는 일본인 특유의 감각이었다. 우리 지자체들은 문화하면 시설을 연상하고 그 밖의 요소들을 그다지 중요하게 여기지 않아 관광객 유인에 실패하는 경우가 많다.

이와는 대조적으로 일본인들은 외적인 형태뿐 아니라 문화재나 문화시설이 위치한 일대의 전 지역과 자연환경까지도 보존하고 가꾸는 대상으로 삼고 있다는 것이 우리와 다르다. 시라카와 역시 무형의 전통생활문화와 마을 전체 그리고 자연환경까지 보존대상으로 삼고 있었고 단순한 보존을 넘어 체험하고 느낄 수 있는 관광을 유도하고 있었다. 시라카와에서 1시간정도 떨어진 곳에 위치한 가나자와(金澤)시도 과시적인 문화시설의 증대보다는 문화가 시민들의 일상생활이 되도록 각종예술교육은 물론 과거 방직공장을 시가 사들여 예술촌으로 조성해 시민들 스스로 문화예술을 가까이 하게 하는 점이 눈길을 끌었다.

지금 많은 우리의 지자체들은 지역을 살리려는 갖가지 노력을 하고 있는데 관광과 문화야말로 지역을 살리는 명제라 할 수 있다. 앞서의 사례들이 우리의 현실과 꼭 들어맞는 것이라고 말하기는 어렵다. 그럼에도 이들의 성공사례가 주는 시사점은 한둘이 아니다. 시라카와와 가나자와를 보고도 우리 지역을 찾을 수 있게 만들때 비로소 문화관광의 입지를 세울 수 있다는 생각이 뇌리를 떠나지 않았다.

〈2007-05-02〉

문화도시 문화재단

"품격높은 문화도시 가꾸기로 시민 삶의 질을 높이겠다." 민선 4기의 실질적 첫 해인 정해년 대전시가 내건 시정목표 중 한 대목이다. 도시화가 확산되는 세계흐름 속에서 도시의 경쟁력을 평가하는 항목에 문화가 차지하는 비중이 결코 작지 않다는 측면에서 이 같은 시정목표는 매우 바람직하다고 할 수 있다.

대전이 미래에 세계적인 도시로 성장하기를 바라는 시민의 입장에서는 좀 더 강하게 문화정책을 강조했으면 하는 바람마저 일게 된다. 그 이유는 두말할 나위 없이 세계화시대 속에서 많은 세계인들이 찾는 도시들의 순위에 아직 파리나 로마와 같은 문화와 역사도시가 대부분을 차지하기 때문이다.

대전이 세계적인 문화도시로 가기 위해서는 넘어야 할 벽이 한두 가지가 아니다. 숱한 장애물이 가로막고 있다 해도 과언이 아니다. 우선 경제와 환경문제부터 해결해야 하는 것은 물론 다양한 문화분야 종사자들의 생각을 어떻게 수렴하느냐에서부터 시민들의 문화수준 또는 욕구를 어떻게 조정하느냐에 이르기까지 여러 난관을 뛰어넘어야 가능한 일이라 할 수 있다. 더구나 광주나 서울과 같은 문화대도시가 성큼 앞서 있는 현실속에서 대전이 어떤 특성을 살려내야 하느냐도 결코 쉽지 않은 과제임을 볼 때 대전을 품격있는 문화도시로 가꾸어 나가는 일은 자칫 지난(至難)한 과제란 생각까지 든다.

그럼에도 문화가 도시의 경쟁력을 높여주는 변수임은 물론 쇠락해가던 도시를 되살려주는 마법과도 같은 존재라는 점에서 시정목표로 내걸기에 충분하다고 하겠다. 이런 측면에서 대전시는 과학도시와 함께 문화도시를 하나의 '전략'으로 채택해 보기를 권유한다. 하기 여하에 따라서는 과학과 함께 문화가 효자가 될 수 있기 때문이다. 그러한 사례는 지구상에 나열하기 힘들 정도로 많다.

그 대표적 예가 영국의 지방도시 '셰필드'로 시가 주도해 쓰러져가던 도시를 재생시킨 케이스로 널리 회자되고 있다. 철강산업으로 유명했던 이 지방도시는 주도산업이 바뀌면서 실업률이 13%까지 치솟게 된다. 그러자 1983년부터 문화산업을 통한 '새로운 도시' 전략을 채택하고 문화산업지구(CIQ)를 만들어 문화산업을 새로운 전략산업으로 육성하기 시작한다.

그 결과 시 전체 고용인력 중 6.8%를 문화산업관련업체가 점유하고 있으며 2002년 현재 약 150여개의 문화산업관련업체가 성업중인 것으로 알려지고 있다. 이 사례는 하기 여하에 따라 문화가 지역경제에 큰 보탬이 된다는 것을 알 수 있으며 이런 사례에서 문화가 단순히 보고 즐기는 데서 그치는 것이 아니라는 것을 확인할 수 있다.

이와 함께 우리는 문화정책이 또 얼마나 중요한지를 확인하는 예로 프랑스를 꼽는다. 2차 대전 후 프랑스 중흥을 위해 드골은 정치적 입장차가 있음에도 작가인 앙드레 말로를 문화장관에 기용해 10년간 문화정책을 주도하게 했다. 또한 81년 이후 미테랑 대통령 아래서 문화·정보장관을 역임한 자크 랑 역시 프랑스 전역을 문화일터를 만들면서 문화국가로서의 프랑스의 위상을 높이는데 기여했다.

영국 셰필드와 프랑스사례를 통해 우리는 문화가 단순히 삶의 질을 높이는 차원에 그치지 않고 도시의 새로운 성장 동력으로 작용하거나 한 나라의 위상을 세우는 거대 이념이 될 수 있음을 실감케 된다. 바로 여기에 문화도시를 지향하겠다는 대전시가 배워야 할 교훈이 있다. 문화를 도시발전의 전략으로 또는 주요정책으로 내세우는 심모원려(深謀遠慮)가 그것이다.

이런 차원에서 대전시문화재단의 필요성이 제기되고 있다. 시 전체의 문화정책을 총괄하고 보다 장기적 관점에서 문화판을 짜는 일을 추진할 수 있기 때문이다.

〈2007-03-14〉

문화인물을 주목하는 이유

지난 2006년 음악계는 18세기 고전파를 대표하는 오스트리아 출신 작곡가 모차르트 탄생 250주년을 기리는 '모차르트의 해'였다. 모차르트(1756~1791)는 채 36년이 안되는 짧은 생애를 살았지만, 그가 남긴 수많은 명곡들은 250년이 지난 지금까지 세계 도처에서 연주되면서 사람들에게 음악이 주는 기쁨을 선사하고 있다.

40대 초반이란 젊은 나이에 세상을 떠난 엘비스 프레슬리(1935~1977)는 죽은 사람이지만, 그가 남긴 팝송과 연주장면은 지금도 우리나라를 비롯한 세계 곳곳에서 흘러나오고 있으며 아직도 로큰롤의 황제자리를 지키고 있다고 해도 과언이 아니다.

타계한 지 30년이 지났지만, 그의 묘지에는 꽃다발이 줄지 않고 있으며 그의 음악을 엮어서 만든 뮤지컬이 무대에 올려지는 한편 미국에서 최고 인기우표는 그의 인물우표가 차지할 정도라고 하니 그의 인기는 아직 건재하다.

영국을 대표하는 영화배우 찰리 채플린(1889~1977) 역시 세상을 뜬 지 30년이 지났다. 그럼에도 채플린의 인기는 아직 유효하다. 20세기 초반 무성영화시대의 스타였던 그는 좀 모자란 듯하면서도 우스꽝스러운 연기로 세인의 눈길을 한 몸에 받았으며 영화감독까지 겸한 광대 중의 광대였다. 그가 남긴 숱한 영화속에서 그는 아직 스타로 군림하고 있는 것이다.

이들 말고도 많은 예술인들이 타계한 지 오랜 세월이 지났으면서도 사람들의 뇌리에 남아있는 것은 물론 그들이 남긴 작품을 보며 환호하는 까닭은 무엇일까. 다양한 답변이 있을 수 있겠지만, 단순화해 말한다면 사람들에게 행복감을 주기 때문이라 할 수 있을 것이다. 살아 있다는 기쁨, 또는 어떤 충족감을 느껴 행복하다는 느낌으로 이어지기에 예술가들이 남긴 작품을 읽고 보며 애호하게 된다고 필자 나름대로 생각해본다.

사람은 자기가 좋으면 하기 싫은 일도 하게 되는데 행복이 바로 이같은 속성과 흡사하다고 볼 수 있다. 아무리 돈이 많아도 불행하게 느껴질 수 있으며 쥐뿔도 없으면서 행복을 느낄 수 있기 때문이다. 영국 신경제학재단(NEF)이 지난해 행복지수를 평가한 결과 우리나라는 102위를 차지한 반면 남태평양의 작은 섬 바누아투가 1위를 차지했다는 보도 또한 행복에 대한 앞서의 생각과 일맥상통하는 조사결과라 여겨진다.

이런 관점에서 우리 지역도 이제 지역을 대표할만한 문화인물을 발굴하고 그들의 생애와 작품을 집중 조명하는 작업에 좀더 박차를 가해야 한다는 생각을 해보게 된다. 지금 세계는 가히 문화전쟁을 방불케 하는 모습을 연출하고 있다. 문화와 예술로 사람들을 끌어들이기 위해 과거의 일들을 미화하거나 때로는 없는 사실까지 덧붙이기도 한다. 장구한 역사를 굳이 자랑할 필요도 없는 중국이 동북공정을 추진하는 이유도 따지고 보면 이 같은 맥락과 흡사하다. 역사를 강조해 문화를 자국에 유리하게 써먹을 수 있기 때문이다.

대전 사람들이 가장 듣기 싫어하는 말 가운데 하나가 '사람을 키우지 않는 곳'이라는 말이 있다. 그러면서도 대전이 잘되기 위해서는 사람이 관건이라는 데는 모두가 동의하고 있다. 필자는 지금 사람을 키우는 일 못지않게 대전의 과거 역사와 문화에서도 이런 일들이 이루어져야 한다고 믿는다. 탄생과 타계를 기릴만한 문화인물이 대전에도 얼마든지 있다는 게 문화계인사들의 주장이며 그럼에도 다른 지방에는 많은 문화인물을 소개하는 기념관 하나 없는 곳이 또 대전이기도 하다.

이제 대전에도 대전의 모차르트, 대전의 엘비스 프레슬리, 대전의 찰리 채플린일 수 있는 문화인물을 발굴하고 그들의 업적과 작품을 널리 소개할 수 있는 작업에 중지(衆智)를 모아야 할 때가 된 것이다. 그들이 있음으로 해서 대전사람들이 행복하다는 얘기를 들을 수 있을 때 대전은 살기좋은 곳이 될 것이다.

〈2007-01-24〉

문화현실과 문화정책

한국하면 떠오르는 이미지가 무엇인가라는 물음에 한국인들은 '한류(韓流)' 또는 'IT강국'을 꼽은 데 반해 외국인들은 '분단국가'를 먼저 꼽고 그 다음으로 한류와 IT·정보화를 꼽은 것으로 한 조사결과 밝혀졌다. 한국인은 물론 외국인들도 우리의 한류이미지를 굳혀가고 있다는 조사내용이어서 고무적이라는 생각이다. 바야흐로 이제 우리도 문화를 통해 본격적으로 국제사회에 뛰어들고 있다는 신호로도 해석돼 문화의 세기를 실감케 된다.

문화는 21세기에 각광받는 분야요, 산업으로서의 가능성 또한 그 어느 산업분야보다 크지만, 문화를 보는 관점은 천차만별이다. 시민들은 시민들대로, 문화예술전문가들은 또 전문가대로, 문화예술분야를 다루는 정부와 자치단체의 공무원들은 또 공무원대로 문화를 보는 관점이나 문화를 해석하는 관념상의 차이가 있게 마련이어서 문화를 둘러싼 사회적 논의가 벌어질 경우 쉽게 합의되지 못하는 경우가 생기게 된다. 문화는 21세기가 요구하는 삶의 필수

덕목인 동시에 국가와 지역의 경쟁력을 좌우하는 요인이라는 데는 모두 공감하지만, 이를 어떻게 구현시켜 나갈 것인가라는 정책의 문제가 될 경우 사회구성원들의 입장은 제각각일 수 있는 게 또한 문화가 지닌 특유의 성격이기도 한다.

문화라는 유형·무형의 자산을 어떻게 육성·발전시킬 것인가를 결정하는 문화정책의 문제는 도로를 건설하는 것처럼 물량적으로 측정되기 어렵기 때문에 평가에 어려움을 겪을 수 있다. 문화는 보편적이면서도 특수성을 지니고 있으며 시민들과 깊은 연관성이 있는가 하면 그렇지 않은 분야도 있기 때문에 문화정책을 단편적으로 평가한다는 것은 위험하기까지 하다. 그런데 이러한 이유 때문에 문화정책은 대단히 중요하며 지방화시대를 맞아 지역의 문화정책이 주목되는 이유 또한 여기에 있다고 할 수 있다.

필자는 연초 서울시가 서울을 문화와 예술이 숨쉬는 인간중심도시로 만들겠다는 야심찬 계획을 수립한 것을 보면서 부러운 느낌을 받았던 기억이 있다. 우리의 수도 서울시가 문화예술 중장기계획을 세워 발표한 것은 이번이 처음으로 이것만 보아도 우리의 문화에 대한 뒤처진 마인드를 엿볼 수 있는 대목이기도 하다.

그러나 그 내용을 보면 역시 서울은 한 발 앞서나간다는 느낌을 받게 된다. 우선 지식경제시대에 성장위주 전략은 한계에 부딪힐 수 밖에 없다는 생각을 바탕으로 문화예술이 시민들의 일상으로 자리잡도록 하는 한편 도시 계획에 인간 중심주의 철학을 투영시키고 더불어 사는 문화가 뿌리를 내리도록 하겠다는 게 서울시의 기본인식이다.

그러나 이와 함께 필자의 눈길을 끈 대목은 "문화도시 육성은 시장의 교체와 상관없이 추진돼야 할 시대적 당위"이며 "전문가와 시민이 서울문화포럼을 구성, 민간이 주도하고 관은 지원하는 형태로 실행해 나갈 것"이라는 입장을 밝힌 것이다. 정책을 어떤 문제를 푸는 처방이라고 본다면 바로 이와 같은 서울시의 구체적인 정책내용 속에서 문화의 가치를 존중하려는 서울시의 문화정책에 대한 생각을 엿보게 되는 것이다.

혹자는 이같은 서울시의 모습과 지방을 비교할 수 없다고 말할 것이다. 필자 역시 거대도시 서울과 지방을 같은 무대에 올려놓을 수 없다는 것을 잘 알고 있다. 그럼에도 서울시의 문화에 대한 생각은 지방에서 참고할 점이 많다고 본다. 무엇보다 문화의 가치가 정책의 중심에 설 수 있다는 점과 문화정책은 시장의 교체 여부와 관계없이 지속적으로 이루어져야 한다는 측면은 지방의 문화정책에도 해당된다고 볼 수 있다. 아울러 문화는 전문가와 시민이 함께 참여해 육성하되 민간이 주도하고 관은 지원하는 형태를 실행해 나간다는 점도 주목되는 대목이다.

대전·충남 역시 문화를 강조하는 단체장이 대거 당선됐다. 앞으로 이들이 어떤 문화정책을 펼 것인지에 벌써부터 지역민의 눈길이 쏠리고 있다.

〈2006-8-9〉

소나기 마을과 관광자원

지방자치가 실시된 지 10여 년이 지나면서 그 공과(功過)를 둘러싸고 다양한 평가를 내릴 수 있겠지만, 지역활성화를 위한 자치단체 차원의 다양한 노력만큼은 과거 중앙집권하에서 볼 수 없었던 긍정적인 효과라는 지적이다. 특히 지역특성이나 지역축제 또는 환경마인드를 활용한 이른바 무형의 자산을 활용한 지역특성화방안은 지나치리만큼 활성화되고 있다는 느낌도 있으나 이는 어떤 측면에서 너무도 당연한 결과라고도 볼 수 있다.

과거 60~70년대 절대빈곤 시절에는 개발만이 전부였고 개발이 최선의 정책목표였기 때문에 지역특성에 눈을 돌릴 겨를도 없었을 뿐만 아니라, 중앙정부 주도하에서 지역특성은 크게 주목받기도 어려웠다. 그러던 것이 지방자치가 실시되면서 자연스럽게 지방고유의 자원에 눈을 돌리게 되었고, 도로개설이나 재개발과 같은 지역개발과 함께 이른바 지속가능한 분야 또는 문화와 역사를 주제로 한 쪽으로 지자체의 개발전략이 선회되기 시작했다.

그 대표적인 예가 전국의 수 많은 지역축제를 꼽을 수 있다. 비슷비슷하고 낭비적인 성격이 짙다는 부정적인 평가를 받고 있는 게 지금의 지역축제이지만 긍정적인 측면 또한 적지 않다는 게 필자의 생각이다.

문화재와 같은 유형의 지역자원은 물론 무형의 문화자원까지 활용해 축제를 벌이고 그 지역 뿐만 아니라 외지의 관광객까지 끌어모은다는 발상은 자치차원에서도 매우 바람직하기 때문이다. 우리가 지방자치의 선진국이라고 하는 대부분의 나라들에서 이런 현상을 볼 수 있으며 특히 우리 국민들의 감정이 썩 좋지 않은 일본의 경우, 그 지역지역의 특색을 살린 명소와 개성과 역사가 살아 숨쉬는 문화관광자원은 부럽기 짝이 없는 모습이라 할 수 있다.

이런 차원에서 보면 우리의 경우 10여 년의 짧은 기간동안 지역활성화 전략이란 측면에서 긍정적인 발전을 거듭하고 있다는 생각을 해보게 된다. 그 한 예로 지난주 언론에 소개된 경기도 양평군의 '소나기마을 조성계획'은 신선한 충격을 주고 있다. 여기서의 '소나기마을'은 작가인 황순원(1915~2000)의 1950년대 단편소설 '소나기'에 나오는 마을을 지칭하는 것으로 소설 소나기에 등장하는 지명 가운데 '소녀가 양평읍으로 이사한다'는 구절로부터 양평군이 힌트를 얻었다고 한다.

양평군은 소년과 소녀의 순수한 사랑을 그린 작품 소나기의 무대를 풍기는 양평군 시골마을을 그대로 살리고 소년이 소녀를 업고 개울을 건너던 '업고 건너는 길'을 만들고 인공으로 소나기까지 뿌려 소설 속의 분위기를 그대로 묘사한다는 계획이다. 또 소나기마을 입구에 황순원문학관도 조성해 주변 관광지와 연계해 연간 100만명이 넘는 관광객을 유치하겠다는 포부다. 마치 춘천이 '겨울연가'의 재연도시를 만들 듯이 경기도 양평군은 소나기라는 소설적 판타지를 활용한 지역활성화 전략을 수립한 것이다.

이를 보면서 대전·충남지역 역시 소나기마을과 같은 테마관광명소를 얼마든지 세울 수 있을 것이란 생각을 해본다. 대전·충남은 명실공히 시인의 고장이자 숱한 문인과 예술인들을 배출한 고장이다. 아울러 낙화암에서 나라의 패망과 함께 백마강으로 몸을 던졌다는 삼천궁녀의 전설이 서려있는 백제의 땅이기도 하다. 시인과 문인, 예술인들의 작품은 물론 사라진 옛 역사인 백제의 전설과 같은 무형의 자산은 후세인에게 판타지를 불러일으킬 수 있는 좋은 자원이며 활용하기에 따라 테마관광명소를 얼마든지 만들어 낼 수 있는 소재이기도 하다.

문화와 접목한 관광이 빛을 보는 시대를 맞아 지역문화와 예술자원을 극대화할 수 있는 능력을 지닌 인물들이 올 지방선거에 많이 나와 주기를 바라는 마음 간절하다.

〈2006-1-11〉

보쿰과 몽마르뜨

유럽 최대의 광공업 도시가 '푸른 첨단 산업도시'로 뒤바뀌었다면 아마도 도시구조조정에 실패했다는 얘기는 듣지 않을 성 싶다. 70년대 초까지 철강제련용 코크스를 태운 시커먼 연기와 석탄가루로 뒤덮여 '맑고 푸른 하늘을 보는' 것이 소원이었던 독일 최대의 광공업 도시였던 보쿰(Bochum)시. 그러나 50년 대 말 석유가 등장하면서 석탄산업의 위기를 직감한 시당국은 도시를 다시 살리기 위한 긴급처방에 나서야 했다.

그 당시 다른 도시들은 탄광대형화에 나섰으나 보쿰시 당국은 이와는 달리 광산을 폐쇄하고 첨단산업과 대학을 유치하고자 했다. 광부들의 반발이 있을 것은 불문가지였다. 그러나 시당국은 이러한 구조조정 계획을 수년 간에 걸쳐 집요하게 설득했다. 이같은 시당국의 설득에 광산노조는 실직 광부들의 재취업 보장 등 몇 가지 조건을 제시하고 시의 구조조정 계획에 순응했다.

그 결과 보쿰시는 대규모 탄광터 위에 루르지역 최초의 종합대학인 보쿰대학을 유치해 교직원 7000여 명의 고용효과를 올렸고

1961년에는 GM의 자회사인 오펠자동차공장을 유치해 최대 6만 명의 고용효과를 창출했다. 또한 핀란드계 세계적 통신기기회사인 노키아 유치에도 성공해 최대 1만 명의 고용효과를 올리는 데도 성공했다. 아울러 흉물스럽던 옛 탄광부지는 공장건물, 대학 및 박물관, 쇼핑센터로 개조되고 나머지는 녹지로 바뀌었다.

검은 탄광도시가 늘 푸른 첨단도시로 뒤바뀐 보쿰시 사례를 보면서 필자는 우리 지역 원도심을 떠올리게 되었다. 원도심 활성화는 대전시와 중·동구가 떠안고 있는 당면문제이자 도시 전체의 균형적인 발전 차원에서도 반드시 해결되야 할 과제다. 원도심 문제는 둔산으로 대부분의 행정기관이 옮겨졌을 초창기보다는 형편이 많이 나아졌으나 도심의 활력을 되찾는 데까지는 이르지 못했다는 점에서 아직은 진행형이라고 해야 할 것이다.

원도심 활성화를 하기 위해 시당국과 해당 자치단체는 여러 형태의 노력과 정책을 펼쳐왔다. 그런 노력 덕분으로 몇 년 전보다 다소 활력을 되찾았다고 볼 수도 있지만, 근본적인 문제는 좀처럼 해결되지 않고 있다는 게 지역민들의 생각이다. 조만간 서남부권 개발이 가시화될 경우 그나마 살고 있는 구도심의 인구가 다시 그쪽으로 빠지지 않을까 벌써부터 걱정하는 목소리가 나오고 있다. 원도심을 살릴 수 있는 보쿰시와 같은 구조조정 정책은 과연 없는 것일까. 마치 서울의 청계천을 되살려 인근 상인들의 입에서 함박웃음이 나오고 사람들이 몰려드는 그런 일들이 우리의 원도심에서도 일어날 수 있는 그런 묘책은 과연 없는 것인지 생각해보게 된다.

여기에 대한 100% 해답은 아닐지 몰라도 그 방안의 하나가 문화와 역사가 아닐까 하는 생각을 해보게 된다. 이러한 생각은 새삼스런 사실도 아니지만, 그렇다고 끈기있게 그리고 밀도높게 추진되고 있지 않다는 게 여러 문화예술인들의 생각이기도 하다. 중·동구는 대전의 뿌리요 대전의 역사이며 특히 중구의 경우 문화예술의 현장과 그 흔적이 도처에 배어 있는 곳이다.

이런 장점을 집중적으로 되살리는 이른바 '문화특구'를 조성해 다양한 형태의 문화적 이벤트를 연중 실시한다면 도심의 활력을 되찾는 데 도움이 되지 않을까 하는 게 지역문화예술인들의 생각인 것이다. 마치 프랑스 파리의 몽마르뜨 언덕에 많은 문화예술인들이 모여 파리가 예술의 도시가 되었던 것처럼 말이다.

행정중심복합도시의 배후도시로 대전이 문화도시로 자리매김하는 데 구도심이 주도적인 장소가 돼야 할 것이란 생각이 간절하다.

〈2005-11-30〉

다시 토플러를 생각하며

지난주부터 몰아닥친 때 이른 초겨울 추위를 느끼면서 벌써 계절이 바뀌는구나 하는 감회와 함께 하루가 다르게 색깔이 바뀌는 가로수를 보면서 자연의 놀라운 변화적응력에 새삼 감탄을 금치 못하게 된다.

낙엽을 떨어뜨리고 또 떨어뜨림으로써 나무들은 겨울에 대비하는 자기축소를 단행, 오랫동안 유지해 온 그들만의 생존방식을 통해 내년 봄을 기다리는 것이다. 이런 나무의 의연한 모습을 보면서 다시 한 번 변화와 이에 대한 대응이 얼마나 중요한 생존의 법칙인지를 확인하게 된다.

21세기로 접어들면서 숱한 미래예측이 쏟아져 나왔고 지금도 그런 작업이 계속되고 있지만, 이 같은 변화에 따른 21세기의 미래상이 무엇인지를 둘러싸고 지식인들의 논란은 아직도 계속되고 있다. 다만 인터넷으로 촉발된 정보화 · 세계화의 물결이 급속한 변화를 재촉함으로써 그 누구도 쉽사리 앞날을 내다보기 어렵다는 게 학자들의 대체적인 견해인 듯 싶다. 그래서 '변화와 개혁', 또는 '변화와 미래'란 주제는 당분간 계속해서 지식인들의 숙제로 남아 있을 것이 분명하다.

인류 사회가 21세기에 어떤 변화를 겪을 것인가를 예리하게 분석한 학자나 비평가가 많지만 단연 돋보이는 사람으로 앨빈 토플러를 꼽을 수 있겠다. 그는 20세기 후반인 1970년 '미래의 충격'과 1980년 '제3의 물결', 그리고 1990년에 '권력이동'이란 저서를 통해 21세기 인류가 겪게 될 놀라운 변화들에 대한 통찰을 내놓아 일약 세계적인 관심을 끌었다. 그가 쓴 이 3권의 저서는 50개국 이상에서 1000만 부 넘게 팔림으로써 변화의 전도사로서의 위치를 굳히는 계기를 만들었다. 토플러는 이 저서들에서 '미래의 충격', '제1, 제2, 제3의 물결' 등 숱한 신조어(新造語)를 만들어 이를 유행시키는 한편 21세기와 연관된 미래에 대한 많은 생각들을 내놓음으로써 세계인의 주목을 받았다.

그가 쓴 책에서 진단한 21세기의 모습 가운데에는 20여년 전에 쓴 것임에도 '테러리스트가 인질과 죽음의 게임을 연출하고…'(제3의 물결 서문 中)에서 보는 것처럼 얼마 전 러시아에서 벌어진 체첸반군에 의한 인질극을 묘사한 것과 같은 예측이 지금의 현실과 너무도 흡사해 감탄사를 불러일으키고 있다.

필자가 새삼스럽게 토플러의 저서를 떠올린 것은 그가 진단한 것처럼 우리의 현실 앞에 펼쳐지는 여러 변화들이 그야말로 고속변화요, 혁명적 변화들이 이어지고 있다는 생각 때문이다. 언제까지 계속될 것 같았던 미국의 경제호황이 침체되는가 싶더니 거듭되는 주가하락으로 세계경제의 앞날이 불투명해진다는 우려 섞인 진단이 나오고 있는가 하면 브라질 대선 결과 좌파가 승리함으로써 남미의 풍향계에 어떤 변화가 올 것인지 자못 궁금증을 불러일으키고 있다.

북한과 일본의 전격적인 외교관계수립도 향후 동아시아의 앞날에 변화를 가져다 줄 요인이 아닐 수 없다. 한반도의 통일에도 영향을 줄 것으로 보이는 북일외교는 토플러의 '일본은 최근까지도 절름발이 국가였기에 균형있는 권력을 추구한다'는 대목을 떠올리게 하고 있다. 그러나 우리가 보고 있는 고속변화는 국제정세의 흐름보다 오히려 일상생활 주변에서 일어나는 변화가 아닐 수 없다. 정보화 · 지구화 · 지방화로 요약되는 우리 일상의 놀라운 변화는 하루가 다르게 우리 주위에서 일어나고 있는 것이다.

필자는 이런 변화에 관한 생각들을 보면서 변화야말로 새로운 질서를 촉발시키는 동인(動因)이라는 점을 절감케 되는 한편 우리나라 역시 그런 변화의 와중에 서 있어 지금이 그 어느 때보다 소중한 시기라는 것을 확인해 보게 된다. 최소한 나무들보다 못한 변화대응력을 지녀서는 안된다는 자각이 절실해지는 만추(晩秋)의 10월 하순이다.

〈2002-10-30〉

월평산성과 월평공원

필자가 지금 쓰고 있는 사례는 전혀 새로운 사실이 아니라는 점부터 밝힌다. 그럼에도 또 다시 거론하는 이유는 갈수록 훼손정도가 심해지는 모습을 보면서 안타까움을 금할 수 없기 때문이다. 이 글을 보는 시민들이 혹여 공감한다면 함께 그 대안을 찾고 싶은 심정도 글을 쓰게 된 동기에 포함된다.

일반인들에게는 신신예식장 부근 하면 더 잘 알려져 있는 신신예식원이 자리한 뒤편 야산이 유성산성 또는 월평산성으로 불리는 지역으로 이 월평산성은 대전광역시 기념물 제7호로 지정돼 있다. 이 월평산성이 유명세를 탄 것은 역사책에 기록돼 있는 '백제 8현금'의 그 백제악기가 이곳에서 출토된 데 힘입은 바 크다. 그저 허름한 야산으로만 알고 있었던 이곳에서 출토된 유물을 분석하는 과정에서 백제때의 악기가 나옴으로 해서 이 산성의 값어치는 급상승한 것이다.

그러나 이런 생각은 그저 학자들의 판단에 머무를 뿐 월평산성은 마치 그 옛날 황성옛터의 노래가사처럼 '성은 허물어지는' 황폐함이 날로 가중되고 있는 딱한 상황에 처해 있다. 계족산성과 보문산성 등이 거액의 예산을 들여 보수공사에 나선 것과는 사뭇 대조적이다. 어쩔땐 갈수록 퇴락해가는 그 모습을 보고 있노라면 패망한 국가—백제의 영욕을 실감케 된다. 이 월평산성의 동남모서리에는 그 옛날 백제인이 직접 쌓은 것으로 추정되는 고대(高臺)가 자리하고 있는데, 지난 해부터 흙과 돌이 무너져 내려 머잖아 고대 자체가 사라져 버릴 지경에 처해 있다.

필자가 생각컨대 이 월평산성은 둔산 지역은 물론 유성구민들에게도 접근성이 뛰어나 가꾸기 여하에 따라 훌륭한 문화관광지로 재탄생될 여지가 충분하다. 무엇보다 이곳에서 백제때 악기가 출토됐다는 사실 하나만이라도 자라나는 어린이들에게 다시 없는 이야기거리가 될 수도 있을 것이다. 아직 늦지 않았으니 이 지역에 시민과 관계 당국의 관심과 애정이 모아져 새롭게 역사적 명소로 가꾸어졌으면 하는 바람 간절하다.

월평산성과 함께 월평공원의 훼손정도도 해가 갈수록 커지고 있어 이 또한 시민과 관계당국의 관심을 촉구하고자 한다. 이 월평공원은 대전의 한복판에 자리해 도심 허파와 같은 존재라 할 만하다. 그런 이유로 평일에도 수 많은 시민들이 이곳을 찾아오고 있어 일대의 나무들이 훼손될 우려가 점점 커지고 있는 상황이다.

그런데 이 월평공원의 중턱과 아래쪽의 상당부분이 경작지화되고 있음은 물론 그 크기가 점차 확대되고 있다. 그 과정에서 크고 작은 나무들이 무차별로 베어지고 있어 시민들의 걱정을 사고 있다. 물론 농경지의 소유주들이 농사라도 지어 가계에 보탬을 주고자 하는 데 대해 법적으로 시비를 걸기는 어려울 것이다. 그러나 이 월평공원 일대는 말 그대로 도심녹지를 확보할 목적으로 법으로 정한 공원이다. 적어도 개인의 이익보다 공공의 자원이라는 점이 앞서는 곳이 이 월평공원인 것이다. 웬만한 가뭄에도 골짜기에 물이 흐르는 이곳의 자연녹지가 더 이상 훼손되지 않도록 시민들의 관심이 모아졌으면 한다.

때마침 올해는 문화관광부에서 정한 '문화환경가꾸기의 해'다. 문화환경은 어느날 갑자기 어디서 생기지도 않을 뿐만 아니라, 지역이 지니고 있는 자원속에서도 얼마든지 찾아낼 수 있는 성질의 자원이기도 한다. 월평산성과 월평공원이 그 좋은 사례가 될 수 있음은 비단 필자 한 사람만의 생각이 아닐 것이다.

〈2002-2-27〉

시베리아의 파리, 이르쿠츠크

바이칼호를 보러 오는 외국인들은 대부분 이르쿠츠크(Irkutsk) 시를 경유하게 되는데 이 이르쿠츠크시야말로 시베리아가 자랑하는 아름다운 고도(古都)란 것을 이곳에 머물면서 직접 체험할 수 있었습니다.

올해로 건설된 지 340년이 된 이 도시는 시내 한복판에 앙가라 강이 흐르고 있고, 시내 곳곳에는 옛 제정러시아의 영화를 엿보게 해주는 200~300년 된 건축물들이 그대로 있었으며 가정집도 창문과 대문에 각양각색의 문양으로 장식해 놓아 마치 제정러시아시대에 와 있는 듯한 착각을 느끼게 해주었습니다. 인구가 70만을 넘고 대학이 15개나 되는 이 도시는 국립이르쿠츠크대학생(1만1000명)을 비롯한 학생만도 10만명을 넘는다는 이 시베리아의 고도는 러시아인들이 오기 전에는 우리와 얼굴 모습이 꼭 같은 부랴트(Buryat)족이 원주민이었다고 합니다.

그러다 1652년 코사크기병대가 이 지역의 원주민을 정복하고 이어 제정러시아가 도시개발에 나서면서 이르쿠츠크 시는 동시베리아의 교통의 요충지로 성장하게 되었습니다. '니콜라이 세르구노프'라는 사람은 이미 140년 전인 1863년 이 곳을 와보고 "영국이 런던을 건설하고 프랑스가 파리를 만들었다면 시베리아는 이르쿠츠크를 창조했고, 이곳을 보지 못했다면 시베리아를 보았다고 할 수 없다"고 했다고 이 곳의 서점에서 산 이르쿠츠크시 소개책자의 앞장에 써 있었습니다.

제정러시아 이래 스탈린시대까지 정치범의 유배지로 악명을 떨친 곳 또한 이곳이라는 얘기를 듣고 더욱 묘한 매력이 느껴진 이 도시는 앙가라 강가의 한가한 산책로를 비롯해 번화가인 레닌 거리와 칼 마르크스거리가 교차하는 도심 역시 여행객들이 다니기에는 붐비지 않아 좋았습니다. 이곳을 걷다가 보도폭을 재어보니 무려 5m도 더 되었습니다. 넓은 땅이기에 이만큼의 보도가 가능하겠다는 생각을 하면서 과연 시베리아에 왔다는 것을 실감해보기도 했습니다. 도심 어느 곳에 가도 나무와 꽃들이 있었고, 시내 한복판에 상당히 큰 공원도 있어 이 도시의 매력을 더했습니다. 다만 정제가 덜 된 연료를 사용하는 봉고버스를 비롯한 각종 차량들이 내뿜는 매연으로 숨이 막히는 순간 러시아의 경제적 어려움을 체감해 보면서 이곳 역시 과거가 아닌 현재의 도시임을 문득 문득 느끼게 해주었습니다.

그러면서도 이곳에 있는 발레극장과 미술관, 1762년에 세워진 러시아정교회를 둘러보면서 러시아의 문화를 되돌아보는 기회를 가진 것 역시 이곳 여행이 준 즐거움이라 하겠습니다. 톨스토이를 비롯한 차이코프스키 등 숱한 작가와 예술인을 배출한 나라－러시아의 한 조그마한 도시인 이곳 이르쿠츠크시의 발레극장에서 브랴트인의 발레공연을 보면서 왜 러시아의 발레가 세계적인 수준이 되었는지를 미루어 짐작케 되었습니다. 이는 발레를 하는 무용수들이 뛰어난 기량을 발휘하는데 따른 것이겠지만, 이와 함께 관객들의 수준과 역할이 있기 때문이란 생각을 해보게 되었습니다.

우리 같으면 대전에서 어느 시골학교의 학예회 정도 되는 무용공연을 보러 오는 관객이 있을까요. 그러나 이곳에서는 브랴트족 학생들의 발레공연을 보러 온 관객이 대단히 많았으며 그 관객들 속에는 가족단위의 관객은 물론 학생 · 연인, 그리고 우리의 할머니에 해당되는 관객들도 상당수 목격할 수 있었습니다. 문화향유층의 폭이 두껍고 그들의 매우 진지한 관람태도를 보면서 러시아인들의 문화수준을 감지할 수 있었습니다. 미술관에 가서 본 러시아인들의 조형미 의식 또한 인상적이었습니다.

과거 제정러시아시대에서부터 몇십년 전까지 활동했던 화가들의 그림과 공예품을 보면서, 또 러시아 정교회를 상징하는 아이콘을 대하면서 어두우면서도 사실주의적인 화풍속에서 러시아인들의 우울한 과거를 추측해 보기도 했습니다. 밤 10시가 넘어야 해가 지는 백야의 이르쿠츠크시에서 본 들풀은 우리의 들풀과 꼭 같아서 문득 어릴 때의 기억이 떠오르기도 했습니다.

〈2001-8-15〉

거룩한 호수, 바이칼

지난 달 26일 새벽 2시. 바이칼호반에서 본 밤하늘과 사위(四圍)는 정말 환상적이었습니다. 세계에서 가장 오래되고 또 가장 수심이 깊은 매력적인 호수로 알려진 이곳 바이칼호에 왔다는 감격 속에 바라본 밤하늘은 그동안 도심에서 좀처럼 볼 수 없었던 자연의 장관 그것이었습니다.

풀벌레의 합창소리 속에 사위는 깜깜하였으나, 은하수와 여름하늘의 그 숱한 별들이 머리위에 있었습니다. 목을 뒤로 젖힌 채 한참을 보니 여러 개의 별들이 길게 떨어지는 것도 볼 수 있었습니다. 잠시 인간의 일들을 잊은 채 대자연의 품에 안길 수 있었던 이날 밤은 행복했다기보다는 숙연함에 잠겼었다고 해야할 것입니다.

시베리아 횡단열차를 타고 바라본 시베리아대평원도 놀라웠지만, 앙가라 강줄기를 따라 와 본 바이칼호는 바다에 가까웠습니다. 바이칼 주위사람들에게는 '거룩한 호수'로, 타타르어로는 '풍요로운 호수'란 뜻으로 불리는 바이칼호는 러시아인들이 그 어떤 곳보다도 사랑하는 장소이기도 합니다. 그래서 오랫동안 러시아문학과 문화에 중요한 역할을 차지해 왔다고도 합니다. 북동쪽에서 남서쪽으로 뻗은 초승달 모양을 하고 있는 이 바이칼호는 아주 투명해 물색깔이 시시각각으로 변하고 있었습니다. 이 호수 주변에 살고 있는 사람들은 바이칼의 물을 그냥 식수로 쓰고 있었으며 우리 일행도 바이칼에 입을 대고 마셨습니다.

바이칼호는 러시아의 바이칼이지만 동시에 전세계의 바이칼이란 것도 이번에 알게 되었습니다. 이 바이칼호에는 336개의 하천과 강이 흘러들어가지만, 바다와 연결되는 강은 이르쿠츠크시를 관통하는 앙가라강 뿐이어서 러시아 영토에서 아주 독특한 생태계를 구성하고 있는 곳이기도 합니다. 이런 이유로 많은 나라의 과학자들이 이곳 바이칼호에 와보기를 동경하고 있으며 실제로 이곳에서 만난 한 독일인 생물학자는 이 호수에 반해서 이곳에 와 살고 있었습니다.

대부분의 호수에서는 300m이하가 되면 생물이 존재하지 않는데, 바이칼호에서는 수직으로 물의 이동이 이루어져 다른 호수의 3배의 깊이까지 산소가 운반되는 물의 순환이 이루어진다고 합니다. 또 이 바이칼호에는 외부의 불순물을 분해시키는 미생물이 있어 오염을 현저히 저하시킨다고 이곳에서 만난 그 독일인 생물학자는 말해주었습니다.

그러나 이처럼 매력적이며 러시아인들의 표현으로 거룩한 곳인 바이칼호 역시 만성적인 환경오염으로부터 예외적인 곳은 아니었습니다. 글라스노스트 이후 부유해진 이곳 사람들이 호수주변에 별장을 짓는 일이 점차 늘어나고 있었으며, 제지공장을 비롯한 많은 수의 공장들이 바이칼호 주변에 들어서 있어 공장폐수를 버리고 있음을 짐작할 수 있었습니다.

여기에 중국쪽에서의 핵실험에 따른 방사능 낙진이 이곳까지 불어온다는 한 카레이스키과학자의 말까지 듣고나니 바이칼호라고 오염으로부터 벗어난 곳은 아니라는 생각을 해보게 되었습니다. 실제로 필자는 바이칼호의 환경을 감시하는 미국의 'earthwatch'라는 환경단체회원들과 만날 수 있었습니다. 이들은 한달 가까이 이곳에서 머물며 바이칼호의 수질과 생태계를 살펴보고 있었습니다. 유네스코 역시 전세계의 학자들로 구성된 연구팀을 바이칼호에 상주시키고 있었습니다.

급경사로 이루어진 호수연안에서 바라본 바이칼호는 참으로 매력적이어서 저절로 시인이 되었다는 착각에 빠지기도 했습니다. 그러나 머리의 한구석에는 이런 대자연만큼은 굳이 환경론자가 아니라 하더라도 인류가 꼭 지켜내야 할 유산이며 실제로 이런 노력을 조용히 하고 있는 사람들이 있다는 것을 본 것은 생각지도 않았던 '환경에 대한 소중함'이란 수확이기도 했습니다.

〈2001-8-9〉

혜강惠崗과 원효元曉

문화관광부가 4월의 인물로 선정한 조선말기의 실학자이자 과학사상가 혜강 최한기(惠岡 崔漢綺, 1803~1879)의 학문적 업적을 대하면서 필자는 신라의 고승 원효대사와 이들 두 선각자가 오늘의 시대정신에 시사하는 의미는 또 무엇인지 되묻게 된다.

혜강은 학문연구에 있어 창조성과 독자성, 진취성을 그의 신조로 삼은, 오늘의 시각에서 보면 신지식인의 태두로 꼽힐 인물이었으나 그의 학문적 성과는 유수의 실학사상가들에 가리어 뒤늦게 후세사가들의 주목을 받게 되었다. 그가 저술한 책만도 무려 천여 권에 달하는 것으로 전해지고 있으며 서양학문을 소개하는 많은 저술을 통해 서양과학기술의 도입을 적극적으로 주장하기도 했다. 선인들의 교리와 학문이 고정되어 변하지 않는 것이 아니라, 시의와 현실에 맞게 변혁해 실행할 때 진보가 있는 것이라는 강한 실험정신을 혜강은 보여주었으며 직업교육을 제창해 전통적인 유교사상에 실증성을 접목시키는 과감함을 발휘했다. 그의 이같은 창조성과 실증적·과학적 사상이 과학의 달 4월에 걸맞는 인물로 선정된 배경이 되었을 것이다.

혜강이 조선말기를 대표하는 진취적인 학자였다면 원효(元曉)대사는 혜강보다 한세기 이전에 독자적인 불교사상을 개척한 인물로 평가되고 있다. 당나라유학이 선망의 대상이 되던 당시 원효 역시 求法을 위해 의상과 당나라로 가다가 도중에 해골에 고인물을 마시고 깨달음을 얻어 스스로 독자적인 불교사상을 개척하게 되었다. 그는 기존의 불교교리에 얽매이지 않았으며 불교의 귀족화에 반대해 일반대중 속으로 뛰어드는 종교적 실천을 보여줌으로써 훗날 불교가 이 땅에 토착화되는 이론적 틀과 중생과 함께하는 불자의 모범을 보여 준 전설적인 인물로까지 치부되고 있기도 하다.

혜강과 원효란 두 선각자의 사상과 삶을 보면서 지금 세기말을 향해 치달아가고 있는 우리의 현실 속에서 이들이 주는 교훈과 의미는 무엇일까를 새삼 되짚어 보게 된다. 새로운 세기를 앞두고 기존의 지식과 가치가 빛을 잃고 정보화란 새로운 패러다임이 광범위하게 영향력을 행사해 가는 속에서 사람들은 새로움에 적응해 가고 있으면서도 새로운 시대정신의 앞날에 불안해 하고 있다. 변화와 개혁에 대한 불안감은 특히 새정부가 추진하고 있는 교육에 이르러 더욱 확산되고 있다는 게 많은 사람들의 지적이기도 하다. 외부세계의 변화에 걸맞게 교육 내용이 바뀌어야 하고 미래가 요구하는 인간을 길러야 한다는 점에서 창의성과 독자성을 지니는 지식인을 길러야 한다는 게 새 정부가 주창하는 교육관으로 요약된다.

문제는 바로 이같은 신지식인의 모델이 누구이며 어떻게 우리의 교육체제와 연계해 나가느냐가 아닐 수 없다. 사고의 독창성은 또 어디서 얻어질 수 있는 것이며, 그간의 우리 교육이 왜 창의성을 길러줄 수 없었는지에 대한 반성이 진지하게 논의될 때 새로운 교육이 시작될 수 있다는 생각에 이르게 된다.

혜강 최한기는 유학이 뿌리깊게 자리한 조선시대를 살았으면서도 유학의 전통계승에 그치지 않고 독창적인 氣이론을 바탕으로 서양과학기술의 도입을 주창하는 강한 실험정신을 그의 학문내용에 담는 진취성을 보여주었고 원효 역시 불교를 대중속으로 전파하려는 시도를 통해 외래사상의 한계를 벗어날 수 있었다. 이 두 선각자들이 우리에게 주는 깨달음은 지금 우리 시대가 요구하는 창의성과 독자성의 모범을 보여주었으며 당시의 두 사람이 살았던 시대적 상황이 어쩌면 우리가 살았던 시대상황과 흡사하다는 점이라 하겠다.

흔히 역사는 돌고 돈다고 한다. 역사가 우리에게 지혜와 교훈을 줄 수 있다면 바로 이같은 역사의 되풀이되는 속성이라 할 수 있다. 21세기의 문턱에서 또다시 창의력을 부르짖는 시대적 요구앞에 우리 교육의 명운을 거는 상황이 전개되고 있다. 혜강과 원효와 같은 독창성을 지닌 인물을 키워내느냐 그렇지 못하느냐에 우리 교육의 성패가 걸려 있다는 생각을 해보면 아인슈타인이 한국에서 태어났더라면 과학자가 될 수 없었을 것이란 풍자가 다시는 나오지 않는 그런 미래를 기대해 본다.

〈1999-4-7〉

문화란 화두話頭

추석대목이 사라졌다고 울상을 짓는 상인들의 풀죽은 목소리에서 IMF하의 경제난을 실감하면서도 예년과 다름없는 추석귀성인파를 보면서 필자는 우리의 변함없는 삶의 모습과 삶 속에서 추구해야 하는 가치가 무엇인지를 재삼 생각케 된다.

이런 물음 앞에 다양한 답변이 제기될 수 있겠지만 분명한 점은 인간은 비록 현실적인 삶이 괴롭고 힘들더라도 일정한 형태의 습속(習俗)과 문화적 전통은 좀처럼 버리려 하지 않는다는 사실이다. 오늘날의 명절이 비록 과거와 같은 형태의 풍속은 지니고 있지 못하지만, 사람들의 뇌리 속 어느 곳에 희미하게나마 각인돼 있는 명절의 어떤 요소가 반사작용을 일으켜 예년과 다름없는 귀성인파를 이루게 되지 않았나 유추해 보게 된다.

우리는 이러한 측면을 흔히 전통이란 이름으로 또는 문화란 말로 뭉뚱그려 표현한다. 전통과 문화는 물론 다른 말이지만, 전통속에 문화가 들어서 있고 또 거꾸로 문화속에 전통이 짙게 배어 있음을 알고 있다. 우리의 삶이 아무리 고달프고 힘들다 해도 삶이 가치있고 이루어내야 할 꿈이 있다면 쉽사리 절망하지 않는다. 삶속에 가치를 부여하고 삶의 원동력을 불어넣어줄 수 있는 것은 무엇일까. 물론 1차적으로는 생활을 영위할 수 있는 경제력이겠지만, 삶에 의미와 가치를 부여해 주는 요소는 바로 문화라 할 수 있다.

때마침 10월은 문화의 달로 곳곳에서 지역문화제가 풍성하게 열리고 있으며 문화행사가 다양하게 펼쳐지고 있다. 문화행사 뿐만 아니라 문화를 둘러싼 다각적인 논의도 우리 사회 도처에서 일고 있는게 요즘의 모습이기도 하다. 즉, 문화산업이란 말을 그 대표적 사례로 꼽을 수 있다. 문화가 삶을 지탱시켜 주는 원동력이란 점 말고도 문화 자체만으로 상당한 부를 가져다 줄 수 있는 하나의 산업으로 각광받고 있다는 논의가 요즘 크게 일고 있는 것이다. 유럽을 비롯한 외국의 수 많은 축제가 미술관, 박물관들이 한 나라는 물론 일정지역의 이미지를 변화시켜 톡톡히 수입을 가져다 준다는 것을 많은 사람들이 지적하고 있음을 보게 된다.

이런 문화에 대한 다양한 논의와 행사를 보면서도 필자를 비롯한 여러 사람들은 우리의 문화적 풍토가 매우 척박하고 가야 할 길이 아직은 멀다는 생각을 거두지 못하고 있다. 이달에 치러지는 지역문화제만 해도 우리의 문화현실을 보여주는 한 예라 할 수 있다. 주로 관주도로 치러지는 지역문화제는 전통과 문화를 주제로 내세우고 있지만 지역주민의 축제로 자리하지 못한 채 1회성 행사로 끝나고 마는 한계를 벗어나지 못하고 있다.

왜 이런 현상이 해마다 되풀이되고 있을까. 필자 소견으로는 행사를 주관하는 관에서 발상의 전환을 기하지 못하고 있음이 주원인이라는 생각이다. 서두에서 말한 것처럼 문화는 삶속에 녹아있는 의식인 동시에 삶을 가치있고 즐겁게 해주는 그 어떤 요인들이 섞여 있을 때 제기능을 발휘할 수 있다. 문화재가 문화제로서의 역할을 제대로 하려면 지역주민의 참여가 반드시 뒤따라야하며 주민참여는 저절로 이루어지는 것이 아니다. 우리의 지역문화제는 물론 구호처럼 내세우는 지역문화발전 역시 문화에 대한 관의 과감한 발상전환이 이루어질 때만이 개선가능성의 폭이 확대될 수 있다는 게 필자의 생각이다.

개발시대의 경제논리는 이제 시대적 착오임이 드러난 이상 발상과 패러다임의 전환이 지금 우리의 화두로 대두돼 있다. 문화가 진정한 우리의 새로운 구원자로 등장하기 위해서는 문화를 대하는 우리 모두의 자세가 보다 진지하면서도 신선한 전략적 사고를 요구한다는 생각을 문화의 달에 해보게 된다.

〈1998-10-14〉

대전판 르네상스

가을문턱을 넘어서면서 전국 곳곳에서는 문화예술축제가 벌어지고 있거나 축제개막을 예고하는 각종 팸플릿이 흘러넘치고 있다. 으레 이맘 때면 연례행사처럼 되풀이되는 일이기는 하나 지자제 시대로 접어들면서 가을축제의 양과 질이 더 증폭된 느낌이다. 지방문화예술축제의 풍성함은 어느 모로 보나 반가운 일이 아닐 수 없다.

무엇보다 문화예술은 이제 인간의 정신활동이란 제한된 범위수준을 넘어 국가발전의 중요한 원동력으로 인식되고 있기 때문이다. 이미 많은 학자들이 21세기를 '문화의 시대'로 규정하고 있으며 벌써부터 세계 각국이 치열한 문화전쟁을 벌이고 있는 점으로 볼 때 지방문화예술축제의 풍성함은 지방의 발전적인 한 양태로 해석해도 무리가 없다고 해야 할 것이다.

지자제가 가져온 이같은 일련의 고무적인 분위기 속에서 필자는 과거 문화의 볼모지로 불리었던 대전이 새롭게 변신할 수 있는 절호의 기회가 왔다는 상념을 떠올려 보게 된다.

자화자찬이 아니라 90년대로 들어서면서 대전은 더 이상 문화의 볼모지가 아니다.

이 지역에서 활동하고 있는 문화예술인들의 증가로 각종 문화예술공연이 지난 80년 대에 비해 폭발적으로 늘어난 것은 물론 엑스포를 개최하면서 지역민의 문화욕구나 수준이 한 단계 도약했기 때문이다. 아울러 이 지역 내 문화인프라시설도 늘어나 그야말로 대전지역의 문화예술 '르네상스'를 기할 수 있는 구색이 일정수준 구비됐다는 생각을 갖게 만들고 있기 때문이기도 하다.

이 고장에는 시립연정국악원이 있는가 하면 올 연말 대전·충청권을 대표할 수 있는 대형 시립미술관도 들어 설 예정이어서 더 이상 문화의 불모지란 오명은 듣지 않게 되리라고 확신해 본다.

그럼에도 불구하고 지역민들은 물론 외지에서 대전을 선뜻 문화의 도시라고 부르지 않는 이유는 무엇이고, 어떤 점에서 대전이 타 도시에 비해 문화도시로의 면모가 떨어지고 있는 것일까. 이 과제를 심사숙고하는 것이야말로 대전이 또 한 걸음 나아가는 지름길이라는 판단이다.

대전시는 정부 제3청사 입주를 계기로 엑스포 개최에 이어 또 다시 도시의 면모를 일신할 수 있는 호기를 맞았다고 해도 과언이 아니다. 도시가 성장할 수 있는 빅 이벤트를 맞게 된 것이다. 외지에서 사람들이 몰려오고 새로운 일들이 펼쳐질 이 때야말로 도시성장을 꾀하는 전략이 필요한 시점임은 대전시민이면 누구나 감지하고 있다.

이런 시점에서 대전시는 그 어떤 정책보다 문화도시만들기에 행정력을 기울여야 한다는 생각이다. 지금은 대전지역의 문화예술이 성장할 수 있는 잠재력도 나름대로 풍부하며 문화인프라도 그런대로 갖추어졌다고 할 수 있다. 문제는 재료를 어떻게 가공해 좋은 음식을 만들 수 있는냐 하는 '요리솜씨'가 아직 미숙하다는 데 있다는 판단이다.

최근 시립미술관 관장 선정을 둘러싼 잡음도 이런 요리솜씨의 부족에서 온 결과로 해석된다. 그런데 대전시 문화예술의 요리사는 대전시 문화예술행정당국일 수도 있고 지역문화 예술인이기도 하며 더 폭넓게 보면 지역민 모두 다 해당될 수도 있다고 해야 할 것이다.

자칫 문화전쟁의 대오에서 낙오하는 불행이 생기지 않도록 문화도시로의 발돋움에 이 지역 모두의 분발이 요구되는 계절이다.

〈1997-9-25〉

고향에서 여름보내기

장마가 아직 끝나지 않았지만 여름휴가 시즌이 이미 시작됐다. 그런데 본격적인 휴가철을 앞둔 요즘 정작 휴가계획을 세우지 못한 직장인들이 많다는 소식이다. 얼마 전 현대경제사회연구원이 전국의 20세 이상 기혼자 1천 명을 대상으로 설문조사를 실시한 결과에 의하면 응답자 가운데 57.4%가 올 여름 휴가를 떠날 계획이 없다고 응답한 것으로 나타났다. 일에 시달리는 직장인들이 심신을 재충전할 기회인 휴가조차 떠나지 못하게 된 사연은 무엇일까. 나름대로 조금씩 사정은 다르겠지만 무엇보다 연초부터 몰아닥친 경기침체로 연이은 기업들의 도산 및 명예퇴직과 조기퇴직으로 이어지는 경제난이 그 주된 이유라 생각된다. 한마디로 휴가를 떠날 만큼 주머니사정이 여의치 않을 뿐만 아니라 정신적으로도 여유가 없는 게 요즘 대다수 직장인들의 속내라고 해야 할 것이다.

사실 이즈음 우리나라의 돌아가는 형편을 보고 있노라면 한가하게 휴가나 궁리하고 있을 계제가 아니라고도 할 수 있다. 잇따라 대기업군이 무너지고 있으며 정치풍토는 조금도 나아질 기미를 보이지 않고 있는가 하면 학교폭력이 난무하는 등 사회분위기마저 점점 흐려지고 있다는 개탄만 흘러나오고 있다. 어느 한구석 빤짝하는 희망을 찾아볼 수 없다는 게 요즘 시국을 논하는 식자들의 시각이다.

이처럼 그 어느 때보다 힘든 하루하루를 살아가야 할 요즘이기는 하지만 그렇다 하더라도 직장인들의 휴가만큼은 꼭 필요하다는 생각이다. 오히려 현실이 더 각박할수록 한걸음 물러나 심신의 여유를 되찾는 편이 훨씬 생산적이라는 게 경영학자들의 분석이기도 하다. 문제는 자신의 형편에 맞게 얼마만큼 효율적으로 휴가를 보내는 가이다.

최근 해병대가 일반인들을 상대로 4박5일짜리 군대생활을 여가상품으로 판매하는가 하면 어떤 레저업체에서는 군생활과 레저를 섞은 군사훈련 프로그램을 내놓아 눈길을 모으기도 했다. 그런가 하면 지방화시대를 맞아 지자체들이 앞을 다투어 내 고장에서 피서보내기 운동을 펼치고 있어 자치시대의 변화가 이런데까지 미치고 있다는 신선함을 느끼게 해주고 있다.

내 고향에서의 피서야말로 부모와 일가친척을 만나고 휴가도 즐길 수 있는 그야말로 일거양득의 효과를 거두는 일이 아닐 수 없다. 알뜰 휴가로는 내 고향에서의 피서가 제격이란 생각을 해보면서 다른 한편 내 고장을 떠난 출향인사들이 과연 고향을 찾았을 때 무엇을 보여줄 것이며 그들이 흡족해 하고 돌아갈 수 있을까 하는 걱정도 앞서게 된다.

아직도 먹고 마시는 것으로 끝나는 휴가와 여행형태가 사라지지 않고 있지만, 몇 년 전부터는 이른바 문화기행, 역사기행 등 보고

배우며 즐기는 여행이 확산되고 있음을 보게 된다. 이는 대단히 바람직한 변화라 여겨진다. 생활의 여유가 늘어날수록 이런 문화 기행식의 여행과 휴가가 정착될 것으로 전망되기도 한다.

문제는 바로 여기서 기인된다. 내 고장으로 오라고까지는 했지만, 보여줄 것과 흡족한 휴가가 될 수 있도록 하는 소프트웨어가 구비돼 있느냐는 것이다. 지금 고향의 산과 바다가 어린 시절 뛰놀던 그때의 산과 바다가 아니라는 것은 출향인들이 더 잘 알고 있다. 어릴 때의 추억을 떠올릴 수 있는 건물과 정자는 그대로 있을까. 지역에 따라 차이는 있을 수 있지만 옛 건물 대신 시멘트로 가득한 새 건물과 도로가 들어찬 곳이 지금의 고향풍경인 경우가 더 많다. 동네사람들은 그대로 있는가. 이미 고향을 등진 동네사람들이 더 많을 것이며 낯설은 외지인만 서성대는 지역이 적지 않을 것이다.

사람도 옛 사람이 아니며 마을풍경 역시 전국이 모두 획일화되다시피한 요즘 과연 고향을 찾은 출향인사들이 무엇을 보고 어떤 놀거리를 즐길 수 있을 것인지 걱정이 앞서는 것은 필자만의 생각일까. 더구나 대표적인 백제유적인 공주 무령왕릉이 훼손상태가 심각해 폐쇄조치 되었다는 충격적인 소식을 접하면서 이런 걱정을 더하게 된다.

자치시대를 맞아 피서를 내 고향에서 보내자고 나선 것은 물론 과거에 볼 수 없었던 참신한 발상이라 할 수 있다. 그러나 발상에 그쳐서는 안된다. 출향인사들이 고향을 찾아왔을 때 정말 잘 왔다고 느낄 수 있도록 지역을 가꾸어야 한다. 이런 느낌을 줄 수 있는 가장 손쉬운 곳은 바로 지역의 유·무형 문화재와 문화현장이라는 게 많은 이들의 지적임을 지자체는 새겨야 할 것이다.

〈1997-7-17〉

해법解法으로의 문화와 전통

문화 또는 문명이란 말에는 우리는 고상한 느낌을 받게 된다. 동시에 이런 문화·문명이 풍기는 뉘앙스로 인해 고급스러운 것을 지칭할 때 문화란 말을 덧붙여 쓰기도 하며, 생활에 시달리는 사람들은 문화와는 거리가 멀다고 생각하기도 한다.

이처럼 고상하면서도 현실과 유리된 듯한 이미지를 주는 문화를 빙자한 일대권력투쟁을 벌여 세계에 충격을 준 사건이 文化大革命이다. 1965년 가을부터 10년 간 공산주의국가 중국을 아수라장으로 만든 이 문화대혁명은 처음에 '문예정풍'과 같은 문화, 또는 문명사 개조 작업으로 출발했다. 그러나 이 같은 문화운동이 권력투쟁으로 번져 중국 사회를 전례없는 혼란에 빠뜨리는 결과를 초래했던 것이다.

새삼 문화를 빙자한 일대 권력투쟁 사건이었던 문화대혁명이 생각난 것은 지금 세계에서도 문화전쟁이 치열하게 벌어지고 있으며, 이 문화전쟁이 경제전쟁 또는 무역마찰의 현상으로 표출되고 있기 때문이다. 최근 우리 국민들의 소비절약운동을 미국무역대표부(USTR)가 연례무역장벽보고서를 통해 일종의 무역장벽이라고 시비하고 나선 사례가 있었다. 과소비를 억제하고 국민들 스스로 소비를 억제하자고 나선 이 소비절약운동은 다분히 윤리적 판단에 기인한 사회현상이라 할 수 있다. 좀 더 확대 해석하면 일종의 사회문화 현상이라고도 할 수 있다. 이같은 사회문화 현상에까지 경제적 제재를 가하려 했던 미국측의 발상이 한국민의 반발을 사게 됐던 것이다. 이번 사례는 경제논리와 광의의 문화논리가 상호연관돼 있음을 보여준 단적인 예에 불과하다.

과거 영국의 식민지 시절 인도의 국민적 영웅 간디가 원시적 방법을 통해 물산장려운동을 편 것도 전통문화를 바탕으로 해서 정치·경제적 투쟁을 벌인 것이라 할 수 있다. 과거 서구 열강이 식민지쟁탈전에 나설 때 선교사들을 사전에 파견, 문화적 정복을 시도한 것은 세계역사가 증명해주고 있다.

우리는 아직도 문화를 삶과는 동떨어진 어떤 것으로 치부하는 경향을 가지고 있다. 경제난국이란 걱정은 크게 하고 있으나, 문화적 빈곤에 대한 우려는 크게 확산되지 않고 있다. 시장개방화는 두려워하면서도 이미 국민생활 깊숙이 파고든 외래문화에 대한 대비책은 소홀한 게 지금의 현실이다. 국경이 큰 의미가 없어져가고 있는 지금 전통문화의 소중함이 그만큼 더 요구되고 있음은 이런 시대적 흐름 때문이라고 해야 할 것이다. 전통문화를 소중히 해야 함은 세계가 벌이고 있는 경제적, 또는 문화전쟁 때문이기도 하지만, 다른 한편 지금의 총체적 난국인 우리의 국내 사정을 푸는 해법이 될 수도 있기 때문이다.

우리 선조들은 문학과 철학을 바탕으로 한 학문을 통해 경세(經世)의 원리를 체득했고 이를 현실정치에 적용했다. 탐관오리가 없지 않았지만, 명재상이 많이 나왔던 이면에는 우리 선조들의 이같은 사상적 전통이 면면히 흘러왔기 때문이라고도 분석된다.

해방 이후 우리의 정치인들이 보여 준 치부는 최근 한보 정국에서도 그 맥이 이어지고 있음을 보게 된다. 부정한 돈이라도 정치자금이란 미명 아래 받아 챙겨 선거에 당선되면 그만이라는 식의 행태가 몇십 년을 되풀이 해 오고 있음을 한보정국이 단적으로 입증해주고 있다. 학문과 정치의 원리가 하나였던 우리의 전통이 해방 후 그 맥을 상실함으로써 국민들을 혼란과 실망의 도가니에 빠뜨린 지금 총체적 난국을 형성한 한 원인으로 적용했음을 돌아보게 된다.

요즘 우리 주위에서는 몇 사람만 모여도 경제를 걱정하고 정치를 개탄한다. 그러나 이런 현상이 문화를 소홀히 하고 전통의 소중함을 잃어버린 자충수임을 얘기하는 사람은 그리 많지 않다. 난국을 걱정하는데 머물러서는 해법이 나올 수 없다. 지금 우리에게 필요한 것은 다시 일어나 현재의 위기상황을 벗어나려는 노력이 아닐 수 없다. 이런 난국을 벗어나기 위한 해법으로 문화와 전통을 주창해 본다. 올해는 정부가 문화유산의 중요성을 강조한 해이기도 하다. 구호나 일시적인 행사로 그치고 마는 문화유산의 해가 되지 않기 위해서라도 국민 모두의 문화와 전통에 대한 인식 확산이 요구되는 것이다.

한(恨)의 사이클에서 벗어나 신바람의 주기(週期)로 돌아서기 위한 국면전환이 그 어느 때보다 절실한 하루하루란 생각 간절하다.

〈1997-4-24〉

화신花信에 띄워 본 소망

백과사전을 찾아보면 '내셔널 트러스트(National trust)'란 단어가 나온다. 훌륭한 자연이나 역사적 문화유산을 국민의 기탁금으로 사들여 보존하는 제도라고 풀이 돼 있다. 사전을 더 인용하면 19세기에 이 운동이 시작된 영국의 경우 약 105만 명의 회원에다 런던 면적의 3배나 되는 토지를 소유하고 있으며, 목장, 삼림, 호소(湖沼), 폭포, 해안, 유적, 교회, 성 등을 그 대상으로 하고 있다고 돼 있다. 또 제2차 세계대전 이후에는 미국, 캐나다, 오스트레일리아 등에도 퍼져 해안선 등을 매입해 법적으로 보호하고 있다고 소개하고 있다.

이 내셔널 트러스트운동에 대해 최근 목원대 건축학과 金晶東교수는 한 회사사보에 상세히 소개했다. "아름다운 지역이나 역사적으로 중요한 땅과 건축물은 국민의 이익을 위하여 영구히 보존돼야 한다'는 이 자발적이며 봉사적인 사회단체 내셔널 트러스트는 1894년 영국의 뜻 있는 몇 사람들이 모이면서부터 시작됐다. 이 트러스트운동이 제일 먼저 보호에 나선 대상은 영국에서 오래된 저택들이었다. 트러스트는 이 저택들을 수집하는 것이 아니라 저택의 소유자들이 이 단체에 양도한 후 오히려 자랑스럽게 생각하도록 저택을 보호했다. 이 같은 영국의 내셔널트러스트운동을 일본 역시 재빠르게 도입해 1969년 4월 '일본내셔널 트러스트'를 결성, 지금까지 35건의 보호사업, 155건의 조사연구실적을 올렸다고 金교수는 소개하면서 우리도 이제 내셔널 트러스트를 만들어야 할 것이라고 제안했다.

새삼 이같은 내셔널 트러스트운동에 눈길이 끌린 것은 올해가 문화유산의 해이기 때문만은 아니다. 작금의 우리 사회를 휘감고 있는 기류가 너무도 소모적이고 우울한 얘기들로만 치닫고 있다는 안타까움이 더 크다. 마치 어두운 터널을 끝없이 가는 듯한 한보사태의 파장은 국민들을 줄기차게 실망시키고 있고, 눈만 뜨면 들리는 경기침체소식 역시 국민들의 힘을 떨어뜨리게 만들고 있다. 예년보다 일찍 꽃소식이 전해지고 있건만 도무지 봄을 실감할 수 없는 요즘의 우리 사회분위기는 파국의 위기감까지 불러 일으키게 한다. 눈을 돌려 바깥을 돌아보면 세계는 그야말로 앞만 보고 뛰는 모습만 어른거린다.

미국이 그렇고 일본이 그러하며 유럽은 물론 동남아 각국이 뒤질세라 국력증강에 매진하고 있다는 소식이다. 다가올 1000년을 위해 이처럼 뛰어도 모자랄 판에 하루하루 힘빠지는 소식에만 매달리는 듯한 우리 사회의 모습에서 난국을 실감나게 되는 것이다.

그러나 이런 시련도 우리가 감내해야 할 과업으로 여기고 이 난국을 헤쳐나가야 한다는 사실 또한 담담히 수용해야 한다는 생각이다. 이런 차원에서 올해가 문화유산의 해인 만큼 문화유산을 보존하는 기풍을 통해 지금의 침체된 우리 사회의 분위기를 일신하는 방법을 떠올려 본다. 이미 정부를 비롯한 일선자치 단체에 이르기까지 문화유산의 해를 기념하는 갖가지 행사계획을 수립하고 있고, 이 계획이 진행중에 있기도 하다.

그러나 문화유산의 해라는 일과성 행사만으로 우리의 문화유산이 보존될 수는 없다고 해야 할 것이다. 통계를 들먹이지 않더라도 우리의 수많은 문화유산이 해외로 반출돼 있고, 지금도 우리 주위의 소중한 유·무형의 문화유산들이 산업화와 개발논리에 밀려 훼손되거나 파괴돼 가고 있다. 문화유산에 대한 근본적인 인식이 아직 뿌리를 내리지 못하고 있음을 도처에서 목격하게 된다.

영국에서 시작된 내셔널 트러스트운동이 전세계로 퍼져 문화유산과 자연을 보존하고 나선 것은 앞서 인용한 대로 그 나라 국민들의 이익을 위해서였다.

우리도 일차적으로는 우리 국가, 더 좁혀서는 어느 특정지역 지역민의 이익을 위해 이 운동을 펼쳐야 할 것이나, 나아가서는 인류의 유산을 보존해야 한다는 대의명분도 한 부분을 차지한다.

대전과 충남지역은 다른 지역 못지않게 숱한 역사적 문화유산과 아름다운 자연을 지녔던 지역이다. 멀리 선사시대로부터 일제를 거쳐 6·25전쟁을 겪어 지금에 이르기까지 곳곳에 역사의 숨결이 배인 문화유산과 자연이 남아있다. 특정유물과 문화재만을 위한 문화재보존정책보다 이제는 우리 지역 전체를 놓고 관만이 아닌 지역주민 모두가 참여하는 내셔널 트러스트운동이 일어나야 한다는 주장에 깊은 공감을 표하게 된다.

새봄이 옴과 함께 한보게이트의 악몽에서 벗어나 우리 지역에서만이라도 이런 생산적인 운동이 움터나오기를 소망해본다.

〈1997-3-20〉

한가위와 놀이 문화文化

유네스코에서 전세계 35개 언어로 발행하는 월간지 '유네스코 쿠리에'는 그 내용의 다양함과 풍부한 문화적 지면구성으로 국내에도 많은 독자층이 형성돼 있다. 지난 91년 8월호 유네스코쿠리에는 '놀이와 인간'을 주제로 다루었는데, 인간에게 놀이가 얼마나 중요한가를 다각적으로 조명하고 있다. 이 91년 8월호 쿠리에지는 탐구하고 호기심을 충족시키려는 충동과 깊이 관련된 놀이가 사람 및 모든 고등 동물들 사이에서 학습과 발견을 위한 도약대가 되고 있음을 생물학자들이 입증했다고 지적하고 인류의 미래는 자유롭게 놀이를 계속하는 능력에 의해 좌우될 것이라는 견해를 밝혔다. 아울러 산업화 된 사회에서는 놀이가(스포츠 · 쇼비즈니스 · 장난감 등으로 가장된) 영리적 동기의 지배아래 놓여 있으며, 그 결과 돈을 받는 직업선수와 돈을 지불하는 관객 사이에 간극이 벌어지고 있다는 분석을 가하고 있다.

새삼 이 잡지의 주제가 떠오른 것은 오늘부터 황금의 추석연휴가 시작되면서 흩어졌던 가족들이 고향에 모여드는가 하면 연휴를 즐기러 국내외로 떠나는 사람들의 대이동이 펼쳐졌기 때문이다.

고향을 떠났던 가족과 친지들이 한데 모이는 민족의 대명절 추석에 이제 과거와 같은 민속놀이는 사라진 지 오래다. 또 아이들은 아이들대로, 신세대는 신세대대로 따로따로 놀이문화를 즐기고 있으며 많은 사람들이 명절과 상관없이 여행을 떠나는 세태를 보며 놀이문화의 성격과 과연 우리에게 적합한 놀이는 무엇인가라는 질문을 던져보게 된다.

다음달 10월에는 우리 지역을 비롯한 전국에서 향토문화제가 펼쳐지게 되면서 우리의 전통민속놀이가 곳곳에서 재현될 것이다. 그러나 그동안의 향토문화제가 특색있게 꾸며지기 보다는 비슷비슷한 형태로 진행돼 관람객들을 실망시키는 사례가 적지 않았다는 점에서도 이제 우리의 놀이문화형태나 이 놀이의 대중적 확산을 위한 방법모색이 시급하다는게 많은 사람의 공통된 의견이다. 오늘의 신세대나 기성세대들까지도 과거의 강강술래나 지신밟기와 같은 형태의 민속놀이에 흥미를 기대하기는 힘들다. 그렇다고 해서 야구나 축구와 같은 스포츠를 추석명절에 펼친다는 것도 격에 맞지 않는다.

문제는 과거와 같은 공통체 속에서 이루어졌던 민속놀이에 대치될 만한 그런 명절 놀이문화가 없다는 것에 공감하면서도 마땅히 가족들끼리 할 만한 놀이가 없어 시간을 그냥 보내기 일쑤다. 더욱 문제가 되는 것은 현대인의 놀이의 욕구가 다양해졌고, 또 이 다양한 놀이문화에 대한 욕구는 해외여행의 기회가 확대되면서 폭넓은 경험을 하게 됨에 따라 비교의 대상이 되었다는 점이다. 또 유네스코쿠리에지의 지적처럼 산업화사회에서는 놀이가 영리적 동기의 지배아래 놓여있어 관객의 경우 수동적 역할에 그치는 상황에 빠진다는 점에서 우리의 놀이문화에 대한 개념정립에 혼동을 가져다 주고 있다.

그러나 분명한 점은 산업화가 진행되면 될수록 사람들의 놀이에 대한 욕구는 증대되며 또 이 증대되는 놀이에 대한 욕구를 우리 사회가 충족시켜주어야 한다는 사실이다. 이런 놀이문화에 대한 욕구충족에 지혜를 짜내야 할 곳이 필자는 바로 지방자치단체란 생각을 해본다. 이제 놀이문화의 개발이나 놀이시설의 확충은 그 어떤 사업보다 시급한 지방자치단체의 몫이란 생각이다. 이 놀이 문화의 개발이나 시설확보에 따라 자치단체의 능력유무가 좌우된 다는 것을 잊어서는 안된다. 향토문화제를 어떻게 꾸미고 명절때 고향을 찾은 귀성객들에게 자치단체가 어떤 놀이문화를 개발해 선 보이느냐에 따라 그 지역의 삶의 질과 아울러 그 지역의 활로도 모색될 것이라는게 필자와 많은 사람들의 공통된 견해다.

성아우구스티누스의 지적을 빌리지 않더라도 놀이는 세계와 삶 자체에 관한 우리의 호기심을 자극한다는 점에서 그리고 모든 발견과 창조를 이끌어 내는 원천이라는 사실에서도 우리는 우리의 놀이문화에 대한 깊은 성찰과 그 놀이형태를 개발해 내는데 심혈을 기울여야만 할 것이다. 그 개발의 원형을 우리의 전통속에서 찾을 수도 있고, 또 다른 곳에서 힌트를 얻을 수도 있다. 중요한 것은 그런 놀이문화 속에서 삶의 질을 높이고 삶에 활력을 불어넣어주는 축제로서의 즐거움을 다 같이 누릴 수 있어야 한다는 공감대라 할 수 있다. 한가위가 우리 민족의 대명절이 될 수 있는 그런 놀이문화의 출현을 기대해 보면서 연휴기간 내내 모두의 즐거운 시간이 되기를 기원해본다.

〈1996-9-26〉

하버마스와 조동일趙東一

마르쿠제, 아도르노와 함께 프랑크푸르트학파 사회철학을 이끌어 온 독일의 저명한 석학 위르겐 하버마스가 방한 일정을 마치고 가진 기자회견 기사를 보면서 문득 얼마 전 공개구직장을 낸 서울대 趙東一교수가 떠올랐다. 우연의 일치인지는 모르나 하버마스가 "한국의 경우 서구에서 이론적인 모델을 찾을 필요가 없다"고 말했는데, 趙교수 역시 그의 저서 '우리 학문의 길'에서 학문의 수입업자나 하청업자 노릇에서 벗어나자고 강조, 서로 일맥상통하는 견해를 보였다는 느낌 때문이었다. 한국은 역사적 경험이나 현실에서 서구와 다르므로 이상적인 본보기를 굳이 서구에서 찾을 필요는 없다고 본다는 하버마스의 발언은 세기가 바뀌는 격변기를 앞둔 우리에게 비단 이론적인 작업에 종사하는 학자뿐만 아니라 현실에 몸 담고 있는 우리 모두에게 던져진 화두란 생각이다.

세계화, 정보화를 강조하는 지금의 시대적 분위기이기에 우리의 정체성 확보문제는 더더욱 시급하고도 근원적인 성격을 지닌다고 하겠다.

이 문제를 논의하기에 앞서 지난 3월 공개구직장까지 내면서 연구에 몰두하려 하고 있는 趙東一교수의 저서 '우리 학문의 길'에서 몇몇 대목을 인용, 소개해 본다.

趙교수는 사람마다 학문을 할 필요는 없으나 아무도 학문의 결과에서 자유로울 수 없다는 전제아래 우리 민족의 현재와 장래에 관한 심각한 고민을 학문을 통해서 해결하는 '우리 학문의 길'을 찾는 일이 시급한 과제라고 주장하고 있다. 그는 이에 대한 타개책은 학문을 수입해서 본뜨는 데 있지 않고 스스로 생산하는 주역이 돼 선진국을 앞질러 나가 세계학문의 방향을 바꾸어 놓는데 있음을 주장한다. 趙교수는 우리가 이런 주역이 되기 위해서는 전국체전에 머무는 학문이어선 안되며 국제경쟁력을 가진 자기상표의 제품과 같은 올림픽 출전용 학문이 돼야 한다는 점을 여러 논증과 자료를 인용하면서 누누이 강조하고 있다 이처럼 趙교수가 강조하고 있는 학문의 길은 해방 50주년을 지나 또다른 역사적 전환점을 향해가고 있는 지금의 우리가 되풀이해서 물어야 할 질문과 맥을 함께 하고 있다는 점에서 시사하는 바 적지않다고 해야할 것이다.

지금 우리를 둘러싼 국제환경은 급속도로 변화하면서 그 앞날을 예견하기가 힘들다. 역시 이런 변화는 국내도 마찬가지다. 지난해 실시된 지방자치제로 지방의 논리가 강조되면서 지방의 위상이 커지는 과정에서 중앙과의 충돌은 물론 지역의 논리를 내세우는 지자체의 정책패턴이 반드시 옳다고만 할 수 있는 것인지의 의문을 일으키는 사례가 나오고 있다.

변화의 불안과 역사적 옳고 그름의 혼돈이 뒤범벅이 된 지금의 시대적 분위기 속에서 자칫 표류하기 십상인 우리의 모습을 보기는 어렵지 않다는 생각이 엄습하는 것이다. 쏟아지는 정보의 유통속에서 소비자들이 우왕좌왕하는 가운데 정글의 논리는 또 그대로 살아있는 현실을 살고 있다는 위기의식마저 느끼게 된다.

이런 위기의식이 우리의 정체성확립을 요청하는 소중한 근거가 된다고 할 수 있다. 여기서 장황하게 구한말 이후의 서양중심 문물에 대한 평가와 논의는 생략한다. 그러나 그 예전의 서양중심 논리는 지금도 계속되고 있으며 세계화·지방화란 시대조류속에서도 그 위세가 지속될 전망이다. 아니 어쩌면 세계화·국제화의 논의속에 외국의 강대국의 논리는 더더욱 확산될 조짐이기도 하다.

그러나 분명한 점은 모방에 머무는 사고나 정책으로는 성장의 한계가 있으며 하청업자를 벗어나기 힘들다는 사실이다. 선진국의 길을 뛰어넘는 길은 그들을 따라가는데 있지 않고 스스로 우리의 것을 만들어나가는 창조의 노력에 있다는 것을 잊어서는 안된다. 이런 창조의 논리가 강조되는 일련의 우리 사회의 흐름이 위기란 현실인식 속에서도 우리에게 낙관적인 희망을 갖게 해주고 있다.

이달은 유독 무슨 날이 많은 달이기는 하나 큰 줄기는 가정의 달이면서 청소년을 생각하는 계절의 여왕과 같은 달이기도 하다. 우리의 앞날을 걸머질 청소년들이 밝은 미래를 꿈꿀 수 있는 세상을 만들어야 할 의무가 기성세대에게 주어져 있다. 이런 우리의 미래는 국제경쟁력과 창조적 역량을 지닌 젊은이들로부터 온다는 점을 다시 한번 되새겨 보게 된다.

기성세대를 뛰어넘는 出藍의 신세대가 펼칠 2000년대의 우리 미래를 꿈꾸어 보는 5월이기를 소망해본다.

〈1996-5-16〉

지역문화재文化財 가꾸기

새해로 접어들면서 문화재관련 뉴스가 부쩍 늘어나는 반가운 현상이 전개되고 있다. 정부와 지자체에서 펼치는 시책은 물론 TV에서 각 개인이 소장하고 있는 조상의 옛 유물을 감정해주는 프로그램의 영향 때문인지 우리의 문화재에 대한 일반의 관심도 높아지고 있는 듯한 느낌이다.

최근 언론에 소개된 정부의 문화재관련 뉴스만 해도 일반의 눈길을 모으기에 충분하다.

우선 문체부는 지난 3월 말 내년을 '문화유산의 해'로 지정하고 범국민적인 문화재사랑운동을 전개키로 했다고 발표했다. 문체부의 이같은 결정은 지난해 석굴암, 팔만대장경, 종묘의 유네스코 세계문화유산 등록으로 높아진 국민들의 문화재에 대한 관심을 확산시키기 위한 것으로 올해안에 구체적인 준비와 구상을 마칠 계획이라고 보도했다.

이보다 앞서 문체부는 지난달 23일 문화재 위원회총회를 열어 일제때 지정된 국보·보물·천연기념물 등 국가지정문화재를 전면 재평가하는 실무위원회를 구성, 3월부터 6개월간 구체적인 재평가 작업에 들어간다고 밝혔다. 이런 소식과 함께 최근 국립중앙박물관이 여러 일간지에 유물구입광고를 내 한 일간지 사설에까지 취급되는 뉴스가 되고 있어 눈길을 모았다. 박물관이 유물을 사들이는 극히 당연한 일이 뉴스가 된 것은 국립중앙박물관이 신문광고를 내면서까지 유물구입에 나선 전례가 드물기 때문이란 후문이다.

정부 뿐만이 아니라, 지방화시대를 맞아 일선 지자체들도 문화재발굴·보존사업 예산을 늘려 배정하는가하면 유·무형문화재를 관광사업과 연계시키는 움직임이 활발히 일어나고 있다. 애향운동과 결부시키기도 하는 지자체의 문화재에 대한 관심증폭은 지역에 따라 다양한 형태로 전개되고 있어 향후 성공여부에 지역민들의 관심이 모아지고 있다.

최근 언론에 비친 이같은 문화재관련 뉴스를 보면서 이제야 우리 관료들도 문화재에 대한 가치를 인정하고 이를 시책에 적극 반영한다는 반가움이 앞서면서도 한편 이 흐름이 보다 강도를 더해나가도록 국민과 문화재 관계자들의 감시와 애정어린 질책 또한 지속돼야 한다는 지적이다.

다른 곳은 제쳐놓고라도 우리 고장의 형편을 보면 문화재와 관련된 부문에서 느끼는 아쉬움이 한두 가지가 아니다. 빠른 속도로 진행되는 도시개발의 진행속에서 대전·충남지역의 유·무형문화재는 파괴되거나 보존이 아닌 방치상태에 머무르는 경우가 아직도 비일비재하다.

이미 여러 차례의 지적이 있었지만, 대전지역의 송촌지구 택지개발사업은 대전의 대표적인 옛 문화환경을 파손시킨 사례로 남을 것이란 게 학계의 평가다. 송촌이라는 지역성을 송두리째 파괴하고 도로와 택지 사이에 남아있는 문화재는 이미 그 존재가치를 상실한 박제된 문화재일 수밖에 없다는 학계의 주장에 행정당국이 펼 수 있는 反論은 어설프게만 들린다.

남의 나라에서 약탈해 온 문화재도 자신의 나라에서 만들어진 것처럼 속이는 경우에 비할 때 있는 문화재의 장소마저 도시개발이란 미명으로 파손하는 일이 후세에 어떤 평가를 받을 것인지에 깊은 성찰이 있어야 할 것이다.

아울러 문화재를 관광자원화 하려는 당국의 안목과 의지도 아직 피부에 와 닿지 않는다는 비판이 제기되고 있다.

한 예로 전국적인 관광명소가 된 전남 승주군의 낙안읍성보다 역사적 배경이나 규모, 원형보존면에서 가치가 뛰어난 海美邑城(서산시 해미면소재)을 복원·정비하려는 지역의 노력에도 불구하고 충남도 차원의 지원이 미미해 이렇다 할 진전을 보지 못하고 있다는 소식이 그것이다.

백제권개발도 중요하지만, 도내 각 지역에 산재해 있는 비중있는 문화재나 문화재지구를 잘 가꾸어 관광자원화하는 안목이 각광받는 시대가 바로 지방화시대다. 최근 제주도 서귀포시는 관광차별화 사업의 일환으로 실버산업에 의료관광을 가미한 不老村조성계획을 세우고 이 불로촌내에 무속촌을 만들어 무당들의 무속행위를 정기공연하는 아이디어까지 내 놓았다.

이 고장 계룡산에는 제발로 찾아오는 무속인의 수를 헤아리기조차도 힘든 소문난 名山이지만, 해당지자체나 충남도에서 무속촌 건립을 제안했다는 소식을 아직 접해보지 못했다.

이런저런 지적들은 비단 관만의 일만은 아니다. 관과 지역사회 구성원 모두의 자성과 노력이 함께 동반될 때만이 열기를 더할 수 있으며 이런 노력은 고스란히 지역의 몫으로 남게 된다.

총선에 나선 후보자들을 가려 뽑는 일 못지않게 전통문화의 전력적 가치를 확산시키고 이를 지역발전의 모태로 삼는 지역민 모두의 분발이 봄바람처럼 불기를 기대하고 싶다.

〈1996-3-14〉

4 부

인간얼굴을 한 자본주의

100년 만의 '쓰나미'

미국의 경제대통령으로 불렸던 앨런 그린스펀 前 미연방준비제도이사회의장이 최근 국제금융위기를 100년에 한 번 있을까 말까 할 '신용쓰나미'라는 표현을 썼다.

가뜩이나 미국발 금융위기로 주눅이 든 우리 국민들에게 그린스펀의 이같은 발언은 가슴을 철렁하게 만들고도 남을 위력을 발휘한다. 그린스펀이 누군가. 정권이 4번이나 바뀌는 동안에도 끄떡없이 미국연방준비제도이사회(FRB)의장을 4번씩 연임하면서 '미국경제의 신'으로 불렸던 인물이 바로 그린스펀이었다. 그랬던 그가 최근의 금융위기가 '100년에 한 번 있을까 말까'한 위기라니 충격이 이만저만이 아니다.

세계 최강의 미국, 그것도 전세계 경제의 중심이라는 미국 뉴욕의 월가가 쑥대밭이 되리라고 누가 짐작이나 했겠는가. 그래서 세계가 받는 충격의 크기는 가히 쓰나미에 비유되고도 남는다. 쓰나미는 지진해일의 일본어로 바닷속 깊은 곳에서 지진 등에 의해 큰 바닷물의 수위 차이로 발생하지만 해수면에는 큰 변화가 일어나지 않는다.

그러다가 해변에 도착하게 되면 집채만한 파도로 바뀌면서 해변을 순식간에 아수라장으로 만들어버리는 놀라운 위력을 발휘한다. 미국발 금융위기의 성격이 가히 쓰나미에 비유된다는 점에서 향후 그 충격의 여진이 좀처럼 가늠되지 않는다는데 세계의 고민과 불안이 짙은 그늘을 드리우고 있는 것이다.

10년 전 우리는 일찍이 겪어보지 못했던 외환위기를 겪으면서 엄청난 고통을 감내해야 했다. 한겨레신문과 MBC 여성시대가 펴낸 '벼랑 끝에서 다시 하늘을 보다'를 보면 삶의 터전을 잃고 벼랑 끝으로 내몰렸다가 실낱같은 희망의 빛을 찾은 사람들의 숱한 사연을 볼 수 있다. 사연사연마다 처절한 내용이 가득하다. 그렇게 IMF를 극복했는데 또다시 위기를 맞게 된 것이다.

10년 전에는 우리가 원인을 제공했지만, 이번에는 우리의 잘못보다 세계화라는 외부요인이 더 크게 작용했다는 점이 차이점이다. 세계화라는 시대적 흐름이 이처럼 우리에게 악재로 작용되리라고는 그 누구도 상상하기 힘들었다. 그러나 분명한 것은 이번 미국발 글로벌 금융위기가 단기로 그칠 공산이 매우 희박하다는 점이며 이에따라 우리 경제는 또다시 긴 동면기에 들어설 수도 있다는 가능성을 배제하기 힘들다는 점이다.

문제는 이런 상황에 어떻게 대처해야할 것인가가 아닐 수 없다. 답은 그동안 우리 민족이 겪은 숱한 위기상황에서 찾아야 한다는 것이다. 조선시대 임진란이 일어났을 때, 그리고 일제에 의해 나라를 빼앗겼을 때 등 우리 민족이 겪은 수많은 위기상황을 어떻게 돌파했는지를 상기해보는 것은 지금의 위기를 극복하는데 좋은 본보기가 될 수 있다는 게 필자의 생각이다. 가령 임진왜란 때 관군보다 의병들이 전선에서 더 잘 싸웠는데 이 같은 전통은 일제

때 독립군들의 면면에서도 확인할 수 있다.

이러한 역사적 사실에서 우리는 과거 지도층의 리더십 부재를 실감케 된다. 그러나 조선 사회가 500년을 지탱할 수 있었던 배경에는 사대부층의 철저한 위민사상이 있었음을 빼놓을 수 없다. 이 같은 연장선상에서 지금의 위기상황을 극복하기 위해서는 지극히 평범한 데서 해답을 구할 수 있다고 본다. 즉 지도층이 솔선수범해야 한다는 것이다. 역사상 위기상황 때마다 가장 큰 고통을 겪은 계층은 일반서민들이었다. 요즘의 상황 역시 예외가 아니다. 추운 겨울이 되면서 추위와 굶주림에 처할 가능성은 결국 서민층이라는 점에서 지도층의 노블레스 오블리주가 절실히 요청된다.

최근 이명박대통령의 금융기관 임원 보수를 줄이자는 제안은 이런 점에서 시의적절한 생각이다. 이를 시작으로 우리 사회의 지도층은 자신의 허리띠를 졸라매고 국민과 사회를 위해 자신의 이익을 희생하는 본보기를 보여주어야 할 것이다. 지도층이 앞장서 자신을 희생할 때 비로소 국민들도 그 뒤를 따를 것이다.

이번 기회에 우리 국가의 리더십이 변혁된다면 우리에게는 또 하나의 기회가 될 것이다. 국민의 고통을 제 자신의 고통으로 받아들이는 지도층이 절실한 그런 시점이 아닐 수 없다.

〈2008-10-29〉

몽골에서 보낸 편지

로마에 이어 세계를 재패한 칭기즈칸의 이름을 딴 몽골의 관문 '칭기즈칸' 국제공항에 도착했을 때는 오후 10시 40분(현지시간)을 넘긴 밤늦은 시간이었다. 소득수준이 낮은 나라의 공항풍경이 그러하듯 마치 60년대 우리 시골마을을 연상시키는 고즈넉한 분위기였으며 밤바람이 차갑게 느껴졌다. 숙소로 가는 도로는 덜컹거렸으며 불빛에 보이는 간판은 온통 러시아어로 여행자를 더 한층 낯설게 만들기도 했다.

유라시아 대륙 중앙에 위치한 한반도의 7배나 되는 몽골은 1990년 수교이전까지 우리와는 단절된 나라였다. 고려시대 90여년간 몽골의 지배를 받으며 예속관계에 있었던 대한민국은 지금 일본, 미국, 영국, 독일과 함께 몽골을 지원하는 국가 중 하나다. 1인당 국민소득이 480달러(세계은행 2005년 통계기준)로 저개발국가에 머물고 있는 몽골. 이런 시대의 격차를 보면서 여행자는 인간사의 아이러니를 실감케 된다.

따지고 보면 몽골은 수천개의 도시를 정복하고 잠든 유럽을 깨워 근대기를 만들게 한 제국의 나라였다. 미국 매칼래스터대학 J 웨더포드교수에 따르면 칭기즈칸이 이끄는 몽골군은 25년간이란 짧은 기간동안 로마군이 400년 동안 정복한 것보다 많은 땅과 사람을 정복했다.

전성기 몽골제국은 연면적으로 2800만 내지 3100만㎢의 땅을 차지했는데, 이는 미국, 캐나다, 멕시코, 중앙아메리카, 카리브해의 섬들을 합친 면적보다 훨씬 넓은 크기다. 오늘날의 지도상으로 볼 때 칭기즈칸이 정복한 땅은 30개국이며 인구로는 30억이 넘는다. 이렇게 만들어진 몽골제국은 다양한 여러 나라의 문명을 연결하고 융합해 국제문화교류의 장을 열었으며, 동서를 잇는 교역로인 실크로드를 역사상 가장 큰 자유무역지대로 만들어 놓았다.

몽골제국을 일으킨 칭기즈칸(1162~1227)은 지금도 몽골인의 가슴에 살아있는 불멸의 영웅이다. 그래서 몽골에서는 최고가 아니면 '칭기즈칸'이라는 이름을 사용하지 못한다. 그가 죽은지 780년이 지났지만, 그를 평가하는 시각은 엇갈린다. 몽골과 접한 중국과 러시아는 과거의 몽골기억을 지우기 위해서인지 많은 몽골인을 사살하는 만행을 저질렀다. 몽골에서 호되게 당한 이슬람과 유럽은 역사기록에서 칭기즈칸을 '惡의 화신(化身)'으로 깎아내리고 있다.

그럼에도 아시아의 강성함을 보여준 유일한 영웅이 바로 칭기즈칸이다. 칭기즈칸이 짧은 기간에 세계를 제패할 수 있었던 것은 전쟁을 수행하는 천재적 능력 때문이었다. 웨더포드교수는 칭기즈칸은 단 한번도 똑같은 방식으로 전쟁을 하지 않았다고 기술하고 있다. 전투를 할 때마다 새로운 구상을 적용해 군사전술, 전략, 무기를 끊임없이 바꾸어 세계에서 가장 위대한 정복자가 됐다는 것이다.

몇 시간을 가도 끝없이 펼쳐지는 몽골의 초원을 차창밖으로 보면서 여행자는 새삼 역사와 시대의 무상함을 느껴보았다. 그러면서도 몽골제국이 우리에게 주는 교훈은 또 무엇인지 생각해 보았다. 지난해 중국 중앙방송국(CCTV)이 세계 9개 강대국의 흥망사를 취재한 다큐를 정리한 책에서 제작진은 강대국의 조건으로 시스템(제도), 교육, 소프트파워(문화와 지식)를 꼽았다.

이 공식은 몽골 제국에도 그대로 적용된다고 할 수 있다. 세계적인 규모의 군대조직, 전투 때마다 배우는 실용적 학습 그리고 팍스 몽골리카를 만든 동서양 지식의 융합이 그것이다. 아시아의 용을 자처하는 오늘의 대한민국은 이 3가지 조건을 얼마나 갖추고 있으며 우리의 지도자들은 이를 위해 얼마나 고뇌하고 있는지 착잡한 생각에 잠기는 여행자를 13세기 몽고민속관입구 초원에 건설되고 있는 칭기즈칸의 대형동상이 내려다보고 있었다.

〈2007-08-15〉

아직도 진행중인 IMF

"홈리스의 고통을 나눠 갖자."

이는 우리나라 노숙자들을 위한 어느 시민단체의 구호가 아니다. 세계 최고 부자나라 미국, 그것도 수도 워싱턴에 있는 홈리스 지원단체들이 연말연시를 맞아 홈리스의 고통을 나눠 갖자면서 시민들의 적극적인 동참과 지원을 호소하면서 내건 캐치프레이즈라고 근착 외신은 전하고 있다. 워싱턴시는 홈리스 지원단체나 교회·학교 등지에서 집없는 걸인들을 돕기 위한 프로그램을 마련하면 즉각 이들과 접촉해 홈리스 지원장소와 방법 등을 알려주는 등 홈리스 지원에 노력하고 있으나 이곳 워싱턴의 홈리스 사정은 나아지지 않고 있다고 외신은 보도하고 있다.

새삼 이 외신이 눈길을 끈 것은 우리나라 도시근로자 가구의 소득격차가 다시 확대됐다는 통계청의 자료를 접했기 때문이다. 통계청은 25일 '3분기(7~9월) 도시근로자가구 가계지수동향' 자료를 통해 "소득상위 20%에 속하는 사람들의 월평균 소득이 하위 20%의 사람들이 버는 월평균 소득의 5.12배를 기록했다"고 발표했다. 이 통계자료는 97년 IMF 외환위기 이후 벌어진 소득 상·하위 간 소득격차가 5배 이상으로 벌어진 채 계속해서 간격을 좁히지 못하는 상황임을 재확인케 해주고 있다.

우리는 지난주 국제통화기금(IMF) 구제금융을 받은 지 5년을 넘겼다. IMF외환위기가 우리 사회에 가져다 준 변화는 실로 엄청나며 그 어느 민족보다 위기에 강한 민족이기에 빠른 시일 내 그 위기로부터 벗어날 수 있었던 것 또한 우리의 남다른 경험으로 남을 수 있었다. 그럼에도 IMF는 아직 진행형이라는 게 필자의 생각이며 이같은 적절한 위기의식을 지닌 채 긴장감을 풀지 말아야 우리 사회가 건전하게 돌아갈 수 있다는 것이 또한 필자 이외에 많은 식자들의 생각임을 보게 된다.

앞서의 통계청 자료에서 보듯이 IMF는 우리 사회를 양분시키고 이를 고착화시키는 데 큰 역할을 했다. IMF사태는 거대 기업 뿐 아니라 지역의 열악한 산업기반 속에서 간신히 지탱해 오던 숱한 지역기업들의 간판을 내리게 했으며 이 과정에서 40~50대 장년층의 근로자들을 거리로 내몰았다. 이는 우리 산업구조의 근본적인 변화와 맞물려 새롭게 각광받는 산업과 기업을 창출하는 긍정적인 구조조정을 이루기도 했다. 그러나 그 이면에는 실업률의 상승과 지역기업들의 몰락, 그리고 실업으로 인해 중산층에서 저소득층으로 전락한 도시근로자와 농어촌 주민들을 궁지에 모는 부작용을 낳았다.

문제는 이 같은 우리 사회의 양극화 현상이 하나의 패턴으로 고착화될 조짐을 보이고 있다는 것이다. 그런 징조들은 사회 도처에서 나타나고 있다. IMF이후 수도권으로의 인구가 더 늘고 있다는 게 그 하나다. 지방에서, 또 농어촌에서 일자리가 없기 때문에 수도권으로 사람들이 몰려들고 있고, 이에 따라 수도권의 집값과

땅값은 오를 수 밖에 없는 이상현상이 더욱 가중되고 있는 것이다. 이와 함께 근로자 가구 사이의 상하위층간 소득격차도 그 대표적 징후 중 하나다. 이는 현 정부가 내건 생산적 복지정책이 아직은 성공하지 못했음을 보여주는 것으로 차기정부가 해결해야 할 과제 중 하나라고 해야 할 것이다.

또 하나 빠뜨릴 수 없는 것은 우리 사회의 양극화 현상에서 오는 부작용을 정부에게만 책임을 맡겨서는 안 된다는 생각이다. 이제 우리도 본격적인 기부문화의 정착을 하나의 사회운동으로 정착시켜야 할 시기가 온 것이다. 우리는 오래 전부터 그런 미풍을 지녀왔기 때문에 얼마든지 기부문화가 활성화 될 수 있는 소지를 지니고 있다.

곧 다가올 연말연시를 맞아 나보다 더 어려운 이웃과 주위를 보살피는 따뜻함이 요구되는 그런 시점이 아닐 수 없다. 나눔을 통해 아직도 IMF의 고통을 겪고 있는 우리의 이웃이 있음을 잊지 말아야 할 것이다.

〈2002-11-27〉

재산은 잠시 보관하는 것

수재와 병풍(兵風)으로 뒤숭숭한 하루하루를 보내던 지난 주말 팔순의 실향민 강태원 옹의 전 재산 사회기증소식은 그야말로 장마 속의 한줄기 햇빛과도 같은 신선한 충격이었다. 현금 200억원이 든 통장과 경기도 평택시 일대의 땅과 빌라 등 70억원 상당의 부동산 문서를 불쌍한 사람들을 위해 써달라며 KBS에 기탁한 후 "밤에 잠이 잘 올 것 같다"고 말한 강태원 옹.

강태원 옹의 전 재산 기증소식에 대한 충격이 채 가시기도 전에 이번에는 수원 아주대학교에 200억원 상당의 회사주식 90%와 현금 15억여원을 기증한 (주)수원교차로 창업자 황필상씨(56)의 뉴스가 전해져 다시 한번 훈훈한 화제를 불러일으키고 있다. 황씨는 늦은 나이에 대학을 졸업하고 프랑스에서 박사학위를 취득해 교수생활도 했는데, 91년 창업 때부터 재산의 사회환원을 다짐했다고 한다.

일반인으로는 상상이 가지 않는 엄청난 규모의 재산을 사회와 학교에 내놓은 이 두 분의 신문인터뷰를 보면 우리나라가 희망이 있는 나라라는 생각이 들게 된다. 시장에서 쉰 떡을 사먹어가며 돈을 모은 강 옹의 경우 돈에 대한 집착이 남달랐을 것이란 추측이 가능하다. 실제로 강 옹은 "돈이라는 게 덜 먹고 덜 자고 남보다 일 더하고 신용 지키면 저절로 따라온다"고 말했다. 그럼에도 강 옹은 "자식을 제대로 키우려면 재산을 물려주어서는 안된다"는 그의 아버지 말씀을 잊지 않고 이를 실천했다. 그는 또 재산을 자식에게 주지말고 사회에 환원해야 우리 사회가 나아지며, 내가 모범을 보여야겠다는 생각으로 재산을 내놓게 되었다고 밝힘으로써 나눔과 재산에 대한 그의 높은 식견을 드러냈다.

거액을 대학에 기증한 황씨 역시 막노동과 우유배달로 돈을 모아 26세란 늦은 나이로 대학에 진학하는 불우한 시절을 보냈으면서도 "재산이나 몸 모두 내 소유가 아닌 잠시 보관하는 것"이라는 생각으로 수백억원의 가치가 있는 소유주식의 기증에 별다른 의미를 부여하지 않았다.

우리는 흔히 "개같이 벌어서 정승같이 쓴다"는 속담을 들먹인다. 그러나 현실 속에서 개같이 벌기도 어려우며 더욱이 정승같이 쓰기는 더더욱 어렵다는 것을 잘 알고 있다. 100만원 때문에 사람을 죽이기까지 하는 게 우리 사회의 부끄러운 단면이며 수단 방법을 가리지 않고 돈을 벌어 자신의 자식들에게 물려주려 하는 사례 또한 얼마든지 목격할 수 있는 게 우리의 현실이다. 이런 사회 현실 속에서도 자신의 재산을 사회에 내놓은 강 옹이나 황씨와 같은 분들이 있음으로 해서 우리 사회가 나아지고 있다는 생각을 갖게 된다.

사람의 수명이 늘고 있지만, 100년을 살기도 어려운 게 사람이며 살아있는 동안 아무리 많은 부(富)와 영예를 누렸다 해도 저세상에 갈 때는 다 놓고 갈 수 밖에 없는 게 사람의 숙명이다.

그런 사람의 숙명으로 인해 대부분의 종교는 살아있는 동안 서로 나누고 사랑할 것을 가르치고 있지만 현실속에서 나눔과 사랑이 실천되는 사례는 썩 만족할 만한 수준은 아니다.

미국과 같은 선진국의 경우 돈많은 개인들이 재산을 사회에 내놓는 일이 일반화돼 있다고 하나 우리의 경우 아직은 미미하다. 그럼에도 우리 사회 또한 기부문화에 대한 관심과 참여가 점차 늘어나고 있어 어려운 이들에게 용기를 주고 있다. 수천억원대의 재산을 내놓아 장학재단을 설립하는 기업인들이 있는가 하면 작은 돈이나마 불우한 이웃을 위해 기부하는 개인들도 점차 늘어나 우리 사회의 긍정적인 모습을 그려보게 된다.

흙에서 나 흙으로 돌아가듯 자신을 키우고 보살펴 준 사회에 무엇인가라도 환원한다는 철학이 확산되는 게 강 옹과 최씨와 같은 분들에 대한 조그만 보답이라는 생각이 간절하다.

〈2002-8-21〉

미국 월가의 분식회계 쇼크

지금 세계는 미국 금융의 중심지 월가로부터 불어닥친 태풍(storm)으로 불안한 나날을 보내고 있다. 미국을 대표하는 기업들이 잇따라 분식회계처리한 사실이 밝혀지면서 그토록 '투명성'을 강조해 왔던 '주식회사 미국'의 숨겨진 다른 얼굴이 드러나는 동시에 전세계 금융시장은 위기감에 휩싸이게 된 것이다.

주지하다시피 미국의 분식 회계파동은 미국의 7대 대기업이었던 엔론사가 지난해 가을 수십 억 달러의 회계장부 누락과 지난 4년간의 분식회계 사실이 드러나면서 서막이 시작됐다. 그후 엔론게이트는 자사 주식을 대거 매입한 엔론사 직원 퇴직연금까지 거덜내는가 하면 前 부회장이었던 백스터의 자살까지 몰고 갔고, 그 불똥이 워싱턴정가까지 튀어 의회와 정부의 조사와 수사가 진행되고 있다.

엔론사태로 그칠 줄 알았던 미국기업의 분식회계 의혹은 곧바로 미국 최대 장거리 통신회사 중 하나인 월드컴으로 이어져 또 한번 세계를 놀라게 만들었다. 월드컴은 지난 3월 말 현재 920억 달러(한화 100조원)의 자산을 보유하고 있는 것으로 평가되고 있는데 이 회사 또한 회계조작 사실이 밝혀지면서 파산 위기에 몰려 있다. 만일 월드컴이 파산할 경우 우리의 대우그룹보다 훨씬 규모가 큰 기업으로 기록될 전망이라는 분석이 제기됐다.

그런데 월가發 분식회계 파동은 또 다시 이어졌으니 '머크 쇼크'가 그것이다. 세계 굴지의 미국 제약회사 머크가 자회사인 머크 메드코의 매출을 무려 124억달러나 부풀린 사실이 새로 밝혀진 것이다. 이 규모는 월드컴의 분식회계 액수(38억 달러)를 3배 이상 웃도는 수치로 기존의 최고기록을 갱신했다.

이처럼 미국의 대표적 기업들이 분식회계파동에 휘말려 들어가는 와중에 우리에게 충격을 더해주는 소식이 있으니 '세계 CEO의 아버지'라고 불리던 GE의 잭 웰치 前 회장마저 회계부정으로 조사를 받게 될 위기에 처해 있다는 기사가 그것이다. 영국 BBC 방송은 지난 달 30일 GE가 1999~2000년 연기금 운용사업에서 21억 달러를 번 것처럼 이익을 과도하게 부풀려 회계처리를 한 혐의를 받고 있다고 보도했는데 이 기간은 잭 웰치가 CEO로 재직하던 기간이었다고 한다. 잭 웰치야말로 미국 재계가 전세계에 자랑하던 대표적 CEO였으며 우리나라에서도 그의 탁월한 경영능력에 대한 평판으로 가장 존경받는 인물로 꼽혀왔던 그런 경영인이었는데 BBC방송의 앞서의 보도는 우리에게 커다란 충격이라 하겠다.

일련의 이런 미국 굴지의 기업들의 분식회계파동 앞에 세계 경제계는 숨을 죽인 채 그 추이가 어떻게 전개될지를 놓고 불안감을 감추지 못하고 있다. 미국의회가 미국역사상 가장 엄격한 회계개혁법안을 내놓는 등 진화에 나서고 있지만 이미 미국금융계로부터 시작된 태풍이 세계를 향했기 때문에 그 파문이 어떻게 세계

각국에 미칠지는 미지수이기 때문이다.

미국발 쇼크소식을 접하면서 우리는 다시 한번 투명성과 도덕성이야말로 기업의 생명이라는 사실을 깨닫게 된다. 우리가 IMF위기를 맞았던 원인 중 하나가 바로 그 투명성이었는데, 이번에는 미국을 발칵 뒤집어 놓은 것이다. 물론 기업은 이익을 내야하고 이익을 내는 과정에서는 세칭 도덕과 거리가 있는 행동을 할 수도 있을 것이다.

그러나 이제는 그런 행동조차 소비자들에게 공개함으로써 신뢰를 얻을 수 있을 때만이 그 기업이 생존할 수 있다는 뼈아픈 사실을 새기지 않으면 안된다는 것을 이번 미국의 분식회계파동은 보여주고 있다.

이런 투명성은 비단 기업에만 그치지 않는다. 최근 이명박 서울시장이 보여준 공인으로서 적합하지 않은 행동을 보면서 다시 한번 지도자가 지녀야 할 도덕성과 품성의 중요성을 깨닫게 된다. 지도자인 公人은 모든 것이 백일하에 드러나게 돼 있으며 이런 투명성으로 인해 자질과 품성이야말로 국민이 공인을 선택하는 기준이어야 한다는 생각을 해보게 된다.

〈2002-7-10〉

IMF 4년을 보내며

한해가 또 저물어 가고 있다. 이맘때가 되면 누구나 마음 한 구석이 스산해지면서 지난 일들을 되돌아보게 되고, 이런저런 송년모임도 잦아지는 그런 시기이기도 하다. 시간은 누구에게나 공평해서 잘난 사람이든 못난 사람이든, 가난하거나 부자이거나 관계없이 한해의 끝자락에 서 있는 것이다.

엊그제는 우리나라가 IMF로부터 긴급구제금융을 받은지 4년 째가 되는 날이었다. 아마 많은 국민들은 그때의 기억을 잊지 못할 것이다. 물론 그 당시에는 IMF란 기관이 무엇을 하는 곳인지도 모르는 국민이 태반이었다.

그러나 얼마 지나지 않아 숱한 사람들이 IMF의 위력을 실감케 되었고, 우리 사회는 엄청난 변화의 소용돌이에 휩싸이게 되었다. IMF구제금융을 받아야 했던 당시의 급박한 상황은 해결되었으며, 채 4년이 지나기도 전인 지난 8월 IMF로부터 지원받은 195억달러를 상환함으로써 우리나라는 공식적으로는 IMF관리체제에서 벗어났다. 그럼에도 우리 사회는 아직 IMF의 여파에서 벗어나지 못하고 있으며 어쩌면 IMF는 오랫동안 우리 곁에 있을지도 모른다는 생각을 해보게 된다.

60년대 이후 우리 사회는 급격한 변화를 겪어왔지만, IMF 이전까지는 경제적으로 성취의 기간이었다고 할 수 있다. 절대빈곤에서 아시아의 4마리 용으로 변신한 우리는 세계의 부러움을 받을 만큼 놀라운 경제성장을 이루어냈던 것이다.

하지만 97년 말 IMF체제로 들어가면서 너무나 많은 것들이 한꺼번에 바뀌기 시작했고 그동안 쌓아왔던 가치들이 무너지는 상실감을 경험하지 않으면 안되었다. 금리가 폭등했다가 다시 급격하게 떨어졌고, 은행이 문을 닫는 사상 초유의 사태가 발생했는가하면 세계굴지의 재벌회사가 부도가 나는 청천벽력과도 같은 일이 일어났다. 가장의 실직이 늘어나면서 가정이 파탄하는 사례가 속출했으며 서울역 지하도에는 노숙자가 신문지로 몸을 덮고 쓰러져 있는 모습이 TV에 자주 나타나곤 했다.

이외에도 이루 다 열거하기 힘들만큼 많은 변화를 가져다 준게 IMF경제체제였지만, 필자는 '80대 20의 사회'로 진입한 게 무엇보다 큰 변화라 생각한다. 80대 20의 사회는 빈부의 격차가 본격적으로 벌어지는 사회이기도 하지만, 시장경제의 속성인 능력의 차별화 역시 본격적으로 드러나는 사회란 뜻이기도 하다. 어쩌면 미국경제의 속성에 근접하는 것인지도 모르는 80대 20의 사회로 우리 사회가 탈바꿈하면서 '경쟁력'이라는 용어가 사회 곳곳에 자리하게 되었다.

지난 4년동안 경제적 일들에 시달렸음에도 필자는 아직도 경제에 대해 제대로 알지 못하고 있다. 다만 이런저런 경제적 고통을 받는 사람들이 하루빨리 그런 처지를 벗어나기만을 바랄 뿐이며 그보다 우리 경제 전반의 여건이 하루빨리 좋아지기를 또 바라고 있다. 그러나 한편 개인적으로는 인간의 욕망은 끝이 없으며 외적인 성취감이 인간을 행복하게 해 주는 것은 아니라는 조금은 경제외적인 생각도 하고 있다. 물질만이 인간에게 행복을 가져다주는 것은 아니라는 것은 가장 가난한 나라 중 하나인 방글라데시 국민들의 행복지수가 선진국보다 높다는 사실이 이를 입증해 주고 있다.

세밑은 쓸쓸한 사람을 더 쓸쓸하게, 없는 사람을 더 비참하게 만드는 그런 마력을 지니고 있는지도 모른다. 누구에게 조그만 도움이라도 되는 사람을 그래서 이때쯤에는 행복한 사람이 될 수 있다고 할 수 있다. 어딘가에 있을 쓸쓸하고 가난한 사람들에게 희망이 돼 줄 수 있는 사람이 많아지기를 바라는 그런 세모에 와 있다.

〈2001-12-5〉

우리 쌀을 살리자

과거 우리의 농경사회를 대변해 주는 것 가운데 흔히 등장하는 말이 곧 '農者는 天下之大本'이란 표현이다. 지금도 이 구절이 적힌 깃발을 들고 농악연주를 하는 모습을 볼 수 있는데 농경사회에서 농사를 짓는 일은 그만큼 중요한 일이었으며 이 농사일 중 으뜸이 벼농사였음을 우리는 기억하고 있다. 쌀을 주식으로 하는 '미작(米作) 사회'였던 우리 민족에게 쌀을 경작하는 논과 논에서 생산되는 쌀은 농작물 이상의 의미를 지녔음을 우리의 역사와 문학은 보여주고 있다.

'쌀깃'이라는 말이 있다. 갓난아이의 배냇저고리 안에 옷 대신 싸서 입히는 헝겁조각을 가리키는 이 말에서도 우리 조상들이 쌀을 얼마나 소중히 했는지를 미루어 짐작케 된다. 또 국어사전에는 쌀이 접두사로 쓰인 낱말이 꽤 많이 나오는 것을 볼 수 있는데 여기서도 쌀을 중시했던 우리 조상들의 생각을 미루어 짐작케 된다. '쌀독에서 인심 난다'는 속담을 비롯해 많은 속담 역시 쌀을 소중히 여긴 우리 민족의 의식을 담고 있다. 가난한 삶을 살아야 했던 우리 선조들에게 쌀은 곧 삶이며 생명의 원천이었다는 것을 우리는 이같은 문화유산을 통해 얼마든지 알 수 있는 것이다.

수천년 동안 우리 선조들의 삶의 기반이 되었으며 불과 20여년 전만 해도 쌀 자급자족을 외치던 우리 사회가 쌀을 외면하고 있어 쌀 소비운동을 벌여야 한다는 사실은 한편 매우 패러디한 일이 아닐 수 없다는 생각이다. 그러나 지금의 우리 현실은 쌀이 식탁에서 외면당하고 있으며 남아도는 쌀 때문에 농민은 농민대로, 정부는 정부대로, 또 이를 보아야하는 국민까지 모두 가슴을 쓸어내리고 있는 것이다. 불과 20~30년의 세월이 수천년 간 생명과도 같았던 우리의 쌀을 골머리의 대상으로 만들었다는 점에서 우리 사회의 급격한 변화를 새삼 절감케 되는 것이다.

우리의 쌀이 설 자리를 잃게 된 데는 최근 수년 간 풍년이 계속된데도 그 한 원인이 있고 정부의 쌀 정책에도 잘못이 있다고 하겠지만 무엇보다 급격한 사회변동에 따른 쌀 소비의 감소라 할 수 있다.

60년대 이후 불과 몇십년 사이 우리 사회는 공업사회에서 정보화사회로 이행하는 급속한 변화를 겪었고 농경사회 때와는 판이한 식생활을 겪게 되었다. 특히 간편함을 앞세운 인스턴트 식품이 크게 팔리면서 입맛 자체가 점차 서구화 돼 이미 뜻 있는 식자들이 우려하던 '입맛의 서구화' 현상이 우리의 식생활 패턴을 바꾸어 놓았고, 그 결과로 쌀이 설 자리를 점점 잃어버리고 말았다. 이는 농림부가 발표한 국민 1인당 쌀 소비량에서 쉽게 알 수 있다. 지난 79년 국민 1인당 135.6㎏이던 쌀 소비량이 지난해는 93.6㎏, 올해는 90㎏ 정도로 줄 것으로 보여 22년 전에 비하면 1년에 무려 1인당 45㎏이나 쌀을 적게 먹고 있다는 수치가 이를 단적으로 보여주고 있다.

쌀 소비가 줄어드는 것 못지않게 우리 쌀 산업의 전망 또한 밝지 않다는 점도 간과할 수 없다. 국제시세보다 7배나 비싼 것도 문제지만, 오는 2004년 관세화 재협상을 앞두고 있기 때문이다. 이런 흐름을 감안할 때 우리의 쌀 문제는 정부차원의 대책만으로는 한계가 있을 수밖에 없다는 것을 미루어 짐작케 된다. 결국 국민적인 차원에서 우리 쌀을 먹고 소비하는 방법을 통해 우리의 쌀 농사를 살려야 한다는 게 전문가들의 지적이다.

우리 민족에게 쌀은 쌀 이상의 의미를 지니고 있음을 앞서 살펴보았거니와 우리의 쌀은 최후의 보루로 포기해서는 안되는, 우리 국민의 자존심이 아닐 수 없다. 자존심은 포기할 수도, 포기해서도 안되는 삶의 존립기반인 것이다. 아침도, 점심도, 저녁도 쌀을 먹는 일상적인 삶을 통해 우리 쌀을 살려보자는 생각이 간절한 수확의 계절이다.

〈2001-10-17〉

자원의 보고寶庫, 시베리아

보름이 채 안되는 시베리아여행을 하면서 본 러시아는 광활한 영토에 비해 이곳 사람들의 삶은 그렇게 풍요롭지 못하다는 것을 느끼게 해 주었다. 자본주의로 체제전환된 지 10년이 지난 러시아는 빈곤과 혼란속에 많은 국민들이 고통을 겪고 있음을 짧은 여정속에서도 감지할 수 있었다.

우선 지난해 보다 물가가 배 이상 오르는 등 해마다 소비자물가가 올라가고 있어 없는 사람들의 생활을 더욱 어렵게 하고 있다고 이곳에 체류중인 한국인 교수는 들려주었다. 그래서일까, 이르쿠츠크시내에는 구걸하는 계층이 아이들로부터 할머니에 이르기까지 다양했고, 철도역 주변에는 기껏해야 바나나 몇 개, 빵 등을 기차가 정차할 때 팔려고 나온 노점상들 또한 많았다. 아울러 크라스노야르스크철도역 주변에서는 아침부터 할일없이 나와 역주변을 배회하는 일군의 실직자 모습을 목격할 수 있었다.

공산주의의 계획경제가 무너지면서 빈부의 격차가 벌어지고 있는 모습 역시 도처에서 볼 수 있었다. 고급외제차량에서부터 교회의 호화별장, TV에 나오는 광고 등을 통해 신흥부자의 부를 미루어 짐작해 보는 한편 실제로 공항에서 만난 한 러시아 남학생(20)과의 대화에서 이같은 러시아의 빈부격차를 실감할 수 있었다. 이 러시아 학생은 이미 고등학교 때부터 호주로 유학을 떠났으며 지금 그곳에서 대학을 다니고 있는데, 방학중 부모를 만나기 위해 잠시 왔다가 다시 호주로 가는 길이라고 들려주었다. 이 학생의 아버지는 시의원이고 어머니는 사업가라고 소개했는데, 이 학생의 부모야말로 구소련이 자본주의체제로 전환되면서 부를 차지한 계층이 아닐까 생각해 보았다. 그런가 하면 이르쿠츠크 국립대학에 근무하는 한 교직원은 필자 일행과 여행도중 함께 한 술자리에서 자신은 그 누구보다 열심히 일하고 있지만, 보수는 많지 않다고 털어놓아 잠시 분위기가 가라앉기도 했다.

푸틴 대통령이 집권한 이후 러시아는 점차 경제적 성장을 기해나가고 있지만, 과거 공산주의 체제하에서 살아왔던 삶의 방식은 아직도 러시아인들을 묶어놓고 있다는 느낌도 받았다. 입·출국수속때의 까다로움을 겪으며 이렇게 해서 어떻게 관광객을 유치할 수 있을까 의심이 들었으며, 공산주의체제하에서 직장이 보장됐던 사람들이 체제전환 이후 실직자로 전락하면서 알코올중독이 되는 경우가 많고, 상당수의 젊은이들이 이같은 사회분위기에 희망을 느끼지 못하고 술과 마약에 빠져 러시아 사회의 부담이 되고 있다는 얘기도 들었다.

이처럼 지금의 '러시아현실이 긍정적이기보다 그렇지 못한 쪽이 더 많지만, 시베리아는 우리나라와 가까운 곳이며 각종 자원을 비롯한 기초과학기술 등 풍부한 잠재력을 지닌 곳이어서 관심을 가지지 않으면 안될 지역이라는 생각도 해보았다. 문제는 우리의 특성인 냄비근성을 갖고 접근해서는 안된다는 것이다. 보다 중장기적이면서도 어느 한 쪽만이 아닌, 서로간의 이익이 보장되는 그런 방식으로 시베리아와의 관계가 이루어져야 한다는 게 전문가들의 지적인 동시에 필자도 공감하는 지적이 아닐 수 없다.

세계대륙의 10분의 1을 점유하고 있는 극동·시베리아지역은 지구상에 남아있는 생태자원의 보고이면서 동시에 수자원과 지하자원, 수산 및 농업자원, 삼림자원은 물론 기초과학에 이르기까지 많은 자원을 지닌 지역으로, 또 일찍부터 한민족이 연관을 맺어왔던 이점을 갖고 있는 지역이기도 하다.

아직 인구는 얼마되지 않는데 비해 자원은 무궁무진한 이 시베리아지역은 우리에게 기회의 땅이 될 수 있다는 생각을 갖게 해주었다. 그러면서도 이번 여행에서 확인한 사실 한 가지는 러시아는 아직도 복잡하고, 쉽사리 그 속을 알 수 없는 그런 나라라는 것이다.

그들의 과거와 현재 뿐 아니라, 앞으로의 미래도 우리가 나름대로 꾸준히 지켜보고 탐구해야 할 그런 나라인 동시에 중국과 함께 우리를 둘러싸고 있는 강대국임을 잊어서도 안 될 사실이라는 것을 확인케 된 여정이기도 했다.

〈2001-8-22〉

인간얼굴을 한 자본주의

최근 국내외 경제문제를 둘러싼 두 가지 뉴스가 나란히 실려 독자의 눈길을 끌고 있다. 하나는 전경련부설 자유기업센터가 발간한 '지식인과 한국경제'란 보고서이며 다른 하나는 다음달 6일 대구에서 개막되는 '대구라운드 세계대회' 소식이 그것이다.

우선 전경련부설 자유기업센터의 보고서는 시장경제에 대한 한국지식인들의 편향된 시각에 대해 비판의 화살을 날리고 있다. 즉 '여론형성을 주도하는 학자, 운동가, 관료들의 강연과 기고문 등을 현안별로 분석한 결과 이들의 지식체계가 반자본주의적 · 반기업적 · 반자유주의적 성향을 보이고 있다'고 주장하고, '많은 지식인들이 작은 정부를 주장하면서도 시장에 대한 정부의 개입을 주장함으로써 자기모순을 범하고 있다'며 한국지식인들을 비판하고 나섰다.

이 보고서는 이같은 지식인의 이중적 성향이 한국자본주의의 미래를 암울하게 만들고 있다고 지적, 논란을 불러일으킬 것이 예상

된다. 이 전경련보고서와 함께 또다른 시각에서 눈길을 끄는 소식은 '국제금융질서의 민주적 개혁'을 주제로 내건 대구라운드 세계대회, 이 대회는 독일 녹색당대변인과 국내외경제학교수·시민단체 등이 참석할 예정인 가운데 국제투기자본과 외채문제 등이 현안을 세계시민사회의 관점에서 다룬 뒤 이에 대한 대응방안을 '시민행동계획'으로 구체화한다는 계획이다. 또 '채권국 중심의 세계경제질서를 개혁하는 데 시민사회가 앞장설 것'을 천명하는 성명서도 채택할 것이라고 한 신문은 전하고 있다.

IMF이후 국제화, 개혁, 시장경제를 주내용으로 한 경제문제가 온통 우리 사회의 화두로 대두되고 있는 요즘, 앞서의 이 두 경제문제에 관한 소식은 한편 흥미있는 소재인 동시에 다소 대조적인 의견이라는 점에서 관심을 모으게 한다. 자유기업센터의 주장에 따르면 지금의 개혁을 주도하는 지식인들이 자칫 한국 자본주의의 장래를 부정적인 방향으로 끌고가지 않을까 하는 우려를 나타내고 있음을 읽을 수 있다. 그 근거는 많은 지식인들이 작은 정부를 주장하고 있음에도 시장에 대한 정부개입을 주장하는 자기모순적 성향 때문이다. 또 대규모 기업집단에 대한 '터무니 없는' 반감이 이들 지식인의 정서에 뿌리 깊이 박혀있어 결국 반자본주의적 성향을 보이고 있다는 진단을 내놓고 있는 것이다.

시장경제에 대한 자유기업센터의 우려와는 달리 대구라운드는 국제투기자본에 대한 규제방안과 외채문제 해결을 통한 국제금융기구개혁 및 새로운 국제금융질서를 모색하는 세계대회를 가질 예정이다. 이른바 '가진자' 위주의 채권국 중심의 세계경제 질서를 뒤바꾸는데 시민사회가 해야할 몫을 마련하기 위한 대안을 찾아보자는 게 이 대회의 목적으로 해석된다.

결국 지금의 경제문제를 둘러싼 이와 같은 상이한 시각차를 대하면서 새삼 느낀 것은 경제문제를 보는 견해가 그만큼 다양할 수 있으며 관점에 따라 얼마든지 그 처방도 다를 수 있다는 것이라 하겠다. 이윤을 남겨야 살아남을 수 있는 기업이나 금융의 생존법칙과 대규모자본으로부터 소외받을 수 밖에 없는 빈자의 경제논리가 같을 수는 없을 것이며 이 두 논리가 공존하기 또한 쉬운 노릇은 아닐 것이라는 평범한 생각을 해보며 그만큼 지금의 국내외 경제문제는 풀기 어려운 과제란 느낌 또한 지우기 힘들다.

어느 논리가 옳고 그르고를 떠나서 세계 많은 나라 사람들이 바라는 경제논리가 있으니 바로 '인간의 얼굴을 한 자본주의'가 아닐까 한다. 갈수록 빈부격차가 커지고 강자중심의 경제논리가 횡행하는 국제경제 체제 속에서 효율과 이윤만이 전부가 아닌, 인각적인 따스함이 밴 자본주의가 되기를 많은 세계 시민들이 갈구하고 있는 것이다. 뉴밀레니엄이 시작되기 전에 이러한 인류의 소망이 가능성을 찾았으면 하는 바람 간절한 세기 말에 서 있다는 생각이다.

〈1999-9-29〉

경제의 선순환, 악순환

요즘처럼 경제가 살아있는 생물체와 같다는 비유가 실감되는 때도 드문 듯 싶다. 이달 초까지만 해도 주가의 고공행진이 계속되는 가운데 우리 경제의 성장률을 상향조정하는 등 낙관적인 분위기가 팽배해 경기과열논쟁을 불러일으켰고, 일부계층의 과소비 현상을 우려하는 목소리도 적지 않았다.

외환위기는 이제 끝난 것이 아니냐는 성급한 목소리와 함께 온통 우리 경제를 낙관하는 장밋빛 기대로 사람들은 들뜨기까지 했다. 그러나 지난주 대우문제가 불거져 나오면서 사태는 순식간에 반전됐다. 주가가 내리막길로 치달으면서 '7 · 23 주가대폭락 사태'가 빚어졌고, 금융시장이 요동치는 혼란이 연출된 것이다. 마치 연못가에 몰려있는 개구리들이 날아든 조약돌에 일제히 몸을 피하려는 모습과 흡사했다면 이는 지나친 표현일는지.

대우쇼크를 보면서 국민들은 잠시 잊었던 우리 경제의 허약함을 실감케 됐으며 우리 경제가 넘어야 할 산이 아직 높고 험하다는 것을 절실히 깨달았을 것이다. 시장경제의 위력 또한 어떤 것인지 절감하는 요 며칠이기도 했다. 대우쇼크로 인해 우리 경제가 당면해 있는 숱한 과제와 잠재해 있는 불안요인들을 확인하는 한편 많은 사람들은 정부의 정책미스와 함께 우리 국민들의 지나친 과민반응이 더 큰 문제일 수 있다는 우려를 감추지 못하고 있다.

대우를 비롯한 재벌의 구조조정은 사실 새삼스런 문제가 아니다. 더 나아가 대우사태가 국민앞에 공론화됨으로써 오히려 사태를 해결할 수 있는 길이 일찍 발견됐다는 추측도 가능하다. 그러나 국내시장의 반응은 과거 기아나 한보사태의 악몽이 재연되지나 않을까 하는 비관론이 온통 주류를 이루어 너도 나도 우왕좌왕하는 바람에 사태가 더 악화됐다는 느낌을 떨칠 수 없다.

살아있는 생물체와 같은 경제현상에 불안심리의 파급은 결정적 악재일 수밖에 없다는 점을 우리는 97년에 실감했다. 이런 요인때문에 이번 대우쇼크로 국민들이 흔들릴 수밖에 없었다는 것을 필자 또한 충분히 공감한다. 그러나 IMF환란 직후 집안의 금까지 내놓으면서 위기극복에 나선 것도 우리 국민이었다. 지금 시점에서 우리 국민들과 투자자, 금융기관들이 앞을 다투어 나만 살자는 식의 경제패턴을 보인다면 대우쇼크로 인한 경제불안은 더 확산될 수밖에 없다는 사실을 재확인케 되었으며, 오히려 이런 때일수록 더 냉정하게 사태를 분석하는 침착함이 요구된다는 점을 국민 모두가 심사숙고해야 한다는 생각이다.

흔히 자본주의 경제에서 이익은 위험과 비례한다고 한다. 또 경제에 대한 장·단기 전망을 하지만, 경제현상을 예측하는 것처럼 어려운 일이 없다는 게 경제학계의 중론이다. 1930년대와 같은 대공황이 올 수도 있고, 최근의 미국경제처럼 예측하기 힘든 호경기가 지속되기도 하는 게 경제의 불확실한 속성이다. 21세기 세계경제를 낙관하는 학자가 있는가 하면 그 반대의 진단을 내리는 견해도 있으며 더욱이 21세기 경제는 불확실성 속에 놓여있다는 진단도 많아 더더욱 경제예측의 어려움을 실감케 하고 있다.

우리 경제 역시 이같은 세계경제전망과 다를 바 없다는 게 경제학자들의 견해다. 더구나 지금 국민들은 IMF이후 벌어진 빈부격차와 지지부진한 개혁의 성과를 보면서 정부와 기업은 그동안 무엇을 했는가란 울분섞인 물음을 던지고 있다. 정치권은 또 어떠한가. 국민의 기대와 희망과는 더욱 동떨어진 모습만을 연출하고 있어 국민들을 분노케 하고 있다. 그러나 그렇다하더라도 국민들만큼은 우리 경제의 판을 지키는 노력을 그쳐서는 안된다는 생각이다. 무엇보다 IMF이후 이만큼이나마 이룩한 경제의 선순환은 계속돼야 하기 때문이다.

지나친 낙관론이 우리 경제에 끼칠 해악도 문제지만, 지금 시점에서 절실히 요구되는 것은 경제주체 각자가 제 몫을 철저히 이행하는 한편 자신감과 냉정함을 잃지 말아야 한다는 점은 이번 대우사태가 남긴 뼈저린 교훈이 아닐 수 없다.

〈1999-7-28〉

빗나간 미래예측보고서

연일 옷로비 의혹사건으로 가뜩이나 힘든 국민들을 지치게 만드는 뉴스가 계속되는 속에서 얼마 전 다소 재미있고 웃음을 자아내게 하는 기사가 한 신문에 소개된 적이 있었다.

30년 전 미래예측보고서에 관한 이 기사는, 당대의 많은 최고급 인력이 참여해 만든 이 보고서가 무엇을 맞추었고, 무엇을 틀리게 전망했는가를 조명한 내용을 실었다. 지난 71년 무려 1060명의 석학들이 머리를 맞대고 만든「서기 2000년의 한국에 관한 조사연구」란 이 보고서의 가장 빗나간 예측은 2000년에 컴퓨터가 1만대가 될 것이란 것이었다. 400만대가 넘는 국내 컴퓨터 보급상황에 비추어 볼 때 30년 전 예측은 너무도 빗나간 전망이었다. 2000년이면 필요한 정보는 전화나 컴퓨터 터미널을 통해 언제 어디서나 자동적으로 데이터뱅크에서 얻을 수 있다고 해 인터넷의 출현을 유사하게 전망하고 있지만 지금처럼 컴퓨터를 매개로 한 급격한 정보화의 흐름을 당시의 석학들은 간파하지 못했던 것으로 이 기사는 전하고 있다.

30년 전인 70년 당시 우리나라의 컴퓨터가 채 20대도 되지 않았던 상황에서 앞서의 전망을 내놓은 것만으로도 지금의 정보화사회의 흐름을 나름대로 예견했다는 생각을 해보며, 다른 한편 한 시대를 내다보는 일이 그만큼 어려운 작업임을 이 기사는 실감케 하고 있다.

사회현상의 변화가 그만큼 복합적으로 이루어진다는 사실을 이 기사가 일깨워준 셈이다.

미래예측이 이처럼 빗나갈 소지가 많음에도 우리는 21세기를 앞둔 시점에서 수많은 미래예견서들이 쏟아져 나오고 있음을 보고 있고 이 미래예측보고서는 또한 우리의 흥미와 눈길을 모으면서 읽혀지고 있다. 왜 그럴까. 보다 나은 미래를 향한 인간의 소망은 끊임없이 계속돼 왔기 때문이다. 20세기 인류가 이룩한 숱한 과학적 업적이 많은 제약으로부터 인류를 벗어나게 해주었고 이런 가능성은 21세기에 더욱 확산될 것이란 믿음을 바탕으로 새 세기를 향한 인류의 장밋빛 전망이 요즘 성가를 높이고 있다고 할 수 있다.

그러나 과거 역사를 되돌아보면 인류문명의 진보 뒤편에는 항상 어두운 그림자가 드리워져 있었다는 사실을 간과할 수 없다. 서양문명이 동양으로 확산되는 과정에서 숱한 동양적 가치들이 파괴되거나 함몰되었고 새로운 이데올로기의 출현으로 인해 인류가 치러낸 대가 또한 엄청난 것이었다. 우리의 경우 지난 30년 간 경제성장이란 외적 발전을 이루어냈지만 이에 못지않게 우리가 간직해야 할 소중한 가치를 잃어버리는 결과를 초래했다. 교육개혁은 30년 이상 우리 사회의 가장 큰 과제였으나 지금도 이룩해 내지 못한 미완의 개혁대상이라는 점에서 우리 사회가 지향해 온 발전과 가치관의 가격을 보여주고 있는 대표적 사례라 하겠다.

새 세기를 앞두고 다가올 미래사회의 변화를 내다보고 이에 대처하려는 노력은 매우 중요한 작업이라 할 수 있다. 그것은 생존을 위한 불가피한 일이며 동시에 보다 나은 삶을 추구해야 한다는 인류의 오랜 소망이 담겨져 있기 때문이다. 그러나 미래예측과 함께 더욱 소중한 작업은 인류가 지켜야할 가치가 무엇이고 이를 어떻게 지켜나가야 할 것인가에 관한 논의라 하겠다.

과학기술의 진보가 인류에게 또다른 재앙을 가져다주지 않아야 할 것이며 정보화의 빠른 변화와 경제발전이 그렇지 못한 나라와 사람들에게 고통을 안겨주는 불행이 되지 않도록 끊임없이 경계하지 않으면 안될 것이다. 21세기 인류가 이룩해야 할 과업속에는 과학기술의 위험성을 제어할 수 있는 가치관의 확산작업이 무엇보다 인류의 행복을 보장해 줄 수 있는 열쇠라는 많은 학자들의 지적을 귀담아 들어야 한다는 생각, 간절하다.

〈1999-6-2〉

살아남기 위한 담론談論들

우리가 IMF체제로 접어든 지도 벌써 1년이 돼가고 있다. 지난 1년이란 세월은 우리 국민 모두에게 상전벽해(桑田碧海)라 불릴 만한 커다란 변화를 초래했다. 급변하는 환경변화에 따라 숱한 정책들이 쏟아져 나왔고 이 변화의 와중에서 어떻게 생존해 나가야 할 것인가를 둘러싼 수 많은 진단들을 접했던 1년이기도 했다.

IMF체제를 극복하고 다시 살아남기 위한 다양한 대안과 방법론이 제기된 1년을 뒤돌아보면서 필자는 크게 두 가지 흐름이 공존하고 있음을 보게 되었다. 그 중 하나는 주로 기업에 적용되는 담론으로 미국식 경영방식이 최강의 시스템으로 부각되면서 강자만이 생존하는 본격적인 세계경영시대가 열리고 있다는 인식틀이다. 이같은 상황인식론자들은 지금 시기를 격변기로 규정하고 격변기의 변화 흐름을 읽고 새로운 질서와 법칙에 적응하는 기업만이 살아남거나 도약할 수 있는 기회를 얻을 수 있다고 강조한다.

시대를 내다보는 예측력을 바탕으로 변화무쌍하고 불확실한 기업환경에 능동적으로 대응해 새롭게 변신하는 기업만이 기회를 얻을 수 있다고 설파한다. 인터넷을 이용한 새로운 비즈니스모델, 지식산업, 전략적 제휴 등으로 대표되는 이 분석틀은 상황이 어려울 수록 최고경영자의 미래를 내다보는 안목과 판단력을 강조하고 있으며 경쟁에서의 패배는 곧 기업 소멸이라는 냉엄한 현실론을 환기시키고 있다.

얼핏 강자의 논리로도 해석되는 이 분석틀은 기업에 적용되는 패러다임인 동시에 IMF이후 전개되는 지금의 사회현실에 우왕좌왕하는 개개인들에게도 많은 시사점을 주는 분석이라 할 수 있다. 이처럼 IMF체제를 새로운 변화의 흐름으로 보는 견해와 함께 또 다른 분석틀은 투기자본으로 대변되는 세계금융자본의 압력이 가져온 결과가 IMF이며 과거 경제성장 지상주의식의 처방은 IMF를 극복하는 대안일 수 없다는 주장이 그것이다. 고려대 강수돌 교수는 「IMF시대, 삶의 위기와 대안」 이란 발표에서 세계자본의 개방화 압력과 탈규제화 압력 등이 역설적이게도 그간 세계자본과 권위적 국가의 힘으로 급성장한 한국자본에 치명타로 작용, 경제위기의 도화선이 되었다고 분석하고 있다.

그는 경제위기를 삶의 위기로 보고 이를 극복할 수 있는 대안으로 사회생태적으로 건강한 자율공동체와 그들 사이의 유기적 협동과 민주적 조정이 지구촌의 모든 삶의 토대가 되는 방식을 제시하고 있다. 이른바 자율공동체 재건운동이 그것으로 미국, 영국을 비롯한 세계곳곳에서 이런 움직임이 다양한 모습으로 전개되고 있으며 우리나라에도 이미 이런 공동체운동이 벌어지고 있다는 게 이 분야 관계자들의 지적이다.

IMF 이후 살아남기 위한 다양한 전략적 분석틀과 대비를 이루는 앞서는 두 흐름을 보면서 필자가 느낀 바는 IMF가 우리로부터 많은 것들을 빼앗아 갔지만 이에 못지않게 주변을 깊이 통찰할 수 있는 기회와 자극을 제공한 긍정적 측면이 다분히 있다는 것이다. 경기저점이 언제일 것이라는 진단이 얼마전에 나왔지만 필자는 과연 IMF의 고통이 언제쯤 끝날지 좀처럼 헤아리기 힘들다. 다만 분명한 것은 언제인지 모를 그때까지 상황을 꿰뚫는 형안과 살아남기 위한 대안을 끊임없이 강구하는 노력만은 그치지 말아야 한다는 평범한 사실이다.

어느덧 입동이 지나 겨울의 문턱이 와 있어 몸과 마음마저 스산해지고 있다. 삶에 따스함과 희망이 더 한층 그리워지는 그런 계절이 시작되고 있다.

〈1998-11-11〉

국부창출하는 교육을

불과 1년 전만해도 우리는 꿈의 21세기를 내다보고 준비하는 즐거움을 만끽하고 있었다. 그러나 지금 우리나라는 물론 세계각국이 오늘의 하루하루를 걱정해야 하는 위기의 순간들을 보내고 있다. 아직 20세기가 다하지 않았지만 요즘 메누힌의 말대로 20세기는 인류에게 가장 큰 희망을 주었다가 다시 모든 환상과 이상들을 파괴한 그런 세기로 남을지도 모른다는 불안감이 엄습하는 세기말의 어두운 분위기마저 감돌고 있다.

냉전시대 세계 강대국의 두 축을 형성했던 러시아가 경제파탄상황에 몰리는가 하면 미국은 대통령이 성추문에 휘말려 지도력에 심각한 타격을 입는 위기에 처해 있다. 우리가 위기의식을 느끼는 것은 클린턴쇼크가 초래할 경제여파라 할 수 있다. 이번 사태로 미국의 지도력이 실추될 경우 가뜩이나 무기력 상태에 빠진 국제금융시장의 불안감이 확산될 것으로 전망된다. 미국에 기대고 있는 우리 역시 어떤 형태로든 부정적 여파가 점쳐진다. IMF체제이후 외환위기의 급한 불은 껐으나 경제위기를 극복하기 위한 숱한 고비를 넘겨야 하는 우리에게 클린턴쇼크는 또다른 악재가 아닐 수 없다.

이처럼 안팎의 험난한 파고가 넘실대는 현실속에서 우리는 무엇을 해야할 것인가란 답답한 물음에 직면하게 된다. IMF처방이 실패작이란 조심스런 분석이 대두되고 있지만, 우리는 깊은 불황의 늪속으로 빠져들고 있으며 급속한 실업률 증가로 아들의 손가락을 자르는 범죄까지 생겨나고 있다. 경기전망은 좀처럼 밝은 면을 드러내지 않고 있으며 고통을 피하는 지름길은 없다는 얘기만 강조되고 있다.

이런 내우외환의 상황속에서 우리가 할 수 있는 가능성은 무엇인가. 많은 사람들이 이 질문에 대한 답변으로 장기전에 대비해야 한다는 결론을 제시하고 있다. 우리뿐만 아니라 세계경제가 1~2년 사이에 회복될 가능성이 희박한 만큼 생존을 위한 장기전에 들어설 각오를 다져야 한다는 것이다.

장기전에 대비해야 한다는 것은 고통을 감수하는 일인 동시에 그간 얻은 논의대로 개혁과 구조조정을 계속하는 것을 의미한다. 또 경쟁력에서 뒤지는 낡은 시스템을 바꾸고 새로운 시스템이 정착될 수 있도록 창조적 개혁을 끊임없이 추구해 나가지 않으면 안된다. 이는 논의의 대상이 아니라, 생존을 위한 절박한 실천명제라 해야 할 것이다.

이런 각도에서 교육개혁이야말로 시간이 걸리더라도 우리가 꼭 이뤄내지 않으면 안될 국가과업이 아닐 수 없다. 지금과 같은 열린시대, 열린 국제사회 속에서 획일적 교육은 교육수요자들에게 별다른 도움이 되지 않는다는 결론이 나와 있다. 스위스가 오늘의 강대국이 된 바탕도 지금으로부터 1백년 전 스위스의 교육제도를 만든 지도자들에 의해서였다고 교육학자들은 지적하고 있다.

우리 국민들은 그 어느 나라보다 높은 교육열을 지니고 있다. 자원이 빈약한 우리로서는 이제 국민들의 높은 교육열을 바탕으로 인적자원을 가꿈으로써 국부를 창출하지 않으면 안되는 절박한 상황에 처해 있는 것이다. 탁월한 인물을 통해 또 이들이 능력을 발휘할 수 있는 시스템을 갖추어 나가는 길만이 지금 우리가 할 수 있는 위기 극복의 대안이라 여겨진다.

돌이켜 생각하면 우리 역사의 고비 때마다 걸출한 인물들이 나라를 구한 수많은 사례를 볼 수 있다. 요즘 영웅소설이 시중의 인기를 끄는 이유 역시 이런 연유에 기인한다고 하겠다. 지금의 위기극복을 위해서 또 21세기의 희망을 지닐 수 있도록 창조적인 인재를 기르는 노력이 절박한 시점임을 거듭 강조해 둔다.

〈1998-9-16〉

다시 일어서자

참으로 힘든 나날들이 계속되고 있다. 우리 삶의 바탕마저 뒤흔드는 악재가 거듭돼 모두가 기력을 잃고 허탈한 심정을 가누지 못하고 있다.

고도성장에 취한 채 고공을 날고 있다가 어느날 갑자기 땅바닥에 추락, 자존심마저 팽개친 채 생존을 향한 몸짓에 급급한 터에 기상이변에 따른 폭우까지 퍼부어 엄청난 인명피해와 재산손실을 입자 우리 모두는 넋을 잃은 표정들이다. 정녕 세기말의 어두운 징후들인지도 모를 일이라고 불안해하는 사람들의 모습에서 요즘의 세태를 느껴보기도 한다.

건국 50년이란 기념비적인 날을 맞이한 우리에게 닥친 이러한 일련의 사태는 가혹한 시련임에 틀림없다. 그러나 지난 세월 우리 선조들에게는 지금보다 더한 재난과 불행이 있었으며 이를 극복하고 오늘에 이르렀음을 교훈으로 삼아야 한다는 게 많은 이들의 생각이다. 지금의 경제 위기와 수재에는 나름대로의 이유와 원인이 있으며 이를 극복할 수 있는 현실적 대안을 마련하는 노력 속에서만 오늘의 힘든 삶을 희망으로 대체 할 수 있다는 판단에서 이기도 하다. 위기일수록 더 냉철해져야 해결책이 나올 수 있음을 새겨야 할 시점에 와 있다고나 할까.

우리의 판단과 수재가 다분히 인재(人災)였다는 것이 드러난 만큼, 또 그 원인규명도 어느 정도 이루어진 상황에서 이제는 논의가 아닌 실천에 매진해야 한다는 게 첫 번째 해결책이다. 수재를 되풀이하지 않기 위한 국토재정비작업을 벌여야 하는 것처럼 환란을 벗어나기 위한 총체적 국정개혁 역시 지난 정권의 실패를 되풀이하지 않도록 국민의 지지와 참여를 이끌어내야 할 것이다.

이를 위해서는 정치지도자들과 재벌그룹이 앞장서야 한다는 데 이의를 달기 어렵다. 정치인에 대한 국민들의 깊은 불신감에서 정치발전에 대한 열망을 읽을 수 있기 때문이며 경제개혁의 핵심은 재벌기업의 변신에 있다는 것을 누차 목도해 왔기 때문이다. 정치 · 경제의 근본틀이 바뀌어질 때만이 국민이 원하는 개혁이 이루어질 수 있음을 환란이 보여준 화두인 것이다.

다음으로 정경개혁과 함께 건국50주년을 맞은 우리에게 가장 시급한 과제요 현안은 정신문화의 발양이라 할 수 있다. 일제의 압제로부터 벗어난 직후 민족지도자 김구선생은 우리나라가 첫째도, 둘째도, 셋째도 문화민족, 문화국가가 될 것을 소망했다. 50여년이 지난 지금 상황에서도 김구 선생의 이 말은 여전히 유효하다는 게 많은 식자들의 주장이다. 건국50주년 동안 우리는 너무도 정치 · 경제에만 매달려왔고 경제성장의 신화에 몰입돼 왔다. 그 결과 심성은 거칠어지고 문화적 편식현상만 가속화돼 문화의 본질을 상실해 왔다는 지적이다.

이 문화상실의 징후는 일일이 열거하기조차 힘들 정도로 일상화돼 있음을 보게 된다. 이제는 이런 구곡을 벗어나야 할 시점에 와 있는 것이다. 문화민족으로 다시 일어서지 않으면 21세기 국제사회에서 낙오할 수밖에 없다는 절박한 필요성에 의해서라도 이제는 국민 모두가 문화를 생각하고 전파하는 문화전도사로 나서야 한다는 생각이다. 지금의 이 고통의 터널이 언제 끝날지 예측하기 힘들다는 점에서 고통의 무게를 더 견디기 힘들지도 모른다.

아울러 우리를 둘러싸고 있는 세계환경 또한 긍정적이지 못하다는 데 어려움이 가중되고 있다. 그러나 이런 시련과 고통은 늘 있어왔던 것이며 참고 이겨내야 할 대상인 것도 분명한 사실이다. 오히려 고난과 역경에 처해 더 큰 힘과 업적을 이룩해 온 게 또 우리 민족이었음을 잊어서는 안된다.

'살아있음은 그 어떤 가능성도 실현될 수 있음을 뜻한다'는 말이 있다. 요즘 시국에 가슴에 와 닿는 말이 아닐 수 없다. 또 이런 말도 있다. '신은 인간이 감당할 수 없는 불행은 주지 않는다' 고통과 불행이 아무리 크다해도 인간은 이를 넘어서는 무한한 가능성을 지니고 있음을 잊지말자.

건국 50주년을 맞으면서 맨주먹으로 나라를 일으켰던 선인들의 위업을 상기해보며 오늘의 어려움을 딛고 다시 일어서기를 소망해 본다.

〈1998-8-19〉

대졸자大卒者 수난시대

외국소설을 즐겨 읽는 독자들에게 미국작가 시드니 셸던은 아직은 잊혀지지 않은 인물에 속한다.

그의 소설은 국내에서만도 무려 4백만 권 이상이 팔렸고 세계 1백개국에서 64개국어로 출판돼 2억권이 팔려 나갔다고 하니 국내 출판풍토로 볼 때 참으로 놀라운 일이 아닐 수 없다. 그러나 필자가 놀란 것은 비단 셸던의 소설 판매부수 뿐만 아니라 그의 학력이었다. 지난 96년 국내의 한 신문이 전한 그와의 인터뷰 기사에 소개된 셸던의 학력은 노스웨스턴대 영문과를 한 학기 다닌 것이 전부다.

우리로 치면 대학 문턱을 겨우 넘나든 정도의 고졸자에 불과한, 사회의 낙오자쯤으로 치부될 청년이 세계적인 베스트셀러 작가로 성공한 인생을 셸던이란 작가가 보여준 것이다.

새삼 셸던스토리가 생각난 것은 취업전문지 '인턴'이 조사한 국내 주요기업들의 신입사원 공채소식 때문이었다.

취업전문지 인턴이 최근 30대그룹 계열사를 포함, 900개 기업을 대상으로 신입사원 공채여부를 조사한 결과 하반기에 공채계획이 있다고 밝힌 기업은 불과 19개 기업에 불과했으며 그나마 이들 기업도 구체적인 시기와 인원을 정하지 못하고 있다는 것이다. 이에 따라 19만명으로 추산되는 내년도 대학졸업예정자와 올 여름학기 졸업예정자 대부분이 취직시험도 치러보지 못한 채 실업자 신세가 될 것이란 참으로 우울한 전망을 신문들이 전하고 있다.

취업전선에 불어닥친 이같은 상황은 향후 우리의 대학가는 물론 교육 전반에 커다란 변수로 작용할 것이 분명하다. 긍정적인 면보다 오히려 부정적 요인이 더 클 것이란 우려 또한 적지 않다. 그렇지 않아도 고시학원이란 지적을 받아왔던 우리의 대학도서관은 학문탐구분위기가 더 기승을 부릴 가능성이 점쳐지기 때문이다. 이런 현상들이 상승작용을 일으킬 때 빚어질 수 있는 교육적 부작용은 지금 정부가 내세우고 있는 교육개혁작업에 적신호로 작용될 공산마저 배제하기 힘들다는 생각이다.

그러나 IMF사태로 인한 이같은 대학의 위기는 우리 교육 전체로 볼 때는 또다른 기회의 시작이라고 볼 수 있다. 학력파괴현상이 가속화할 수 있는 분위기가 확산된다는 점에서 그렇다. 학력이 취업을 보장해주는 시대가 지나가고 자신의 실력껏 생존의 벽을 뚫어야 하는 그런 사회가 앞당겨질 가능성이 높아져 가고 있는 게 IMF이후 달라진 우리 사회의 취업패턴임을 보고 있기 때문이기도 하다.

아직은 섣부른 예단이지만, 우리에게는 학력이 아닌 실력으로 성공한 셸던과 같은 작가가 속출하는 사회가 이번 기회에 마련돼야 한다는 게 필자의 희망이다. IMF는 우리 국민들에게 많은 고통을 주고 있고 앞으로 더 큰 좌절과 절망을 가져다 줄 공산이 크다. 그러나 밀려오는 고통의 파고속에서도 저버려서는 안될 것이 내일을 향한 희망이며 이런 희망의 원동력은 바로 교육에 있음을 잊어서는 안된다.

지금 당장은 최악의 취업난에 봉착한 우리의 대학생들에게 멀지 않은 미래에 취업에의 다양한 가능성이 있는 사회가 온다는 희망을 기성세대가 보여주어야 할 책임이 주어져 있다. 동시에 IMF체제이후 정부와 기성세대 모두는 학력이 아닌 건전한 상식과 자기 분야의 실력만으로 인정받는 새로운 사회를 만들어 나가야 한다는 의무도 떠안고 있음을 명심해야 한다는 생각이다.

적어도 교육분야에서만큼은 IMF체제가 순기능으로 작용했다는 평가를 받도록 교육당국의 교육정책이 뒷받침되기를 바라는 마음 간절하다.

〈1998-6-24〉

배반의 시대

IMF 체제로 들어선 지도 벌써 6개월이 지났다. 지난 6개월이 6년보다 더 길었다는 사람들의 얘기를 들으면서 우리 사회가 이 기간 동안 참으로 많은 변화와 고통을 겪고 있음을 실감해 본다.

IMF는 우리에게 거품을 사라지게 하는 순기능과 함께 살아있는 사람들에게 줄 수 있는 고통의 쓴맛을 한꺼번에 안겨주었다. 고금리와 구조조정이란 처방전에 따라 기업이 문을 닫고 금융기관조차 숨을 죽이면서 고통은 순식간에 사회 곳곳에 전파되었다. 전세대란이 일어나고 실업자수가 200만명에 육박하는가 하면 집값의 폭락으로 자칭타칭 중산층이 몰락하는 등 사회전체가 급격히 흔들리는 복합불황의 늪속에서 빠져들고 있는 것이다.

이런 가운데 더욱 우리의 우려를 자아내게 하는 현상이 있으니 이른바 '모럴 해저드(Moral Hazard)—도덕적 해이'라 하겠다. 모럴 해저드를 여러 각도로 볼 수 있겠으나 요즘 우리에게 가장 피부에 와 닿는 것은 각종 범죄의 증가와 가정의 파괴라 할 수 있다.

가장이 가장역할을 하지 못하게 되면서 부인이 취업전선에 나서게 되고 아이들 역시 돈벌이에 뛰어들면서 가족윤리의 근간이 무너지는 사례가 연일 지상에 보도되고 있다. 더욱이 빚에 몰린 가장이 식솔들과 함께 자살극을 빚기까지 하는 극한상황도 도처에서 일어나고 있다. 가정의 파괴로 인한 범죄는 또 생계형에서부터 치부형에 이르기까지 다종다양한 형태로 치닫고 있어 벌써부터 치안력의 한계를 드러내고 있기까지 하다.

가정의 파괴를 초래하는 모럴 해저드 현상은 그래도 그 피해범위가 가정으로 한정되는 제약성이 있다는 점에서 다소 위안을 삼을 수가 있다. 문제는 기존의 성장 · 생존방식이 도태되고 새로운 패러다임의 경영방식을 요구하고 있는 기업과 노동시장에 미치는 모럴 해저드의 위력과 파괴력이다.

외국기업, 아니 미국기업의 경영방식이 '글로벌 스탠더드'란 이름하에 우리의 경영관행을 밀어제치고 물밀듯이 번져나가고 있는 게 IMF체제 이후의 상황이다. 많은 외국자본 · 외국기업이 국내로 들어와야 한다는 것은 벌써부터 기정사실로 받아들여지고 있으며 비합리적인 우리의 경영관행과 제도(외국인이 볼때) 대신 경쟁력 위주의 계약중심 · 신뢰 · 합리를 바탕으로 한 새로운 경영방식의 정착은 불가피한 추세라 할 수 있다. 이에 따라 우리의 기존기업문화가 하루아침에 사라지고 모럴 해저드의 급속한 확산을 피하기 힘들게 됐다.

우선 경영체질이 허약한 기업이 무더기로 도산하고 실력이 뒤지는 개인이 대거 직장에서 밀려난다. 가시적 성과에 의한 보상이 차별화되는 한편 실력위주의 발탁인사로 직급이 파괴되는 등 노동시장은 그야말로 파괴의 연속현상이 가속화되는 것이다. 자연적으로 노사 간 신뢰가 급격히 약화된다. 또 성과중심의 경영방식이 정착되면서 받은 만큼 일하고 일한 만큼의 대가가 주어지는 냉엄한 생존논리가 지배되면서 종래의 미덕은 사라지고 대신 내 몫 챙기기 위한 배신도 서슴지 않는 그런 시대가 펼쳐질 것으로 예견되고 있다.

경영방식의 패러다임 전환에 따른 기업문화의 변화는 실상 적자생존의 기업세계에서 하등 문제될 일이 아니다. 이런 현상은 또 우리가 IMF를 탈출하는 과정에 있어 응당 치러내야 할 홍역인 동시에 우리 기업이 가야할 방향이라는 데 이미 우리 모두가 동의하고 있는 사실이다. 문제는 이 과정에서 초래되는 모럴 해저드의 부작용이다. 강한 인간적 유대감과 위·아래를 따지는 우리의 전통미덕이 한꺼번에 깨지는데 따른 혼란과 부작용을 어떻게 흡수하느냐가 지금 IMF체제 6개월을 맞는 우리 사회의 현안이란 생각을 해보게 되는 것이다.

사회는 결국 사람들이 모여사는 곳이다. IMF의 고통이 아무리 극심해도 혼자 살 수는 없다는 공존의 논리가 존중되는 우리의 미풍만은 고이 간직하는 삶을 살 수 있기를 바라는 마음 간절하다.

〈1998-5-27〉

달라진 게 없다

열흘 가까이 계속되는 황사현상으로 주위가 온통 희뿌옇게 가려져 있지만 도심을 지나치는 사람들의 표정에는 이로 인한 불편이 별로 보이지 않는다. 아마 황사로 흐려진 시야보다 내일을 기약하기 힘든 지금의 어두운 경제현실 때문이리라 짐작해보는 신록의 4월 하순이 성큼 다가섰다.

경제로 시작해 경제로 하루를 마치는 나날을 보낸 지도 몇 달이 지나갔다. '돈 앞에는 웃음이 한 말, 돈 뒤에는 눈물이 한 섬'인 그런 나날들을 보내고 있지만 시계는 황사만큼이나 불투명하다. IMF 이후 우리에게 주어진 절대 명제인 생존을 위하여 정말 많은 경제공부를 했고 또 많은 처방이 쏟아져 나왔다.

국민 모두가 이처럼 경제지식을 쌓은 적이 언제 있었던가 싶을 정도로 요 몇 달 사이 국민들의 눈과 귀는 도처에서 쏟아내는 경제 처방에 쏠려있으며 지금도 계속되고 있다. IMF권고에서부터 새 정부의 경제개혁조치들은 물론 국내·외의 숱한 보고서에 이르기까지 국민들은 방대한 양의 경제회생 방안을 접했고, 또 새 정부가 이런 조치들을 취하고 있음을 보고 있다.

그럼에도 외국인들이 보기에는 실제로 우리나라가 달라진 것이 없다고 느끼고 있다는 게 미국 월가의 시각이라는 보도다. 개혁의 구호만 여전히 요란할 뿐 한국의 상황이 안정되려면 많은 시간이 필요하다고 보고 있다고 월가의 외국은행의 한국 담당자들은 분석하고 있다는 소식이다. 지난 몇 달 간 경제교과서가 무색할 정도로 숱한 경제진단과 개혁처방을 쏟아냈건만 외국의 반응이 이처럼 냉담하다니 기가 수그러들 일이 아닐 수 없다.

그러나 분명한 것은 IMF가 우리에게 필연일 수밖에 없다는 맥킨지보고서가 엄연한 현실이었다면 이 IMF체제를 벗어나 다시 생존의 길을 찾지 않으면 안된다는 절박한 현실의식 역시 우리가 양보할 수 없는 화두라는 점이다.

처방의 방향이 옳다는 것과 생존할 수 있느냐 없느냐의 문제는 별개라는데 지금 우리의 고민이 있다고 해야 할 것이다. 개혁의 요란한 나팔소리에도 불구하고 국민의 불안감과 외국의 냉담한 반응이 쉽사리 불식되지 않는 현상은 분명 우리 경제에 청신호가 될 수 없다.

자산디플레로 몰락하는 중산층을 지켜내고 늘어만가는 실업자를 구하며 멈출 줄 모르는 부도사태를 그치게 하고 지원받은 외채를 갚아 국가의 경제기반을 다시 되살리기 위해서는 그때까지 국가도, 기업도, 개인도 이에 소요되는 재원을 마련하는 길 이외에 다른 방도가 없다.

IMF이후 무성한 논의의 요체는 결국 이 범주에서 벗어날 수 없으며 필요한 재원을 어떻게 조달해 나가느냐라 할 수 있다. 어떤 측면에서 모두가 이미 짐작하고도 남을 이 경제해법이 좀처럼 풀리지 않는다는데 경제정책의 어려움이 있을지도 모른다.

허나 분명한 생존원리 중 하나는 각론의 차이에도 불구하고 경제주체들의 고통감수로 요약된다. 가죽껍질을 벗기는 개혁의 고통을 참아날 때만이 지금의 어려움을 딛고 다시 일어설 수 있음을 잊어서는 안된다. 금단현상에서 오는 경련과 고통을 감내해야 하는게 지금의 우리 처지임을 이 시점에서 다시 새겨야 할 것이다.

살아남은 자만이 과거를 추억할 수 있는 법이다. IMF 한파를 겪어내고 살아남기 위해서는 마라톤 선수와 같은 긴 호흡조절을 통한 절제의 원리를 체득해야 하며 결승점까지 가겠다는 인내가 있어야 한다. 생존을 위해서 나날이 푸르름을 더해가는 신록의 의미를 새겨보는 계절이 되기를 간절히 소망해 보는 황사속의 4월이다.

〈1998-4-22〉

배고픈 소크라테스의 교훈

문득 지난 시절 우리 사회를 풍미했던 한 격언이 생각난다. '살찐 돼지보다 배고픈 소크라테스가 되라.' 이 격언이 함축하고 있는 의미는 물질로만 치닫는 인간형보다 다소 가난하더라도 정신적인 가치를 추구하는 인간형이 되어야 한다는 가르침이라고 할 수 있다. 70년대 중·고교 교실 뒤켠에서 흔히 볼 수 있었던 이 격언이 지금도 남아있는지는 알 수 없으나 경제적으로도 풍요해지면서 이 격언의 사용빈도도 줄어들었다는 느낌이다.

난데없는 이 격언이 떠오른 것은 두말할 것도 없이 지금 우리 사회가 겪고 있는 IMF한파로 인한 곳곳의 한숨소리 때문이다. 신문과 방송보기가 두려울 정도로 매일같이 쏟아져 나오는 소식들은 우울하고도 암담한 내용들 뿐이다. IMF극복을 위해 필요한 기간이 짧게는 2~3년, 길게는 10년까지도 갈 수 있다는 예상에서부터 노도, 사도, 공무원도 IMF 칼날을 피할 수 없다는 비정한 현실이 매일매일 뉴스로 흘러나오고 있으니 집집마다 한숨소리만 커지고 있는 것이다. 이런 경제불안은 또 사회불안으로 이어져 크고 작은 범죄나 실직한 가장의 자살소식도 끊이지 않아 정서의 황폐함도 더욱 커질 전망이다.

그러나 더욱 우리의 기를 꺾이게 하는 외국의 지적이 있으니 IMF의 고통은 이제 시작에 불과하다는 진단이 그것이다. 이런 상황에서 살찐 돼지보다 배고픈 소크라테스가 되라는 격언은 어울리지 않는, 아니 누구 약올리는 소리냐는 그런 반응을 불러일으킬 소지가 다분하다. 이런 반발을 예상하면서도 이 격언을 꺼낸 것은 그동안 우리가 경제성장의 단맛에 취해 기억 저편으로 잊어왔던 가난의 미덕을 이제는 생활철학으로 삼아야 한다는 현실상황 때문이라고 해야 할 것이다.

경제학의 소박한 출발점은 지구의 자원과 재산은 한정돼 있는데 인간의 욕망은 끝이 없다는데서 출발한다. 사실 따지고 보면 인간이 한세상을 살면서 필요로 하는 재산은 매우 한정돼 있다. 반면 욕망은 지구 전체를 다 차지하고라도 충족될 줄을 모른다. 물론 이런 인간의 소유욕이 인류의 발전과 문명을 이룩하는 원동력이 되었음을 필자 역시 부인하지 않는다.

그러나 60년대 이후 우리가 괄목할만한 경제성장을 이룩하는 과정에서 욕망의 과잉상태로 치달았지 않았는지를 이 시점에서 반성해보자는 것이다. 가난 그 자체는 권장할 미덕이라고 할 수는 없다. 그러나 천민자본주의의 병폐인 돈만 벌면 그만이라는 식의 그릇된 경제관념이나 지나친 소유의식만 강조해온 듯한 지난날의 우리 사회의 자화상을 이번 IMF를 계기로 되짚는 계기로 삼는다면 건전한 경제체질로 만드는 기회가 될 수 있다는 생각이다.

우리 민족은 오랫동안 청빈과 가난함을 부끄럽지 않게 여겨온 전통을 지녀왔다. '산 입에 거미줄 치랴'는 식의 소극적인 생활철학이라고도 볼 수 있지만 남의 것을 빼앗거나 탐내는 치부보다는 안빈낙도(安貧樂道)를 즐기는 여유를 잃지 않았던 것이다. 경제성장의 신화가 무참히 깨지게 된 마당에 지족(知足)의 배고픈 소크라테스의 지혜를 터득하는 그런 위복의 기회로 삼는다면 우리에게는 얻는 것이 그만큼 많아질 수 있다는 판단이다.

지금의 상황에서 경제회복 노력 못지않게 필요한 것은 장롱속의 금반지를 꺼내듯 그동안 소홀히 해왔던 정신적 가치들을 소생시키는 일이며 문화분야의 작업들을 치열히 해내는 노력이라고 할 수 있다. 이런 과업을 IMF기간동안 착실히 수행해 나갈 때 우리는 정신과 문화의 르네상스를 일구어 낼 수 있다는 희망을 지닐 수 있는 것이다. 가난함 속에서 오히려 불후의 명작이 더 양산됐다는 역사의 교훈을 되새겨보는 새봄을 기대해본다.

〈1998-2-19〉

무엇을 두려워하랴

작년연말에 이어 새해벽두부터 우리 사회가 고통의 늪 속으로 향해가고 있다는 신음으로 戊寅年이 시작되고 있다. 새해를 맞는 기쁨도, 희망도 찾아보기 힘든 채 사회의 스트레스지수만 상승하는 상황이 도처에서 연출되고 있으니 좋은 일이 있는 사람도 내색할 수 없는 게 이즈음의 우리 자화상이다.

돌이켜보면 지난 몇 년 간은 참으로 역설적인 일들로 가득했다는 느낌을 지우기 힘들다. 변화와 개혁이 그렇고 세계화·국제화가 그러하며 정보화 역시 우리에겐 너무도 정반대의 결과를 가져왔다는 한숨이 절로 나온다. 요 몇해 동안 우리 사회를 지배했던 이런 구호들이 빚어낸 결과가 참담한 IMF체제로 귀결되고 말았으니 이만한 역설이 또 있을까 싶다.

결과론적인 얘기지만 문민정부가 내걸었던 숱한 가치들은 화려한 구호로 그쳤을 뿐 정작 이런 가치들이 의미하는 현실은 IMF가 일깨워 주고 만 셈이 됐다.

춥고도 긴 빙하기가 언제 끝날지 모른다는 불안감과 스트레스

속에서도, 또 우리 사회가 지닌 구조적 잘못이 무엇이라는 것을 뼈저리게 통감하는 시간속에서도 우리가 깨달아야 할 것은 실날같은 희망과 여유, 살아야 한다는 의지만큼은 잃지 말아야 한다는 점이다. 모든 것들이 날아가버릴 것만 같은 지금의 분위기지만 역설적으로 보면 오히려 이런 가운데 득이 될 수 있는 요인도 많다는 생각에 이르게 된다.

과유불급(過猶不及)이란 말에 해당됐던게 지난 우리의 모습이었다고 할 수 있다. 넘쳐나는 쓰레기로 어찌할 바를 몰라했던 사회 각 부문들이 자연스럽게 거품을 뺄 수 있는 기회가 왔다는 지적이 그것이다. 또 경제성장이란 명제 앞에 숨죽여 지내야만 했던 불급(不及)의 가치들이 다시 살아날 수 있다는 기쁨도 지금의 난국이 가져다 준 선물이 아닐 수 없다. 세계화와 정보화, 변화와 개혁이 지칭하는 진정한 뜻을 깨달을 수 있는 계기 또한 지금의 위기가 가져다 준 결과이기도 하다.

이런 깨달음은 IMF가 가져다 준 역설의 철학이며 고통을 동반한 플러스가 아닐 수 없다. IMF가 아니고는 체험할 수 없는 일들을 우리가 겪고 있다는 면에서 거꾸로 감사하게 생각하는 사고의 발상이 있어야 한다는 생각이다. 어쩌면 IMF는 우리가 갖고 있는 것들을 조금만 남겨놓고 대부분 앗아가 버릴지도 모른다. 과(過)했던 우리 사회의 정치도, 경제도, 사회풍조도 IMF가 송두리째 무너뜨릴지도 모른다는 불안감이 그것이다. 또 지금의 현실속에 이런 불안감이 차츰 가시화되고 있기도 하다.

그러나 앞서 지적한 대로 마이너스가 있으면 플러스도 있는 법이다. 만연했던 거품이 사라지고, 처방전을 실천하기 주저했던 망설임이 사라졌으며 살아남아야 겠다는 생존의 투지를 더욱 불태워야 한다는 부(負)를 얻게 된 것이다.

필자는 이런 생각 끝에 올해의 화두를 '무엇을 두려워하랴'로 정하는 것이 어떠냐는 제안을 해본다. 올해는 때마침 건국 50주년이 되는 해이기도 하다. 지난 50년의 우리 과거사에는 정말 힘들고 어려웠던 숱한 시간들이 있었다. 그러나 당시는 어렵고 힘들었지만 고난의 세월을 헤치고 지금에 이르렀다.

IMF란 유례없는 고통이 20세기 한국의 말미를 짓누르고 있다. 많은 것들을 잃을 각오를 해야 할 것이다. 그러나 우리가 정작 잃어서는 안될 것은 그 무엇도 두려워하지 않는 기백과 희망을 향한 의지가 아닐 수 없다. 아울러 역설의 철학을 깨닫고 배우는 슬기로움이란 생각을 해보는 戊寅年 1월 중순이다.

〈1998-1-15〉

조성남 신문 칼럼집

고향에서 푸대접 받는 단재

발행일 / 2010년 10월 20일
지은이 / 조성남
발행인 / 李憲錫
발행처 / 오늘의문학사
대전광역시 동구 삼성1동 125-6 한밭오피스텔 401호
Tel(042)624-2980 Fax(042)628-2983
http://www.munhaksarang.or.kr(홈페이지)
http://www.cafe.daum.net/gljang(글짱카페)
✉hs2980@hanmail.net
등록 / 제55호(1993년 6월 23일)

ISBN 978-89-5669-399-6
값 12,000원

*잘못된 책은 바꾸어 드립니다.